Situiertes Lernen in Augmented-Reality-basierten Trainingssystemen am Beispiel der Echokardiographie

Sabine Trochim

Von der Technischen Fakultät der Universität Bielefeld zur
Erlangung des akademischen Grades eines Doktors der
Naturwissenschaften genehmigte Dissertation

Mai 2002

Die Deutsche Bibliothek - CIP-Einheitsaufnahme

Ein Titeldatensatz für diese Publikation ist bei
Der Deutschen Bibliothek erhältlich

ISBN 3-934767-71-0

© Verlag Dr. Hut, München 2002.
Sternstr. 18, 80538 München
Tel.: 089/21568805
www.dr.hut-verlag.de

Die Informationen in diesem Buch wurden mit großer Sorgfalt erarbeitet. Dennoch können Fehler, insbesondere bei der Beschreibung des Gefahrenpotentials von Versuchen, nicht vollständig ausgeschlossen werden. Verlag, Autoren und ggf. Übersetzer übernehmen keine juristische Verantwortung oder irgendeine Haftung für eventuell verbliebene fehlerhafte Angaben und deren Folgen.

Alle Rechte, auch die des auszugsweisen Nachdrucks, der Vervielfältigung und Verbreitung in besonderen Verfahren wie fotomechanischer Nachdruck, Fotokopie, Mikrokopie, elektronische Datenaufzeichnung einschließlich Speicherung und Übertragung auf weitere Datenträger sowie Übersetzung in andere Sprachen, behält sich der Verlag vor.

1. Auflage 2002

Druck und Bindung: **printy**, München (www.printy.de)

Für meine Eltern

Zusammenfassung

Das Erlernen einer komplexen Expertise, wie sie in vielen raum-zeitlichen Domänen benötigt wird, kann nur durch aktives Handeln innerhalb des Anwendungskontextes (situiertes Lernen) erworben werden. Zu diesem Zweck wurden Augmented-Reality-Simulationsumgebungen entwickelt, die diesen Anwendungskontext möglichst realitätsnah nachbilden und die repräsentierte Situation durch zusätzliche Informationen erklären.

In der realen Lernsituation wird der Anfänger aber meist durch einen Experten angeleitet, der ihn beobachtet und mit geeigneten Hilfestellungen unterstützt. Diese beobachtende und adaptive Komponente fehlt in einer Simulationsumgebung. Deshalb wird in dieser Arbeit eine allgemeine Konzeption für ein Trainingssystem entwickelt, das Merkmale dieser Meister-Schüler-Beziehung nachbildet, um ein situiertes Lernen zu ermöglichen.

Es wird gezeigt, daß durch die Analyse des sensomotorischen Verhaltens in räumlich zeitlichen Simulationsumgebungen semantische Konzepte abgeleitet werden können, die Handlungsstrategien, Orientierungsschwierigkeiten oder Fehlvorstellungen beschreiben. Diese Konzepte können verwendet werden, um durch darauf angepaßte adaptive Hilfestellungen das situierte Lernen im Sinne des Cognitive-Apprenticeship-Ansatzes zu ermöglichen.

Diese Handlungsmuster bzw. räumlichen und sensomotorischen Schwierigkeiten wurden für das Beispiel der Echokardiographie identifiziert und geeignet repräsentiert. Das sensomotorische Verhalten wird dabei durch einen kombinierten wissensbasierten und stochastischen Ansatz analysiert. Die abgeleiteten semantischen Konzepte wurden im Rahmen einer Evaluation auf die medizinische Adäquatheit hin überprüft, so daß die vorgestellte Konzeption validiert werden konnte.

Danksagung

An dieser Stelle möchte ich mich bei allen bedanken, die durch ihre Unterstützung und ihre Kritik zum Entstehen dieser Arbeit beigetragen haben. Die vorliegende Arbeit entstand während meiner vierjährigen Tätigkeit als Doktorandin in der Gruppe *Human Enabling for Biomedicine* des *Instituts für Angewandte Informationstechnik FIT* der GMD, dem heutigen Fraunhofer FIT. Hier möchte ich im besonderen Dr. Thomas Berlage und Dr. Gernoth Grunst danken, die mich auf die Idee für diese Arbeit gebracht haben und mich dabei durch ihre zahlreichen Anregungen und ihre konstruktive Kritik immer unterstützt haben.

Die Entstehung der Arbeit wäre ohne die Hilfe von Dr. M. Weidenbach nicht möglich gewesen, dessen Zusammenarbeit auf dem Gebiet der Echokardiographie wesentlich zu den Ergebnissen dieser Arbeit beigetragen hat. Dank gebührt auch seinen Kollegen und Kolleginnen der Abteilung für Kinderkardiologie des Zentrums für Kinderheilkunde der Universität Bonn, insbesondere Dr. Ulrike Herberg und Dr. Birgit Platen, sowie Prof. Dr. Dierk A. Redel.

Besonderen Dank schulde ich Prof. Dr. Ipke Wachsmuth dafür, daß er nicht gezögert hat, eine externe Arbeit zu betreuen, für die konstruktiven Diskussionen, die immer sehr hilfreich waren, und für seine motivierenden Worte. Herrn Prof. Dr. Gerhard Sagerer danke ich für die Übernahme des Zweitgutachtens und Dr. Gernot Fink danke ich für wertvolle Anmerkungen auf dem Gebiet der Hidden-Markov-Modelle.

Herzlich bedanken möchte ich mich auch bei den Mitarbeitern unserer Arbeitsgruppe, die zu einer sehr angenehmen Arbeitsatmosphäre beigetragen haben. Ganz besonders möchte ich Dr. Peter Wisskirchen und Klaus Kansy für die tatkräftige Unterstützung bei der Klärung mathematischer Fragen danken.

Großer Dank gebührt auch meinem Freund Stefan, der mich durch seine Geduld, sein Verständnis und seine Hilfe bei der Anfertigung zahlreicher Grafiken unterstützt hat.

Für das Korrekturlesen danke ich Thomas Berlage, Gernoth Grunst, Stefan Kreutter und Andrea Meier.

Inhaltsverzeichnis

1 Einleitung   **1**
1.1 Motivation 1
1.2 Problemstellung: Wie kann man die reale Trainingssituation nachbilden?. 4
1.3 Ziel und Lösungsansatz 6
1.4 Überblick 8

2 Computerbasierte Trainingssysteme und Intelligente Tutorsysteme   **11**
2.1 Reine Interaktionsformen computerbasierter Trainingssysteme 11
    2.1.1 Visualisierung und Präsentation 12
    2.1.2 Drill und Test 13
    2.1.3 Tutorieller Dialog 13
    2.1.4 Simulation 17
    2.1.5 Augmented-Reality-Umgebungen 18
    2.1.6 Bewertung 19
2.2 Kombinierte Interaktionsformen 20
    2.2.1 Klassische Tutorsysteme (Hypermedia) und fallbasierte Hypermedia-Systeme 20
    2.2.2 Intelligent Tutoring Multimedia 21
    2.2.3 Fallbasierte und wissensbasierte ITS 22
    2.2.4 Simulationsbasierte ITS 24
    2.2.5 Augmented-Reality-basierte Trainingssysteme 24
    2.2.6 Augmented-Reality-basierte ITS 29
    2.2.7 Unterstützungssysteme 33
2.3 Gegenüberstellung der existierenden Ansätze 34
2.4 Schlußfolgerung 35

3 Feldanalyse Echokardiographie   **39**
3.1 Grundlagen der Echokardiographie 39
    3.1.1 Standardebenen 44
3.2 Echokardiographische Diagnostik 45
    3.2.1 Mentale Modelle 46
    3.2.2 Diagnoseschemata 47
    3.2.3 Schallkopfsteuerung 47
3.3 Feldanalyse 48

3.3.1	Motivation und Zielsetzung	48
3.3.2	Klinische Beobachtungsstudien: Lernkontext und Ablauf	49
3.3.3	Analysemethoden	50
3.4	Bedarfsanalyse und Anforderungen an das Trainingssystem	50
3.4.1	Lernkontext	51
3.4.2	Schwierigkeiten des Anfängers und daraus folgende Anforderungen	51
3.4.3	Zusammenfassung	55

4 Konzeption eines Augmented-Reality-basierten situierten Trainingssystems 59

4.1	Augmented-Reality-basiertes situiertes Trainingssystem	59
4.1.1	Konzeption eines Trainingssystems zur Unterstützung des situierten Lernens	60
4.2	Ein situiertes Trainingssystem als Beispiel	62
4.2.1	Augmented-Reality-Simulationsumgebung	63
4.2.2	Verhaltensanalyse	64
4.2.3	Adaptive Hilfestellungen	64
4.2.4	Semantisches Protokoll als Basis der Interaktion	66
4.3	Beispiel Auge-Hand-Steuerung	66
4.3.1	Augmented-Reality Simulationsumgebung	66
4.3.2	Sensomotorische Verhaltensanalyse	67
4.3.3	Semantisches Protokoll	69
4.3.4	Wissensbasierte Interpretation	69
4.3.5	Adaptive Hilfestellungen	69
4.3.6	Situierte Interaktion	70
4.4	Beispiel Meßfehler	71
4.4.1	Augmented-Reality-Simulationsumgebung	72
4.4.2	Verhaltensanalyse und semantisches Protokoll	72
4.4.3	Adaptive Hilfestellungen	74
4.5	Beispiel Diagnoseschemata	75
4.5.1	Augmented-Reality-Simulationsumgebung	75
4.5.2	Verhaltensanalyse	76
4.5.3	Wissensbasierte Interpretation	77
4.5.4	Adaptive Hilfestellungen	77
4.6	Zusammenfassung	78

5 Realisierungsansätze für die sensomotorische Analyse 79

5.1	Sensomotorische Daten	79
5.1.1	Charakteristika der Schallkopftrajektorien	80
5.2	Verschiedene Methoden der Gestikerkennung	86
5.2.1	Neuronale Netze	87
5.2.2	Wissensbasierte und modellbasierte Ansätze	89
5.2.3	Fuzzy-Methoden	91
5.2.4	Zustandsbasierte Ansätze	95

        5.2.5   Hidden-Markov-Modelle 98
   5.3   Fazit 103

6 **Erkennen von Standardebenen**   **105**
   6.1   Konzept der sensomotorischen Analyse von
         Standardebenen 105
   6.2   Fuzzy-Clusteranalyse 106
         6.2.1   Fuzzy-c-Means 107
         6.2.2   Gath-und-Geva Algorithmus 108
         6.2.3   Clustering von Vektoren (Klawonn und Keller) 109
   6.3   Fuzzy-Clustering der Positions- und Richtungsdaten 110
         6.3.1   Clustering der Positionsvektoren 110
         6.3.2   Clustering der Normalenvektoren 111
         6.3.3   Ableiten von Fuzzy-Zugehörigkeitsfunktionen 112
   6.4   Überprüfen von Zielstrukturen 115
         6.4.1   Repräsentation der Leitstrukturen durch Ellipsoide 115
         6.4.2   Schnittfläche als Gütekriterium 119
         6.4.3   Gütemaß für den Anschnitt von Herzklappen parallel zur Blut-
                  flußrichtung 120
         6.4.4   Abstand zu Landmarks als Gütemaß 122
         6.4.5   Hilfestellung zur Einstellung einer Herzklappe 123
   6.5   Kombination der Kriterien durch Fuzzy-Regeln .. 124
   6.6   Diskussion 126

7 **Erkennen von Bewegungsmustern**   **129**
   7.1   Überblick über die Analyse von Bewegungsmustern 129
   7.2   Kontinuierliche und semikontinuierliche Hidden-Markov-Modelle 131
         7.2.1   Kontinuierliche Emissionswahrscheinlichkeitsdichten 131
         7.2.2   Forward-Backward Algorithmus 132
         7.2.3   Viterbi-Algorithmus 135
         7.2.4   Baum-Welch-Algorithmus 137
   7.3   Regelbasiertes Erkennen von Positionsübergängen 138
         7.3.1   Segmentierung 138
         7.3.2   Beurteilung der Übergänge mit Fuzzy-Konzepten 139
         7.3.3   Grenzen des regelbasierten Ansatzes 140
   7.4   Modellierung von Bewegungsmustern mit Hidden-Markov-Modellen ... 141
         7.4.1   Merkmalstransformation und Fuzzy-Clusteranalyse 141
         7.4.2   Modellierung von Standardübergängen mit Hidden-Markov-Mo-
                  dellen 144
         7.4.3   Erkennen von zielgerichtetem Fächeln ... 147
         7.4.4   Erkennen von Orientierungslosigkeit 148
         7.4.5   Integration der Einzelmodelle und Klassifikation 149
   7.5   Diskussion 150

8 Evaluationsergebnisse 153
8.1 Fallstudie zur Beurteilung der Standardebenen 153
    8.1.1 Semantisches Protokoll 154
    8.1.2 Parasternal lange Achse 155
    8.1.3 Parasternal kurze Achse in Höhe der Aortenklappe 158
    8.1.4 Ergebnisse der Fallstudie 161
8.2 Objektive Evaluation der Standardebenenbewertung 161
    8.2.1 Evaluation richtiger Einstellungen eines Experten 162
    8.2.2 Evaluation falscher Einstellungen eines Experten 162
    8.2.3 Evaluation der Standardebeneneinstellung nach Vorgabe des Systems 163
    8.2.4 Evaluationsergebnisse der Standardebenenbewertung 166
8.3 Ergebnisse zur Erkennung von Bewegungsmustern 167
    8.3.1 Beispiel Standardtrajektorie 167
    8.3.2 Beispiel Orientierungsverlust 174
    8.3.3 Beispiel Abfächeln einer Region 177
    8.3.4 Ergebnisse der Erkennung von Bewegungsmustern 177
8.4 Zusammenfassung 180

9 Zusammenfassung und Ausblick 183

A Erweiterte Echokardiographische Grundlagen 201
A.1 Anatomie und Physiologie des Herzens 201
A.2 Standarduntersuchungsgang 203

B Parameter der Markovmodelle 212
B.1 Definition der Dichtefunktionen 212
B.2 Linearkombinationen der Dichtefunktionen 216

1 Einleitung

1.1 Motivation

In den letzten Jahren ist die Zahl der simulationsbasierten medizinischen Trainingssysteme kontinuierlich gestiegen. Ziel dieser Systeme ist es, die knappe praktische Ausbildung zu kompensieren. Ein systematisches praktisches Training an High-End-Geräten ist im klinischen Alltag selten möglich, da es sehr zeitaufwendig ist und nur wenig Zeit und Personal zur Verfügung stehen. Deshalb ist es schwierig, eine adäquate Ausbildung durch einen erfahrenen Arzt am Patienten zu gewährleisten.

Die meisten heutigen Trainingsysteme sind Simulatoren für die minimalinvasive Chirurgie, aber auch bildgebende Verfahren wie z.b. Ultraschall erfordern ein intensives praktisches Training, da die Qualität der Diagnose in hohem Maß von der Erfahrung des Arztes abhängt. So verlangt z.B. die *Echokardiographie* (Herzultraschall) einen hohen Grad an Expertise, sowohl für die Steuerung des Ultraschallkopfes zur Bildakquisition *(sensomotorische Fähigkeiten)*, für die Bildinterpretation *(visuell-perzeptive Fähigkeiten)*, als auch für die Diagnose *(diagnostisches/symbolisches Wissen)*. Die Probleme beim Erlernen dieser Fähigkeiten liegen zunächst hauptsächlich in der räumlichen Orientierung (wo bin ich?) und bei der Interpretation der Bilder (was sehe ich?). Da dem Arzt bei der Untersuchung nur ein zweidimensionaler Ausschnitt der Realität in Form von Ultraschallbildern vorliegt, muß er sich mit Hilfe eines dreidimensionalen *mentalen Modells* des Herzens orientieren, indem er die gewonnenen Bilder mit dem gedanklich konstruierten Modell abgleicht. Dieses Wissen kann nicht symbolisch kodiert werden, weshalb diese Fähigkeiten nur durch intensives praktisches Training innerhalb des Anwendungskontextes erlernt werden können. Dies entspricht dem Ansatz des *situierten Lernens*:

> Nach der Theorie des **situierten Lernens** entsteht Wissen immer durch einen aktiven Konstruktionsprozeß des Lernenden, wobei die Situation, in der der Lernprozeß stattfindet, eine zentrale Rolle spielt. Hierbei stehen personeninterne Faktoren mit personenexternen, situativen Komponenten in Wechselbeziehung. Da Wissen als stark kontextgebunden angesehen wird, müssen Lern- und Anwendungssituation möglichst ähnlich sein, um einen Wissenstransfer zu erreichen [78].

Beim situierten Lernen spielen auch die in der Lernsituation beteiligten Personen eine wichtige Rolle. Das Erlernen der Echokardiographie findet durch Untersuchungen am Patienten statt, wobei der lernende Arzt durch einen erfahrenen Kardiologen unterstützt wird, der ihm mit Anleitungen und Hilfestellungen zur Seite steht. Diese Form des situierten Lernens wird *Cognitive-Apprenticeship*-Ansatz genannt:

> Beim **Cognitive-Apprenticeship-Ansatz** [34] des Lernens *(Meister-Schüler-Beziehung)* lösen Tutor und Schüler Probleme gemeinsam, wobei der Schüler die Führung übernimmt und der Lehrer zu jedem Schritt seine Zustimmung zeigt. Bei besonders schwierigen Teilen der Lösung leitet der Tutor den Schüler schrittweise an.

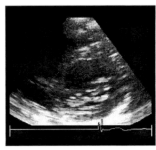

Abbildung 1.1: a) Kardiologische Ultraschalluntersuchung, b) Ultraschallbild

Abb. 1.1.a zeigt das Szenario einer typischen Ultraschalluntersuchung: Die Ärztin beobachtet den Monitor, der das aktuelle Ultraschallbild zeigt, während sie den Schallkopf auf dem Brustkorb des Patienten positioniert. Ultraschallbilder sind oft sehr verrauscht und unintuitiv. So wird z.B. das Bild aus Abb. 1.1.b von einem erfahrenen *Kardiologen* als Querschnitt des linken Ventrikels interpretiert, in dessen Mitte die *Mitralklappe* zu sehen ist. Ein unerfahrener Arzt hingegen wäre vermutlich nicht in der Lage, die relevanten Strukturen zu erkennen. Ihm fehlen die nötigen *Erwartungsmuster* (siehe Abschnitt 3.2.1), d.h. er weiß nicht, welche Strukturen er in dieser Position sehen sollte, weshalb er das Bild nicht interpretieren kann. Aus diesem Grund hängt die Qualität der Diagnose stark von der Erfahrung des Arztes ab.

Beim Erlernen und Verstehen komplexer Zusammenhänge und Situationen, wie es in der Echokardiographie der Fall ist, bildet der Aufbau von mentalen Modellen einen zentralen Bestandteil. Da sie unser Denken und Handeln leiten und nur adäquate Modelle zu adäquaten Handlungen führen ([9], S.147), ist die Notwendigkeit einer möglichst adäquaten Modellbildung offensichtlich. Im wesentlichen werden diese Modelle durch Interaktion gebildet: wir haben eine gewisse Vorstellung, nach der wir handeln *(Aktion)*, und können anhand des Ergebnisses *(Reaktion)* die Adäquatheit dieser Vorstellung überprüfen und diese gegebenenfalls verwerfen oder korrigieren *(reflective practitioner [109, 110])*. Je komplexer die Ausgangssituation ist, desto schwieriger gestaltet sich die Modellbildung durch die Vielzahl von möglichen Aktionen und Reaktionen.

Die echokardiographische Diagnostik besteht im wesentlichen in der Abstimmung verschiedener Teilbefunde und einer vorliegenden Verdachtsdiagnose mit wahrnehmbaren

1.1 Motivation

Bilddetails. Diese sogenannten *Leitstrukturen* dienen als visuelle Erwartungsmuster, die den gesamten Diagnoseprozeß steuern. Dieses wird dadurch erschwert, daß der eigene Betrachtungswinkel (Orientierung des Schallkopfes) laufend mit der zu erwartenden Ansicht verrechnet werden muß. Fehlen diese Erwartungsmuster, die Wissen über die Orientierung des Schallkopfes mit Wissen über diagnostisch relevante Struktur- und Bewegungsmerkmale in Beziehung setzen, ist die Auge-Hand-Steuerung des Schallkopfes nicht möglich. Wenn der eigene Betrachtungswinkel jedoch nicht klar ist, kann das Ultraschallbild nicht richtig interpretiert werden, was schließlich zu falschen bzw. nicht gefundenen Diagnosen führt. Das vorrangige Ziel eines Trainingssystems für die Echokardiographie muß es daher sein, diese Auge-Hand-Steuerung zu vermitteln, indem visuelle Erwartungsmuster trainiert werden und die Vorstellung eines dynamischen, räumlich visuellen Herzmodells gefördert wird. In dieser Arbeit soll ein *Trainingssystem* wie folgt definiert werden, wobei zunächst der Begriff *Tutorsystem* zu klären ist:

> Ein **Tutorsystem** dient der Vermittlung von Fakten- bzw. Regelwissen, das sich symbolisch kodieren läßt. Es verwendet häufig einen tutoriellen Dialog, um Fehler bzw. Lücken im mentalen Modell des Lernenden zu reparieren bzw. die richtige Lösung "hervorzulocken" (elizitieren).

> Ein **Trainingssystem** kombiniert eine Simulation mit einer Tutorkomponente. Die Simulationsumgebung erlaubt dem Lernenden, sein Wissen durch aktives Handeln zu bilden, wobei er durch sein mentales Modell geleitet wird. Die Tutorkomponente bewertet die Aktionen hinsichtlich ihrer Richtigkeit bzw. Güte und gibt ein entsprechendes Feedback.

Für eine computerbasierte Lernumgebung stellt sich nun die Frage, wie sie den Aufbau dieser mentalen Modellen unterstützen kann. Gängige simulationsbasierte Trainingssysteme konzentrieren sich hauptsächlich auf die Vermittlung von sensomotorischen Fertigkeiten mittels Self-Assessment, wie z.B. die Handhabung von chirurgischen Werkzeugen. Da Echokardiographie unter Anleitung eines erfahrenen Kardiologen gelernt wird, reicht ein Self-Assessment jedoch nicht aus. Um räumlich kognitive oder sensomotorische Schwierigkeiten des Lernenden erkennen und beseitigen zu können, muß sein Verhalten beobachtet und in der Situation analysiert werden. Es wird deshalb ein Trainingssystem gewünscht, das Merkmale einer *Meister-Schüler-Beziehung* imitiert: Das Trainingssystem soll dem lernenden Arzt anstelle eines erfahrenen Arztes "über die Schulter schauen" und ihm, wenn nötig, Hilfestellung geben. Durch ein solches Trainingssystem kann ein Teil der benötigten Expertise unabhängig von der klinischen Umgebung erworben werden, weshalb es eine ideale Ergänzung der klinischen Aus- und Weiterbildung darstellt. Ein derartiges Trainingssystem soll im folgenden als *Situiertes Trainingssystem* bezeichnet werden.

> Ein **Situiertes Trainingssystem** ist eine realitätsnahe Simulationsumgebung, die mit Elementen eines Tutorsystems kombiniert ist. Die Simulationsumgebung bildet den Anwendungskontext nach und erlaubt dem Lernenden, sein Wissen durch aktives

Handeln zu bilden, wobei er durch seine mentalen Modelle geleitet wird. Das Tutorsystem überprüft die Handlung vor dem Hintergrund eines mentalen Modells eines Experten und gibt dem Lernenden Hilfestellung, um ihn bei der Ausbildung der mentalen Modelle zu unterstützen bzw. um Fehler zu korrigieren.

Zwei existierende Ansätze für situierte Trainingssysteme in der Medizin sind "The Expert Surgical Assistant" [17] und "LAHYSTOTRAIN" [129], die durch Kombination von Simulation mit intelligenten Tutoring-Techniken chirurgische Prozeduren vermitteln (siehe 2.2.6). Das Tutorsystem konzentriert sich dabei jedoch auf prozedurales Wissen. Orientierungsschwierigkeiten oder räumlich kognitive Probleme werden nicht analysiert.

1.2 Problemstellung: Wie kann man die reale Trainingssituation nachbilden?

Es stellt sich also das Problem, wie die natürliche Lernumgebung der *Meister-Schüler-Beziehung*, unter besonderer Berücksichtigung des Anwendungskontextes, möglichst realitätsnah nachgebildet werden kann.

Da eine komplexe Ausgangssituation den Erwerb mentaler Modelle erschwert, sollte ein Trainingssystem die Komplexität des Szenarios reduzieren. Auf dieser Idee basiert das sogenannte *Explizitheitsprinzip* Intelligenter Tutorsysteme von Anderson (vgl. 2.1.3) und das *Ecological Interface Design* für komplexe Steuerungssysteme nach Rasmussen[1] [95]. Beide visualisieren ein *externalisiertes mentales Modell* (eines Experten) in Form eines Problemlösegraphen bzw. einer Abstraktionshierarchie, um den menschlichen Arbeitsspeicher zu entlasten und so das fehleranfällige und zeitaufwendige analytische Problemlösen zu unterstützen. Auf diese Weise wird der Erwerb mentaler Modelle gefördert.

Ein erster Lösungsansatz zur Komplexitätsreduzierung besteht deshalb darin, Ausschnitte der realen Welt durch veranschaulichte mentale Modell eines Experten, wie z.B. Virtual-Reality-Modelle, zu erklären. Solche *Augmented-Reality*-Szenarios unterstützen den Erwerb visueller bzw. sensomotorischer Expertise, während die Systeme von Anderson nur symbolisch kodierbares Wissen vermitteln können.

Für die Echokardiographie existiert bereits ein Augmented-Reality-Simulator (EchoSim / EchoCom [13], [132], vgl. Abschnitt 2.2.5), der durch modellbasierte Orientierungshilfen den Zusammenhang zwischen Ultraschallbild und Schallkopfposition an einem dreidimensionalen Herzmodell veranschaulicht und in einer interaktiven Umgebung *erfahrbar* macht (Abb. 1.2). Das Ultraschallbild auf der linken Seite wird durch ein virtuelles Herzmodell erklärt. Dadurch wird ein besseres Verständnis der aktuellen Situation erreicht

---
[1]Hierbei wird zwischen *wissensbasiertem Verhalten (Knowledge-Based Behavior KBB)*, *regelbasiertem Verhalten (Rule-Based Behavior RBB)* und *sensomotorischem, Skill-basiertem Verhalten (Skill-Based Behavior SBB)* unterschieden. Ziel ist die Unterstützung aller drei Stufen der kognitiven Kontrolle, wobei aber durch das Interface niemals eine kognitive Kontrolle auf einer höheren Stufe erzwungen werden soll, als es die Aufgabe erfordert.

1.2 Problemstellung: Wie kann man die reale Trainingssituation nachbilden? 5

(situated cognition [121]) und der Lernende wird in der Ausbildung eines mentalen Modelles gefördert, indem er sein eigenes mentales Modell mit dem visualisierten mentalen Modell eines Experten (in Form des virtuellen Herzmodells) vergleichen und korrigieren kann. Dies entspricht der Vorgehensweise des *reflective practitioners* [109, 110].

Durch modellbasierte Konturüberlagerungen werden *visuelle Erwartungsmuster* trainiert, die für das Erkennen relevanter Strukturen in Ultraschallbildern benötigt werden. Diese sind mit den *perceptual cues* nach Rasmussen [95] vergleichbar, die das regelbasierte Verhalten fördern sollen. So wird der Lernende auf visuell perzeptiver Ebene unterstützt, damit er sich besser auf die sensomotorischen und räumlich kognitiven Zusammenhänge konzentrieren kann, ohne darüber nachzu*denken*, welche Strukturen er im Ultraschallbild sieht.

Die Simulationsumgebung beeinflußt die Perzeption und Aktion des Lernenden und erlaubt ein effektives Self-Assessment. Diese Art von Systemen, die einen menschlichen Akteur befähigen, mit komplexen und problematischen Situationen umzugehen, indem die Situation durch Hintergrundinformationen angereichert wird, nennt man *Enabling-Systeme* [12].

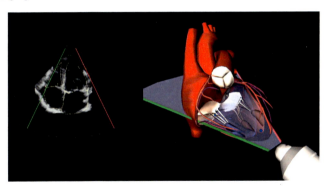

Abbildung 1.2: Augmented-Reality-Szenario

Um ein *situiertes Lernen* im Sinne des Cognitive-Apprenticeship-Ansatz zu ermöglichen, werden aber zusätzliche Methoden benötigt, die den beobachtenden erfahrenen Arzt imitieren können, der adaptive Unterstützung leistet. Im Falle der Echokardiographie müssen dafür multimodale Daten überwacht werden, um gemäß der aktuellen Situation reagieren zu können. Diese beinhalten in erster Linie die Steuerung des Schallkopfes, aber auch symbolische und numerische Befunde. Durch Analyse dieser Daten können kognitive und räumliche Orientierungsschwierigkeiten und Fehlvorstellungen aufgedeckt werden, die die Grundlage für geeignete Systemreaktionen bilden.

Für die Beurteilung der Auge-Hand-Steuerung, die Hinweise auf räumliche Orientierungsschwierigkeiten oder fehlende visuelle Erwartungsmuster liefert, spielen deshalb die sensomotorischen Daten die Hauptrolle. So können anhand der Sensordaten eines simulierten Schallkopfes die Qualität einer eingestellten Ultraschallebene oder typische Bewegungsmuster abgeleitet werden, die die Basis für adaptive Hilfestellungen bieten. Diese können z.b. aus Multimedia-Tutoring-Modulen (siehe z.b. Abschnitt 2.2.1) oder visuellen Hilfen bestehen, die durch ein adaptives Hervorheben der Leitstrukturen Feedback liefern, wie gut der lernende Arzt eine Schallebene eingestellt hat. Auf diese Weise bestimmen die Systemreaktionen die repräsentierte Situation. *"The situation talks back to the user"* [110]. Hierbei ist zu beachten, daß im Sinne einer Komplexitätsreduzierung durch die adaptiven Hilfen möglichst die in der Situation beteiligten kognitiven Modi angesprochen werden sollten. D.h. für die Vermittlung diagnostischen Wissens ist eine symbolische Repräsentation geeignet, während für den Erwerb visuell-perzeptiver Fähigkeiten (z.b. Mustererkennung in Bildern) ein visuelles Feedback angemessen ist.

Sprechende Situationen bezeichnen die Anreicherung der dargestellten Situation eines Simulationssystems durch adaptive Hilfen, die durch die Wahl geeigneter medialer Mittel die in der Situation beteiligten kognitiven Modi ansprechen. Dadurch wird der Schüler durch seine Perzeption in der Ausbildung mentaler Modelle unterstützt.

Damit die Reaktionen des Systemes auch wirklich eine Meister-Schüler-Beziehung nachbilden können, ist es wichtig, die kognitiven Schwierigkeiten und didaktischen Strategien der jeweiligen Anwendungsdomäne zu berücksichtigen. Um ein "blindes Design" zu vermeiden, muß dem System-Design deshalb eine *Feldanalyse* im Sinne des Scene-Based-Design [12] bzw. Contextual-Design [14] vorangehen, die als Ergebnis diese Informationen liefert.

1.3 Ziel und Lösungsansatz

Wenn man die vorangegangenen Überlegungen zusammenfaßt, benötigen wir also ein System, das die Akquisition einer integralen Expertise von visueller Expertise (Bildinterpretation), symbolischem Wissen (diagnostisches Wissens) und sensomotorischen Fertigkeiten (Steuerung des Ultraschallkopfes) ermöglicht, wobei der Schwerpunkt auf den sensomotorischen und visuellen Fähigkeiten liegt. Dieses sollte in einer möglichst realitätsnahen Simulationsumgebung erfolgen, die die natürliche Lernumgebung einer Meister-Schüler-Beziehung nachbildet. Die Fertigkeiten müssen durch situiertes Training innerhalb des Anwendungskontextes vermittelt werden.

Bisherige Trainingssysteme haben diese Anforderungen nur teilweise erfüllt (siehe Kapitel 2). Deshalb wird in dieser Arbeit zunächst eine Feldanalyse beschrieben, deren Ziel die Aufklärung folgender Fragen ist:

1. Welche Schwierigkeiten und Verständnisprobleme treten beim lernenden Arzt während einer echokardiographischen Untersuchung auf?
2. Wie äußern sich diese? Woran erkennt ein beobachtender erfahrener Arzt diese Situationen?

1.3 Ziel und Lösungsansatz

3. Wie reagiert der beobachtende Arzt darauf, d.h. in welcher Form und wann gibt er Hilfestellungen?

Darauf aufbauend wird dann eine allgemeingültige Konzeption eines *situierten Augmented-Reality-basierten Trainingssystems* entwickelt. Es realisiert situiertes Lernen durch:

- eine realitätsnahe Simulation der Lernsituation durch ein *Augmented-Reality-Szenario*, die es dem Lernenden ermöglicht, seine mentalen Modelle durch aktives Handeln und anschließende Reflexion auszubilden,

- eine *Verhaltensanalyse*, die die beobachtbaren Daten bewertet und semantische Konzepte ableitet, die Hinweise auf Fehler bzw. Lücken im mentalen Modell des Lernenden liefern,

- ein *semantisches Protokoll*, das die Ergebnisse der Verhaltensanalyse beinhaltet,

- *wissensbasierte Interpretation* der semantischen Konzepte zur Bestimmung des Unterstützungsbedarfes,

- *adaptive Hilfestellungen* im Sinne von "sprechenden Situationen" [109, 110], wobei die in der Situation beteiligten kognitiven Modi angesprochen werden sollen, um den Schüler durch seine Wahrnehmung in der Ausbildung seines mentalen Modells zu unterstützen.

Die Echokardiographie wird als Anwendungsdomäne gewählt, um das Konzept eines situierten Trainingssystems zu validieren. Die Ultraschalldiagnostik des Herzens hat wegen ihrer geringen Belastung für den Patienten und ihrer relativ niedrigen Kosten fast den Status einer Standarduntersuchung erlangt. Durch die starke Verbreitung ist aber auch ein großer Anteil überflüssiger und fehlerhafter Diagnosen zu beklagen. Dies gilt insbesondere für niedergelassene Ärzte, die keine Möglichkeit haben, diese komplexe Technik unter Anleitung eines Experten an einem Kompetenzzentrum zu erlernen. In normalen Fortbildungsseminaren können die benötigten räumlichen und zeitlich variierenden Vorstellungen nicht vermittelt werden. Um die ärztliche Ausbildung zu verbessern und die Qualität der Diagnosen zu erhöhen, ist deshalb ein neues Fortbildungskonzept nötig. Im Projekt SCENE wurde in Kooperation zwischen der Abteilung für Kinderkardiologie der Universität Bonn und dem Institut FIT der GMD deshalb mit *EchoSim* bereits eine Augmented-Reality-Simulationsumgebung für die Echokardiographie realisiert, auf der ein situiertes Trainingssystem aufsetzen kann.

EchoSim bietet keine Beobachtung und Beurteilung des lernenden Arztes im Sinne des Cognitive-Apprenticeship-Ansatz, um adaptive Unterstützungen anbieten zu können. Der Schwerpunkt dieser Arbeit liegt daher auf der Verhaltensanalyse. Da die sensomotorischen und räumlich-kognitiven Fähigkeiten die Voraussetzung für eine echokardiographische Untersuchung bilden und hierfür bisher keine vergleichbaren Ansätze existieren, sollen in dieser Arbeit geeignete Methoden definiert werden, mit denen das sensomotorische

Verhalten *(Auge-Hand-Steuerung)* analysiert werden kann. Durch diese Verhaltensanalyse können Hinweise auf mögliche Fehlvorstellungen oder Orientierungsschwierigkeiten abgeleitet werden, die die Grundlage für geeignete Hilfestellungen bilden.

Für die *adaptiven Hilfestellungen* existieren bereits Lösungsmöglichkeiten, weshalb sie in dieser Arbeit nur konzeptuell behandelt werden. So können multimediale Tutoring-Module wie die des *EchoExplorers* (vgl. Abschnitt 2.2.1) benutzt werden, um fehlendes oder fehlerhaftes Hintergrundwissen bzgl. kardiologischer Standardebenen (Leitstrukturen) oder Diagnosemuster zu vermitteln. Die Auge-Hand-Steuerung kann durch ein adaptives Hervorheben der Leitstrukturen gefördert werden, das in [70] beschrieben wird (vgl. Abschnitt 4.3).

Durch eine prototypische Realisierung der Analyse des sensomotorischen Verhaltens wird daher die Machbarkeit des Konzeptes gezeigt. Damit wird die Konzeption eines Augmented-Reality-Trainingssystems, das situiertes Lernen ermöglicht, am Beispiel der Echokardiographie validiert. Es läßt sich aber generell auf Domänen übertragen, in denen räumlich-zeitliche Fähigkeiten benötigt werden.

Verwendete Methoden zur Analyse der sensomotorischen Daten beinhalten eine *Fuzzy-Clusteranalyse* und *Fuzzy-Regeln* für die Bewertung von eingestellten Schallebenen. Fuzzy-Regeln sind besonders geeignet, um tolerierbare Abweichungen zu modellieren. *Hidden-Markov-Modelle* werden eingesetzt, um Bewegungsmuster zu erkennen, da sie verrauschte Daten und nichtdeterministische Abläufe behandeln können. Auf diese Weise werden semantische Konzepte abgeleitet, die das Verhalten des Arztes bewerten und Hinweise auf mögliche Orientierungsschwierigkeiten geben.

1.4 Überblick

Die vorliegende Arbeit gliedert sich in einen konzeptuellen Teil *(Kapitel 2 bis 4)*, der die Konzeption für ein situiertes Augmented-Reality-basiertes Trainingssystem für die Echokardiographie herleitet, sowie einen methodischen Teil *(Kapitel 5 bis 8)*, der die Realisierung der sensomotorischen Verhaltensanalyse für dieses situierte Trainingssystem beschreibt:

- In *Kapitel 2* werden ausgehend von den Anfängen computerbasierter Trainings- und Tutorsysteme verschiedene Interaktionsformen von Trainingssystemen hinsichtlich ihrer Einsetzbarkeit für ein situiertes Trainingssystem untersucht und an mehreren Beispielsystemen vorgestellt. Es wird gezeigt, daß für die Unterstützung des situierten Lernens in raum-zeitlichen Domänen eine Integration der Interaktionsformen *Visualisierung und Präsentation, Tutorieller Dialog* und *Augmented-Reality-Umgebungen* erfolgen muß.

- Die kognitiven Schwierigkeiten und tutoriellen Strategien der Domäne Echokardiographie werden in *Kapitel 3* im Rahmen einer Feldanalyse identifiziert, um die Anforderungen an ein Trainingssystem zu bestimmen. Auf diese Weise soll die natürli-

1.4 Überblick

che Lernumgebung der Meister-Schüler-Beziehung möglichst realitätsnah nachgebildet werden. Außerdem werden die Grundlagen der Echokardiographie dargestellt. Im *Anhang A* wird dafür kurz die Funktionsweise des Herzens erklärt, und der echokardiographische Standarduntersuchungsgang wird vorgestellt.

- Basierend auf den in *Kapitel 2 und 3* gewonnenen Erkenntnissen wird in *Kapitel 4* eine Konzeption für ein Augmented-Reality-basiertes Trainingssystem entwickelt, das ein situiertes Lernen unterstützt, indem der Anwendungskontext möglichst realitätsnah simuliert wird. Die Rolle des beobachtenden Lehrers wird dabei durch eine Verhaltensanalyse und daran angepaßte adaptive Hilfestellungen nachgebildet. Für drei Basisfertigkeiten der echokardiographischen Diagnostik wird diese Konzeption beispielhaft spezifiziert.

- Mit *Kapitel 5* beginnt der zweite Hauptteil der Arbeit, der sich mit der sensomotorischen Verhaltensanalyse befaßt. Nach einer Beschreibung der Verhaltensdaten werden, motiviert durch die Gestikerkennung, verschiedene Methoden daraufhin untersucht, ob sie für die Bewegungsanalyse der Schallkopfdaten geeignet erscheinen. Dabei stellt sich eine Kombination aus *Fuzzy-Regeln* und *Hidden-Markov-Modellen* als besonders geeignet heraus.

- Dieser Ansatz wird in *Kapitel 6* für die Erkennung von Standardebenen spezifiziert, wobei die Kriterien der Schallkopforientierung und der Erfassung der Leitstrukturen mit Hilfe von Fuzzy-Regeln kombiniert werden. Grundlage für die Bewertung der Orientierung bildet eine Fuzzy-Clusteranalyse der Ebenennormalen. Die Leitstrukturen der Standardebenen werden durch die Schnittberechnung mit Ellipsoiden bewertet, die diese Strukturen umfassen.

- *Kapitel 7* widmet sich der Erkennung von Bewegungsmustern. Basierend auf Hidden-Markov-Modellen wird ein Ansatz zur Unterscheidung von "normalen" Schallkopfbewegungen und Unsicherheitsmustern vorgestellt, aus denen räumliche Orientierungsschwierigkeiten oder beabsichtigte Handlungen abgeleitet werden können. Die Parameter der einzelnen Markovmodelle werden im *Anhang B* aufgeführt.

- Diese Realisierungsansätze werden in *Kapitel 8* auf ihre Anwendbarkeit hin untersucht. Es wird evaluiert, ob die abgeleiteten semantischen Konzepte zur Bewertung von Standardebenen und Bewegungsmustern medizinisch sinnvoll sind und ob sie für die Bestimmung des Unterstützungsbedarfes in medizinischen Trainingssystemen geeignet sind.

Kapitel 9 faßt die in dieser Arbeit erzielten Ergebnisse abschließend zusammen und gibt einen Ausblick auf weiterführende Arbeiten.

2 Computerbasierte Trainingssysteme und Intelligente Tutorsysteme: Stand der Forschung

In dieser Arbeit soll ein Trainingssystem für eine komplexe medizinische Anwendung konzipiert werden, das in Anlehnung an den Cognitive-Apprenticeship-Ansatz das Verhalten des Lernenden in der Situation bewertet und entsprechende Hilfestellungen anbietet *(situiertes Lernen)*. Dabei kommt der realitätsnahen Repräsentation der Lernumgebung eine besondere Bedeutung zu, da das Handeln in komplexen Situationen nur innerhalb des Anwendungskontextes erlernt werden kann. In der gewählten Domäne müssen hierfür sowohl sensomotorische als auch diagnostische und visuell-perzeptive Fähigkeiten berücksichtigt werden.

Ausgehend von den Anfängen computerbasierter Trainingssysteme und Tutorsysteme sollen die verschiedenen Interaktionsformen von Trainingssystemen vorgestellt und hinsichtlich ihrer möglichen Einsetzbarkeit für ein situiertes Trainingssystem untersucht werden. Für die unterschiedlichen Klassen werden anschließend Beispiele überwiegend medizinischer Anwendungen gegeben, die abschließend gegenübergestellt werden.

2.1 Reine Interaktionsformen computerbasierter Trainingssysteme und Intelligenter Tutorsysteme

In Anlehnung an [9] werden die Trainingssysteme nach grundlegenden Typen von Interaktivität unterteilt: *Visualisierung und Präsentation, Drill & Test, Tutorieller Dialog, Simulation* und *Augmented-Reality-Umgebungen*. Dabei handelt es sich um Idealtypen, die in der Praxis nicht oder nur sehr selten in reiner Form anzutreffen sind.

Visualisierung und Präsentation (siehe Abschnitt 2.1.1) und *Drill & Test* (2.1.2) sind die ältesten Formen, die von den *klassischen Tutorsystemen (Computer-Aided Instruction CAI)* verwendet werden. Bei CAI-Systemen werden die Lerninhalte unter Berücksichtigung sämtlicher didaktischer Entscheidungen, vergleichbar einem Buch, statisch repräsentiert, weshalb Wenger diese Systeme mit dem Begriff *"encoding of decisions"* [134] charakterisiert. Sie verwenden sowohl eine *symbolische* als auch eine *konzeptuelle* Darstellungsebene, z.B. in Form von Texten oder Bildern.

Interaktionsform	Abschnitt	Lernziel	Darstellung
Visualisierung & Präsentation	2.1.1	Faktenwissen	konzeptuell, symbolisch
Drill & Practice	2.1.2	regelbasiertes Verhalten	konzeptuell, symbolisch
Tutorieller Dialog	2.1.3	analytisches Problemlösen, prozedurales Wissen	symbolisch
Simulation	2.1.4	komplexe Zusammenhänge verstehen	konzeptuell
Augmented-Reality-Umgebungen	2.1.5	sensomotorische, räumliche, visuelle Fähigkeiten	perzeptiv

Tabelle 2.1: Interaktionsformen von Tutor- und Trainingssystemen

Der *Tutorielle Dialog* (2.1.3) ist dagegen typisch für die sogenannten *Intelligenten Tutorsysteme*, die zusätzlich didaktisches Wissen repräsentieren, um es dem Programm zu ermöglichen, tutorielle Dialoge dynamisch zu generieren. Bei Wenger werden diese Systeme durch die Eigenschaft *"encoding of knowledge"* klassifiziert. Die Darstellung beschränkt sich meist auf die *symbolische Ebene*, um sprachliche Dialoge zu führen.

Simulationen (2.1.4) können auch im Zusammenhang Intelligenter Tutoringsysteme gesehen werden, wenn das ihnen zugrundeliegende (mentale oder quantitative) Modell verwendet wird, um Erklärungen im Sinne tutorieller Dialoge abzuleiten. Ihre Darstellungsformen sind auf der *konzeptuellen Ebene* anzusiedeln.

Augmented-Reality-Umgebungen (2.1.5) sind komplexe Simulationsumgebungen, basierend auf Virtual-Reality-Techniken, die eine integrierte Szene repräsentieren. Die Darstellungsform ist der *perzeptiven Ebene* zuzuordnen, wobei der Benutzer durch komplexe Eingabegeräte in die Umgebung integriert ist. Diese Interaktionsform ersetzt den Typ *Mikrowelten* in [9], da sich die Beschreibung in dieser Arbeit auf Augmented-Reality-Umgebungen konzentriert. Tabelle 2.1 zeigt noch einmal eine Übersicht der verschiedenen Interaktionsformen, die im folgenden beschrieben werden.

2.1.1 Visualisierung und Präsentation

Ziel der Interaktionsform *Visualisierung und Präsentation* ist die Vermittlung von Faktenwissen, aber auch die Förderung des Aufbaus adäquater mentaler Modelle ([9], S. 147) durch geeignete Visualisierungen, wie z.B. die dreidimensionale Darstellung chemischer Verbindungen. Die Art der Repräsentationsform kann von Text, Bild, Ton bis hin zum Video reichen und ist damit auf symbolischer bzw. konzeptueller Ebene anzusiedeln.

Multiple Repräsentationsformen sind dabei besonders geeignet, um komplexe Situationen und Zusammenhänge besser verständlich zu machen [9]. So zählen auch die sogenannten *Multimedia-* oder *Hypermedia-Systeme* hierzu, bei denen der Lernende selbst durch die verschiedenen Inhalte navigieren kann. Die Interaktion beschränkt sich auf die Steuerung des Programmes, eine didaktische Interaktion findet nicht statt. Der Lernende kann individuell entscheiden, was er mit den angebotenen Inhalten macht.

2.1.2 Drill und Test

Die Interaktionsform *Drill & Test* dient der Festigung von bereits gelernten Inhalten durch Üben an bereitgestellten Tests. Systeme dieser Form überprüfen die Anwort und entscheiden, ob sie richtig oder falsch ist. Gegebenenfalls kann die Frage noch einmal wiederholt werden oder die richtige Lösung angezeigt werden (siehe z.B. [38]). Die didaktische Interaktion (Beurteilung) beschränkt sich auf eine quantitative Zeit- und Antwortstatistik.

2.1.3 Tutorieller Dialog

Da der *Tutorielle Dialog* in erster Linie von *Intelligenten Tutorsystemen ITS* verwendet wird, sollen diese hier kurz vorgestellt werden. Eines der ersten Intelligenten Tutorsysteme ist SCHOLAR [30] von Carbonell, das Faktenwissen über die Geographie von Südamerika vermittelt. Intelligente Tutorsysteme verwenden verschiedene Techniken der Künstlichen Intelligenz, um das Domänen- und didaktische Wissen zu repräsentieren, um Wissen über den Studenten abzuleiten und mit ihm zu kommunizieren.

Generell besteht ein *ITS* aus [86]:

- einem *Wissensmodell* zur Repräsentation des Domänenwissens,

- einem *Lernermodell*, das den aktuellen Wissensstand des Schülers repräsentiert, um die tutoriellen Dialoge und geeignete Lerneinheiten zu bestimmen,

- einer *Didaktikkomponente*, die den tutoriellen Dialog plant, sowie der

- *Benutzungsschnittstelle*.

Die "typischen" Intelligenten Tutorsysteme führen einen *tutoriellen Dialog* mit dem Lernenden, der darauf abzielt, Fehler im mentalen Modell des Lernenden zu *reparieren* oder ihn durch *Elizitieren* ("hervorlocken") auf die richtige Lösung zu bringen. Im Gegensatz zu den klassischen Tutorsystemen findet eine didaktische Interaktion statt, wobei sie sich vor allem auf prozedurale Anwendungsbereiche (z.B. Subtraktion, algebraische Umformungen, Programmieren) oder diagnostische Aufgaben (z.B. medizinische Diagnose) konzentrieren. Das Wissen wird symbolisch kodiert und die Interaktion findet überwiegend auf der Sprachebene statt.

SCHOLAR basiert auf einem *semantischen Netz* [91] und kann wechselseitig initiierte Dialoge mit dem Lernenden führen, indem das semantische Netz durchlaufen wird und die Inhalte interaktiv angezeigt werden. Der Dialog selbst erscheint teilweise noch etwas zusammenhanglos, da sich die tutorielle Strategie auf eine eher zufällige, lokale Auswahl der Wissensknoten beschränkt. Die Inhalte der Knoten werden verwendet, um Frage- und Antworttemplates auszufüllen.

Um einen natürlicheren Dialog zu erreichen, haben Collins et al. Protokolle tutorieller Dialoge mit menschlichen Tutoren analysiert [35]. Auf diese Weise haben sie heuristische Regeln für die Auswahl neuer Themen abgeleitet. Das Ergebnis ist WHY ([119]), ein Tutorsystem zur Erklärung von Regenfallprozessen, das einen *sokratischen Dialog* mit dem Studenten führt, indem er ihn durch sukzessive Fragen *(elizitieren)* dazu bringt, generelles Wissen auf der Basis von einzelnen Fällen abzuleiten. Das Wissen wird hier in Form von hierarchischen *Skripten* repräsentiert, die stereotypische Sequenzen von Events beinhalten, um zeitliche und kausale Zusammenhänge darstellen zu können. Durch ein fehlendes Lernermodell und lokale Entscheidungen des sokratischen Tutors fehlt die Berücksichtigung globaler tutorieller Ziele, wie z.B. die Korrektur bestehender Fehlvorstellungen. Außerdem ist die skriptbasierte Darstellung nicht ausreichend für die Erklärung der Prozesse. Deshalb kamen Collins et al. zu dem Schluß, daß *mentale Modelle* die Grundlage für das Verständnis des Lernprozesses bilden müssen [34, 35].

Ein **mentales Modell** kann in diesem Zusammenhang als interne Repräsentation eines physikalischen Systems verstanden werden, das von einer Person oder einem Programm verwendet wird, um über Prozesse dieses Systems nachzudenken. Es kann als eine Art Teilsimulation ablaufen, um Reaktionen vorherzusagen. Stevens und Collins gehen davon aus, daß diese Modelle hierarchisch aus mehreren Komponenten zusammengesetzt sind und definieren *Lernen* als *"im wesentlichen ein Prozeß des sukzessiven Verfeinerns von (mentalen) Modellen, so daß diese besser mit der realen Welt übereinstimmen."* (vgl. [120], S. 183).

Mentale Modelle erklären das Verhalten der Umgebung, die verborgene Natur von Menschen und Gegenständen. Nach Johnson-Laird [63] sind sie in der Regel unvollständig, da sie immer nur Teilaspekte eines zu modellierenden Phänomens darstellen. So können Menschen unterschiedliche mentale Modelle desselben Gegenstandes haben, die in verschiedenen Kontexten herangezogen werden. Gentner und Gentner [53] haben gezeigt, daß analoge mentale Modelle verwendet werden, um unbekannte Phänomene zu erklären. Demnach kann z.B. elektrischer Strom mit fließendem Wasser in einem Röhrensystem oder mit einer sich bewegenden Masse von Objekten in Durchgängen verglichen werden. In Abhängigkeit von der gewählten Analogie werden unterschiedliche Schlußfolgerungen über die Funktionsweise verschiedener elektrischer Schaltkreise getroffen. Das verwendete mentale Modell leitet also unser Denken und Handeln.

Fehlkonzepte müssen daher korrigiert werden, indem sie bis zu Ungenauigkeiten bzw. Fehlvorstellungen in den zugrundeliegenden mentalen Modellen und deren Verbindungen zurückverfolgt werden. Ansätze hierfür finden sich bei den *kognitiv basierten ITS* nach Anderson und den *Fehlerbibliotheken*.

Fehlerbibliotheken

Einige ITS für prozedurale Aufgaben versuchen, fehlerhafte Prozeduren im Lernermodell ausfindig zu machen, die für oberflächliche Fehler *(bugs)* verantwortlich sind. BUGGY [25] kann Fehler von Schülern beim Subtrahieren simulieren, indem es eine Bibliothek fehlerhafter Subtraktionsprozeduren gespeichert hat. Ziel ist es, den Fehler in der verwendeten Prozedur zu finden.

Sein Nachfolgesystem DEBUGGY [29] verwendet Suchstrategien, um Fehler des Schülers diagnostizieren zu können, wobei nun auch Flüchtigkeitsfehler in Betracht gezogen werden *(coercion)*. Wegen der fehlenden Erklärungen über die Gründe der Fehler benutzt REPAIR [27] eine verfeinerte Struktur des prozeduralen Netzwerkes, einen verallgemeinerten AND/OR-Graphen. Fehler basieren nach der REPAIR-Theorie auf der Anwendung sogenannter Reparaturregeln, die ein Schüler anwendet, wenn seine fehlerhafte *Kernprozedur* in eine Sackgasse gerät. Aufgrund von allgemeinen Kriterien über die Anwendbarkeit der Reparaturregeln in bestimmten Sackgassen können so Erklärungen gegeben werden.

Kognitiv basierte ITS: ACT$^+$-Theorie

Anderson [2] fordert eine Synergie von kognitiver Psychologie und Intelligenten Tutorsystemen. Seine Tutorsysteme basieren auf der kognitiven ACT^+-*Theorie (Adaptive Control of Thought)*, die besagt:

- Kognitive Funktionen können als hierarchisches Netzwerk von Produktionsregeln repräsentiert werden.

- Wissen wird zuerst als deklaratives Wissen erworben, das erst durch Anwendung in prozedurales Wissen umgewandelt wird *(knowledge compilation)*.

- Lernen (Ableiten neuer Produktionsregeln) wird durch die beschränkte Größe des Arbeitsspeichers begrenzt.

Die abgeleiteten Tutoringstrategien basieren auf diesen Prinzipien. Zwei Beispiele sind der GEOMETRY-Tutor [21] und der LISP-Tutor [48, 98]. Gemäß der Theorie der Knowledge Compilation unterstützt das Tutorsystem den Schüler beim Problemlösen im Sinne des *coached problem solving* [34], indem es den Schüler (indirekt) schrittweise durch das Problem führt. Durch sogenanntes *Model-Tracing* generiert der Problemlöser alle möglichen (richtigen und falschen) nächsten Schritte des Schülers gemäß seiner Regelbasis und vergleicht die Reaktion mit seinem Modell. Auf diese Weise werden mögliche Fehler so früh wie möglich korrigiert *(immediate feedback on errors)*. Gleichzeitig wird ein Lernermodell durch *Knowledge-Tracing* aktualisiert, das benutzt wird, um zwischen alternativen Interpretationen des Model-Tracing auszuwählen.

Durch eine kontinuierliche Visualisierung der Planhierarchie der durch den Studenten explizit angegebenen Ziele wird einerseits erreicht, daß mehrdeutige Interpretationen seiner

Handlungen vermieden werden, und andererseits wird der Arbeitsspeicher des Studenten entlastet. Durch dieses *Explizitheitsprinzip* hat der Lernende sein *mentales Modell* ständig vor Augen. Das System braucht nicht zu versuchen, indirekt auf die Lösungsprozedur des Lernenden zurückzuschließen.

Diagnostische Plananalyse

Eine komplexere Domäne für prozedurale Aufgaben ist das Programmieren. Gibt der Schüler seinen abstrakten Programmierplan nicht wie beim GEOMETRY-Tutor explizit an, muß das System diesen Plan generieren oder ihn aus einer Bibliothek übernehmen, um ihn mit dem erstellten Programm abgleichen zu können. PROUST [115] basiert auf einer detaillierten Wissensbasis, die hierarchisch definierte *Ziele* enthält, Pläne zur Realisierung der Ziele und zusätzliche Regeln, um die Pläne mit dem Code zu vergleichen. PROUST sucht nach der plausibelsten Interpretation eines Programmes bezüglich der gegebenen Spezifikationen, indem es zunächst die Pläne des Programmierers rekonstruiert und anschließend analysiert.

Wissensbasierte Tutorsysteme

Vor allem im Bereich der medizinischen Diagnose wollte man sich die bereits bestehenden umfangreichen Wissensbasen medizinischer Expertensysteme für die Verwendung in einem Tutorsystem zunutze machen. Die Inferenzkette sollte gleichzeitig als Erklärung für den Lernenden verwendet werden können. Das wohl bekannteste Expertensystem ist MYCIN [114] zur Diagnose bakterieller Infektionen. Neuere Systeme, die Fuzzy-Methoden verwenden, sind z.B. CADIAG-2 [1], MedFrame und CADIAG-4 [20], sowie Cadosa [39].

Den ersten Versuch hierzu unternahm Clancey [32] mit GUIDON, einem tutoriellen System auf der Basis von MYCIN. Ziel war es,

- die pädagogische Nützlichkeit der MYCIN-Wissensbasis festzustellen,

- zu bestimmen, welches zusätzliche Wissen ein Tutoring-System benötigt,

- zu versuchen, tutorielle Strategien domänenunabhängig zu beschreiben, um jede EMYCIN[1]-Domäne mit minimalen Modifikationen verwenden zu können.

Clancey fügte einige Annotationen zu individuellen Regeln hinzu, um die von MYCIN gelieferte Inferenzkette in Form eines AND/OR-Baumes für Tutoringzwecke anzureichern. Ein eigenes regelbasiertes Expertensystem, das tutorielle Regeln enthält, ist dann für die Durchführung des tutoriellen Dialoges verantwortlich.

---

[1] Ein generisches Expertensysten, abgeleitet von MYCIN, bei dem die Infrastruktur (Inferenzkomponente) domänenunabhängig ist [126]

Clancey nahm an, daß die repräsentierten Regeln für die Studenten nützlich wären. Diagnostische Strategien widersprechen jedoch teilweise MYCINs Top-Down-Ansatz (von Hypothesen zu Evidenzen), und die Regeln beschreiben eine "verdichtete" Expertise, um eine hohe Performanz innerhalb des Regelnetzwerkes zu erreichen. Deshalb sind die Regeln schwer verständlich, und die Wissensbasis ist zur Wissensvermittlung wenig geeignet.

Aufgrund dieser Einsicht führten Clancey et al. empirische Studien durch, um den Prozeß des diagnostischen Denkens besser zu verstehen. Dies führte zu einer vollständigen Rekonfiguration der Wissensorganisation in NEOMYCIN [33]. Sie leiteten eine neue Denkstrategie für die medizinische Diagnose ab, nach der das strategische Wissen (Bilden einer Hypothesenmenge, Gruppierung der Hypothesen in allgemeinere Klassen, Verfeinern der Hypothesen zu Spezialfällen) und das Domänenwissen getrennt sind. Auf diese Weise können mehrere Differenzialdiagnosen betrachtet werden.

GUIDON II [33] unterstützt diese *heuristische Klassifikation*, wobei der patientenspezifische Problemlösungsgraph kontinuierlich angezeigt wird und modifiziert werden kann.

2.1.4 Simulation

Simulationen sind Modelle, die komplexe Sachverhalte oder Situationen aus bestimmten inhaltlichen Bereichen (z.B. Wirtschaft, Biologie, Klima, u.s.w.) abbilden, wobei sich diese Sachverhalte durch mathematische Relationen und Parameter ausdrücken lassen müssen [9]. Ziel dieser Systeme ist es, daß der Lernende durch *Explorieren* die Wechselwirkungen der einzelnen Faktoren herausfinden kann, wobei er die dargestellte Situation in ihrer Gesamtheit erfassen muß.

Eines der ersten simulationsbasierten Tutorsysteme ist SOPHIE I (SOPHisticated Instructional Environment) von Brown und Burton [23], das eine reaktive, explorative Lernumgebung für die Fehlerdiagnose in elektrischen Schaltkreisen darstellt. Mit Hilfe einer natürlichsprachlichen Dialogschnittstelle kann der Student Fragen über Meßwerte und mögliche Fehlerursachen stellen und Hypothesen äußern, um den Fehler einzugrenzen. Die Antworten werden auf der Basis eines quantitativen Simulationsmodells generiert, indem sogenannte "intelligente" Spezialisten geeignete Experimente durchführen und die Fragen aufgrund der Ergebnisse beantworten. Der Hauptnachteil dieser quantitativen Simulation liegt in der mangelnden Erklärungsfähigkeit bezüglich der zugrundeliegenden Inferenzen.

SOPHIE II [26] erlaubt es dem Studenten, einem Experten bei der Problemlösung zuzusehen, der seine strategischen Entscheidungen erklären kann, indem er einem parametrisierten Entscheidungsbaum mit vorgespeicherten Erklärungen folgt. Durch die feste Baumstruktur kann der Student jedoch nicht bei seinem eigenen Fehlersuchprozeß unterstützt werden. In SOPHIE III [24] wurden deshalb zusätzliche Schichten abstrakten Wissens hinzugefügt, um ein *qualitatives Denken* zu ermöglichen und eine bessere Erklärungsfähigkeit zu erreichen. Man kam jedoch zu dem Schluß, daß es besser sei, gleich *qualitative (kausale) Modelle* statt der quantitativen Modelle zu verwenden, wie sie Menschen benutzen, um über die Funktionsweise physikalischer Geräte nachzudenken (vgl. *mentale Modelle* bei Stevens und Collins). Spätere Systeme verwenden interaktive, graphische Simulationen, die eine abstrakte Sicht auf ein quantitatives Modell liefern, wie z.b. STEAMER von Williams, Hollan und Stevens [135], das ein dampfgetriebenes Antriebssystem großer Schiffe simuliert. Die Darstellung kann als transparentes mentales Modell eines Experten verstanden werden, das die konzeptuellen Abstraktionen eines Experten verdeutlicht, der über das System reflektiert [59]. Dieses Prinzip einer konzeptuellen Sichtweise statt der physikalischen Sichtweise nennen sie *conceptual fidelity*: Das Modell kann als kontinuierliche Erklärung angesehen werden, da es die Ansicht eines Experten widerspiegelt. Abgesehen von der graphischen Darstellung ist das zugrundeliegende Modell jedoch rein mathematisch, so daß auch hier keine kausalen Erklärungen vorgesehen sind.

2.1.5 Augmented-Reality-Umgebungen

Augmented-Reality-Umgebungen sind komplexe Simulationsumgebungen, die auf Techniken der *Virtual Reality (VR)* basieren. Im Gegensatz zu den bereits beschriebenen Simulationen sollen VR-Umgebungen nicht nur komplexe Sachverhalte und Zusammenhänge explorierbar machen, sondern es dem Benutzer ermöglichen, sich in der synthetischen Umgebung natürlich zu fühlen, bzw. eine virtuelle Präsenz oder *immersion* zu erreichen [65]. Auf diese Weise kann er in die Situation "eintauchen" und sie von der "realistischen" Position eines Beteiligten aus meistern [9].

Augmented Reality (Erweiterte Realität) geht einen Schritt weiter, indem es reale Bilddaten mit virtuellen Modellen anreichert, die aus realen Daten abgeleitet sind [12]. Auch die Integration von Instrumenten, wie z.B. einer Biopsienadel oder eines Ultraschallkopfes als Eingabeinstrumente für virtuelle Umgebungen, läßt sich als Augmented Reality bezeichnen. Eine abgewandelte Bezeichnung ist *Enhanced Reality (ER)*, worunter nach [12] das Anreichern realer Umgebungen mit virtuellen Modellen zu verstehen ist, um die Gültigkeit der kombinierten Information für die menschliche Leistung in speziellen Situationen zu erhöhen.

Im medizinischen Bereich existieren zahlreiche Augmented-Reality-basierte Trainingssysteme, die sich vor allem auf die minimalinvasive Chirurgie spezialisiert haben (siehe Abschnitt 2.2.5). Zwei Beispiele für Augmented-Reality-Simulatoren aus dem Bereich des Pilotentraining sind der VNAV-Tutor von Chappell et al. [31] und der Flugsimulator von Lintern [74].

Lintern hat die Nützlichkeit eines sogenannten *Augmented Feedbacks* innerhalb eines Simulators für den Landeanflug nachgewiesen, der den Schülern adaptive Unterstützung durch Einblendung des Anflugpfades in das Display gibt, falls diese zu stark vom richtigen Weg abweichen.

Der VNAV-Tutor hingegen bietet eine kontinuierliche Orientierungshilfe in Form eines speziellen Displays für das Höhenprofil an, das den programmierten Flugweg anzeigt, unter Berücksichtigung der Vertikalen, des aktuellen Zustands auf diesem Pfad und allen Nebenbedingungen oder Änderungspunkten. Dieses Modell erklärt die Funktionsweise des Autopilotensystems, wobei die verschiedenen Zustände (steigen, wenden, sinken) verdeutlicht werden. Nach Lintern [75] muß bei einem derartigen Simulator besonderer Wert auf die Identifizierung der *perzeptuellen Invarianten* gelegt werden. Diese sind perzeptuelle Schlüssel, die das korrekte Handeln in der Realität anleiten. Ist dies nicht der Fall, sind die im Simulator erlernten Fähigkeiten nicht auf die Realität übertragbar und können u.U. sogar Gefahren hervorrufen.

Durch VR-Welten kann der Schüler lernen, komplizierte Situationen zu meistern (z.B. Steuerung eines Flugzeugs, minimalinvasive Chirurgie), was in der Realität mit einem hohen Risiko verbunden wäre. VR-Welten ermöglichen im Gegensatz zu den bisher vorgestellten Interaktionsformen vor allem den Erwerb sensomotorischer, räumlich kognitiver und visueller Expertise. Durch Augmented-Reality-Techniken kann der Erwerb dieser Fähigkeiten unterstützt werden, indem sie dem Lernenden auf perzeptiver Basis Hilfen anbieten, die ihm das zeitaufwendige "Denken" abnehmen (vgl. Abschnitt 1.2, S. 4). Dies geschieht im Sinne "sprechender Situationen", die für das Feedback idealerweise im selben kognitiven Modus bleiben, den die Aufgabe erfordert. Insbesondere heißt dies, daß in diesem Fall ein symbolisches, sprachliches Feedback wie es im Tutoriellen Dialog verwendet wird, nur eine untergeordnete Rolle spielt.

2.1.6 Bewertung

Die vorgestellten Interaktionsformen lassen sich für das Erreichen unterschiedlicher Lernziele verwenden. *Visualisierung und Präsentation* dient vor allem der Vermittlung von Hintergrundwissen, während *Drill & Practice* die Festigung von bereits gelernten Inhalten zum Ziel hat.

Der *Tutorielle Dialog* wird verwendet, um diagnostisches und prozedurales Wissen zu vermitteln, wobei durch eine didaktische Interaktion auf symbolischer (Sprach-)Ebene Fehlvorstellungen im mentalen Modell des Lernenden korrigiert werden sollen.

Simulationen basieren auf einem quantitativen oder qualitativen (graphischen) Modell eines komplexen Sachgebietes und sollen dem Lernenden explorativ schwierige Zusammenhänge vermitteln. *Augmented-Reality-Umgebungen* bilden Ausschnitte einer realen Lernumgebung nach, um es dem Lernenden zu ermöglichen, komplexe Situationen als "Beteiligter" zu meistern, wie es in der Realität evtl. nicht möglich wäre. Lernziele sind hier vor allem der Erwerb von sensomotorischer, räumlicher und visueller Expertise, die sich nicht auf sprachlicher Ebene vermitteln lassen.

Um eine integrale Expertise zu vermitteln, wie sie in komplexen Domänen wie der Echokardiographie benötigt wird, braucht man daher eine Kombination der beschriebenen Interaktionsformen, wobei insbesondere *Präsentation und Visualisierung*, der *Tutorielle Dialog* und *Augmented-Reality-Umgebungen* geeignet erscheinen, um Hintergrundwissen, diagnostisches Wissen, visuelle Perzeption und sensomotorische Expertise zu vermitteln. Die Augmented-Reality-Umgebung dient dabei der realitätsnahen Simulation des Anwendungskontextes, die es dem Lernenden ermöglichen soll, sein Wissen durch aktives Handeln zu konstruieren und so seine mentalen Modelle aufzubauen (situiertes Lernen). Der Tutorielle Dialog übernimmt dabei die Aufgabe des beobachtenden Lehrers (Cognitive-Apprenticeship-Ansatz), der die Aktionen beobachtet und durch entsprechende Hilfestellungen reagiert, um so Fehler oder Lücken im mentalen Modell des Lernenden aufzudecken und auszubessern. Diese Hilfestellungen können zum Teil durch Multimedia-Tutoring-Module des Typs Visualisierung und Präsentation realisiert werden, die fehlendes oder fehlerhaftes Hintergrundwissen vermitteln bzw. korrigieren. Eine zu erwartende Schwierigkeit ist die Beurteilung der sensomotorischen bzw. visuellen Expertise, die weder durch die *Simulation* noch durch den *Tutoriellen Dialog* ermöglicht wird.

2.2 Kombinierte Interaktionsformen

Geordnet nach den zuvor beschriebenen Interaktionsformen sollen einige Beispiele überwiegend medizinischer Tutor- und Trainingssysteme vorgestellt werden. Begonnen wird bei den klassischen Tutorsystemen, und den Abschluß bilden die Systeme, die dem Ansatz eines situierten Trainingssystems am nächsten kommen: eine Kombination von Augmented-Reality-Umgebungen und Tutoriellem Dialog.

2.2.1 Klassische Tutorsysteme (Hypermedia) und fallbasierte Hypermedia-Systeme

Die im folgenden beschriebenen Beispiele werden als Präsentations- (2.1.1) bzw. Drill&Test-Software (2.1.2) den klassischen Tutorsystemen zugeordnet. Auch die webbasierten Lernumgebungen werden hierzu gezählt, die in Form von Hypermedia-Systemen interaktive Fälle bereitstellen, weil sich ihr Feedback im allgemeinen auf die Beurteilung richtig/falsch beschränkt.

The Interactive Patient von 1993 ist ein frühes Beispiel eines webbasierten medizinischen Trainingssystems, das mit Hilfe aufbereiteter Fälle eine Untersuchung simuliert, indem durch Befragung eines Patienten, Abhören, Tastuntersuchung und angeforderte Labortests die entsprechenden (einer Datenbank entnommenen) Befunde als Text-, Bild und Tonmaterial präsentiert werden. Nach einer geäußerten Diagnose und eines Behandlungsplanes wertet ein CGI-Skript die Antwort aus und benachrichtigt den Benutzer per E-Mail, ob die Anwort korrekt war [57].

Zwei ähnliche Beispiele sind *ProMediWeb / CASUS* und der *Fundus Diabeticus* [38]. *ProMediWeb / CASUS*[5] arbeitet mit Java-Applets und unterstützt den Diagnoseprozeß zusätzlich durch ein graphisches Visualisierungstool für Differentialdiagnosen. Ein Autorensystem erleichtert dabei die Aufbereitung der Fälle.

Der *EchoExplorer* [96] ist ein Augmented-Reality-basiertes Hypermedia-System auf CD-ROM, das auf explorative Weise das Erlernen von Grundlagen der Echokardiographie

2.2 Kombinierte Interaktionsformen

ermöglicht. Neben einem interaktiven Herzmodell und einer multimedialen Übersicht über echokardiographische Standardpositionen werden dem Lernenden auch eine Reihe von Pathologien vermittelt. Das gelernte Wissen kann anhand eines Quiz überprüft werden, das unter Verwendung von Bild- und Animationsmaterial aus den vorher präsentierten Lerneinheiten Fragen stellt. Bei falschen Antworten wird ein Hinweis gegeben, wie z.b. eine Animation, die verdeutlicht, wie die Schallebene des gerade betrachteten Ultraschallbildes relativ zum Herzen liegt.

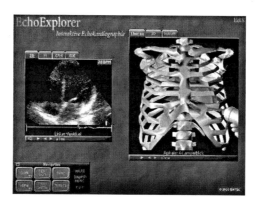

Abbildung 2.1: EchoExplorer: Kombination von Bilddaten mit einem VR-Modell

EchoExplorer kann nur statische Erfahrungen zu den Standardebenen anbieten. Dem Schüler wird auf drei Stufen visuell vermittelt, welche Standardebenen existieren, wo deren Aufsetzpunkt liegt (Thorax), wie der Schallkopf orientiert sein muß (3D-Herzmodell) und welche die zugehörigen Leitstrukturen sind (angeschnittene Herzstrukturen), siehe Abb. 2.1. Der Grad der Interaktion ist sehr eingeschränkt und der Zusammenhang zwischen Herzmodell (*wo bin ich*) und Ultraschallbild (*was sehe ich*) wird nur passiv vermittelt. Der Schüler kann nicht selbst *erfahren*, wie die Bewegungen des Schallkopfes mit den Änderungen im Ultraschallbild zusammenhängen. Das Erlernen der notwendigen sensomotorischen Fähigkeiten kann EchoExplorer nicht vermitteln.

2.2.2 Intelligent Tutoring Multimedia

Eine Mischung zwischen Tutoriellem Dialog (2.1.3) und Multimedia-basierter Präsentationssoftware (2.1.1) wird als *Intelligent Tutoring Multimedia* bezeichnet. Hierunter sind Hypermedia-Systeme zu verstehen, die hauptsächlich der Wissensvermittlung durch Präsentation dienen, aber ein Lernermodell aufrechterhalten, um dem Studenten die Navigation zu erleichtern. Dazu werden verschiedene Methoden verwendet, um den mentalen und den Wissensstatus des Lernenden abzuleiten und daraufhin ein geeignetes Navigationsmodell zu bestimmen.

Zwei Beispiele sind eine anwendungsunabhängige Hilfekomponente von Encarnaçao [45] und ein Navigationsmanagement mit Fuzzy-Methoden von Di Lascio et al. [40]. Encarnaçao präsentiert ein adaptives Hypermedia-Hilfesystem, das eine kontextsensitive und benutzerorientierte Präsentation von Hilfethemen anbietet, wobei er ein hierarchisches Overlay-Modell verwendet (Konzepte, Low-level Goals, Aktionen). Di Lascio dagegen verwendet Fuzzy-Mengen zur Benutzermodellierung, wobei er mentale Zustände hinsichtlich des kognitiven Status, des psychologischen Status und der Orientierung unterscheidet. Hiermit können die wesentlichsten Navigationsprobleme "Desorientierung" und "kognitive Überlastung" erkannt werden, so daß das Navigationsmodul entsprechend darauf reagieren kann.

2.2.3 Fallbasierte und wissensbasierte ITS

Die folgenden Beispiele sind Mischformen zwischen fallbasierten Hypermedia-Systemen bzw. Drill&Practice-Systemen (2.1.2 und 2.1.1) und einem wissensbasierten Tutoriellen Dialog (2.1.3). Die ersten beiden Beispiele unterscheiden sich aber von "normalen" Hypermedia-Systemen durch eine vorangegangene detaillierte, kognitive Taskanalyse des medizinischen Diagnosevorgangs und der verwendeten Tutoringstrategien. Dadurch können sie die reale Lernsituation besser nachbilden und kommen dem Begriff *situiert* damit näher. Der Tutorielle Dialog selbst beschränkt sich aber im wesentlichen auf vorher abgespeicherte Antworten und die Beurteilung richtig/falsch.

Der *MRTutor* [112] ist ein wissensbasiertes Trainings- und Diagnoseunterstützungssystem für die Neuroradiologie, das eine strukturierte Falldatenbank als Ergänzung der Ausbildung realisiert. Der Lernende wird aufgefordert, einen präsentierten Fall in Form von MR-Aufnahmen zu beurteilen, indem er mit Hilfe eines Pop-up-Menüs geeignete Merkmale auswählt und beschreibt. Nach jedem Abschnitt bekommt er eine kurze Bestätigungs- oder Korrekturmeldung. Nach Beendigung der Beschreibung kann er seine Lösung mit der eines Experten vergleichen. Unterstützt wird er dabei durch einen speziellen *Overview-Plot*, der mögliche Referenzfälle zu einer Pathologie als zweidimensionale Verteilung darstellt, wobei die Fälle entsprechend ihrer Ähnlichkeit zueinander und zum Idealfall angeordnet werden. Fälle können in Abhängigkeit bestimmter Merkmale hervorgehoben werden, und verschiedene Pathologien können gleichzeitig dargestellt werden, um Differentialdiagnosen besser unterscheiden zu können. Dieser Overview-Plot, der ähnlich einem Augmented-Reality-Ansatz funktioniert, unterstützt das Erlernen des Pattern-Matching, das für den Übergang vom Anfängertum zum Expertentum wesentlich ist.

Einen ähnlichen Ansatz verfolgt der *RadTutor* von Azevedo [4] für die Mammographie-Diagnose, der ebenso besonderen Wert auf die Einhaltung der tutoriellen Prinzipien der Domäne legt und deshalb eine Feldstudie durchgeführt hat [3]. So soll der Neuling zunächst schrittweise durch einen Fall geführt werden, während Fortgeschrittene nur

2.2 Kombinierte Interaktionsformen

noch gelegentlich richtungsweisende Ratschläge oder gar keine Unterstützung benötigen (vgl. *cognitive apprenticeship*). Der reale Lernkontext soll möglichst gut imitiert werden, um kontextuelle und situationsabhängige Aspekte der kognitiven Aufgaben geeignet zu berücksichtigen (vgl. *situierte Kognition*).

Neben dem bereits vorgestellten wissensbasierten Intelligenten Tutorsystem GUIDON (siehe 2.1.3) soll hier ein neueres Beispiel von Puppe und Reinhardt vorgestellt werden, das ein wissensbasiertes Tutorsystem mit einem fallbasierten Hypermedia-System verbindet. Der Expertensystembaukasten D3 [87] besitzt eine tutorielle Komponente, den TRAINER [88, 97, 89], der das Problemlöseverhalten eines Studenten aufgrund der "heuristischen" n-aus-m-Regeln einer Wissensbasis kritisieren kann. Diese Komponente stellt den Studenten einen zu diagnostizierenden Fall vor, wobei die Symptome mit Hilfe eines Hypermedia-Dokumentes durch Bilder, Fragebögen und Tonaufzeichnungen dargestellt werden können.

Im einfachsten Modus, dem geführten Test, werden dem Studenten die Patientendaten schrittweise in Gruppen (in der Medizin z.B. Anamnese, körperliche Untersuchungen, Labor und technische Untersuchungen) präsentiert, wobei die Symptome hierarchisch angeordnet sind. Der Student muß nach jeder Gruppe einen Verdacht äußern. Die Verdachtsäußerung geschieht über die Auswahl einer oder mehrerer Diagnosen aus einer geordneten Hierarchie und wird im Vergleich zu den vom Expertensystem hergeleiteten Diagnosen kritisiert. In diesem Szenario lernt der Student explizit die Schlußfolgerung von Diagnosen aus gegebenen Symptomen.

Im zweiten Modus, dem ausführlichen Test, erscheinen bei Fallbeginn nur die Basissymptome. Der Student muß hier zusätzlich weitere Untersuchungen anfordern. Auch hier kann er im Vergleich zu dem Wissen des Expertensystems bewertet werden. In diesem Modus lernt der Student zusätzlich zum Schlußfolgern aus den gegebenen Daten außerdem das gezielte Nachfragen nach neuen Daten aufgrund diagnostischer Gesichtspunkte.

Die dritte Teilaufgabe in der Diagnostik, neben Schlußfolgern und Nachfragen, ist das Erkennen von Symptomen, das durch ein zusätzliches multimediales Dokument unterstützt wird. Der Student muß in den Bildern und Texten des Dokuments Symptome erkennen und diese in die Liste der Patientendaten eintragen. Da das System weiß, welche Symptome in den verschiedenen Elementen dargestellt werden, kann es diese Symptomerkennung ebenfalls vollständig kritisieren.

Der Experte kann mit Hilfe eines Autorensystems der Fallbasis einen neuen Fall hinzufügen. Es besteht auch die Möglichkeit, über die fallvergleichende Problemlösung einen ähnlichen, schon existierenden Fall zu finden und diesen ebenfalls im Trainer zur Verfügung zu stellen. Ein Dozent kann so zu einem realen Patienten, der im Rahmen eines Kurses untersucht wurde, einen ähnlichen Fall erstellen bzw. suchen und zur Verfügung stellen.

Dieses System ist vor allem für das problemorientierte Überprüfen und Vertiefen diagnostischen Wissens an zahlreichen Fallbeispielen (vgl. Drill&Test-Systeme 2.1.2) geeignet. Ohne vorhandenes Vorwissen sind die relativ begrenzten Erklärungen jedoch wenig aufschlußreich, weshalb es für den Wissenserwerb nur bedingt geeignet ist.

2.2.4 Simulationsbasierte ITS

Simulationsbasierte Intelligente Tutoringsysteme kombinieren eine Simulation (2.1.4) mit einem Tutoriellen Dialog (2.1.3), um die Simulation so zu steuern, daß der Lernende den größtmöglichen Nutzen daraus ziehen kann. Das Ziel ist das Erlernen von Fähigkeiten innerhalb des simulierten Anwendungskontextes.

Ein Beispiel für diese Systeme ist der *Cardiac Tutor* [43, 44, 137], eine multimedia- und agentenbasierte Realzeitsimulation zum Erlernen der Leitung eines Notfallteams bei der Behandlung von Herzattacken. Das System verwendet wie TraumAID (2.2.7) einen kombinierten Planungs- und Planerkennungsansatz, um die erwarteten Aktionen eines Experten zu bestimmen und diese mit denen des Studenten zu vergleichen. Die Pläne bestehen aus linearen Skripten, die jeweils eine bestimmte Rolle eines der simulierten Agenten (z.b. Medikation, Beatmung, Herzmassage) beschreiben. Der Schüler muß in Abhängigkeit der Situation geeignete Maßnahmen treffen, wobei mehrere Aktionen parallel ablaufen. Das System überprüft diese Maßnahmen auf ihre Korrektheit und gibt ggf. Hilfestellung. Dabei wird die Simulation so gesteuert, daß falsche Maßnahmen übersprungen werden. Durch den Vergleich mit der Expertenlösung wird ein Lernermodell aktualisiert, um daraufhin die Simulation so zu lenken, daß die wichtigsten Lernziele erreicht werden.

Adele und der *NeuroAssistant* sind zwei Beispiele, die medizinische Falluntersuchungen durch ein webbasiertes Hypermedia-System simulieren, wobei sie durch einen tutoriellen Dialog unterstützt werden, der auf einem fest abgespeicherten, mit Erklärungen versehenen Task-Baum basiert.

Adele [113] ist ein eine Ärztin verkörpernder animierter Agent, der den lernenden Arzt durch einen simulierten Fall führt, wobei das für den jeweiligen Fall benötigte prozedurale Wissen in Form eines hierarchischen Plans mit einer partiellen Ordnung gespeichert ist. Adeles Erklärungen sind in Form von textuellen Hinweisen und als Links zu webbasiertem Referenzmaterial zu den entsprechenden Knoten abgespeichert. Der lernende Arzt wird beobachtet, woraufhin ein Lernermodell aktualisiert und entsprechendes Feedback generiert wird.

Ein ähnliches Beispiel ist der *NeuroAssistant* [125] für neuroradiologische Untersuchungen, der die Fälle ebenfalls in Form eines Baumes repräsentiert. Dabei werden für jeden Fall verschiedene Pfade bewertet und die Knoten mit entsprechenden vorgespeicherten Erklärungen versehen, so daß der lernende Arzt verschiedene Wege einschlagen kann, die dann entsprechend kritisiert werden.

2.2.5 Augmented-Reality-basierte Trainingssysteme

Augmented-Reality-Umgebungen (vgl. 2.1.5) gehen durch die *immersive* Interaktion noch einen Schritt weiter als die simulationsbasierten Trainingssysteme, so daß der Lernende in die Situation "eintauchen" kann, um sie von einer "realistischen" Position des Beteiligten aus zu meistern. Die folgenden Beispiele medizinischer Trainingssysteme die-

2.2 Kombinierte Interaktionsformen

nen vor allem dem Erwerb und der Analyse sensomotorischer und räumlich kognitiver Fähigkeiten innerhalb komplexer Domänen.

EchoSim

EchoSim [90] wurde entwickelt, um ein möglichst reales Untersuchungsszenario für die Echokardiographie auf dem Computer nachzubilden. Um gute Diagnosen mit Hilfe der Echokardiographie erstellen zu können, reicht eine theoretische Ausbildung, wie sie z.B. der EchoExplorer bietet nicht aus. Dieses Augmented-Reality-basierte Simulationssystem dient deshalb hauptsächlich dem Training der Hand-Auge-Koordination und dem Aufbau visueller Erwartungsmuster, wie sie in einer realen Ultraschalluntersuchung benötigt werden.

Abbildung 2.2.a zeigt die Simulationsumgebung von EchoSim, die aus einem Computer, einem Torso und einer Schallkopfattrappe *(Transducer)* besteht. In den Torso und den Schallkopf ist ein Positions- und Richtungssensor integriert, der die Software ständig über Positions- und Lageänderungen des Transducers informiert.

EchoSim ist ein Enabling-System, das einen bestimmten Teil einer echokardiographischen Ultraschalluntersuchung, nämlich das Auffinden von Standardpositionen, trainieren soll. Jede Bewegung der Hand bzw. des Schallkopfes wird in Realzeit auf dem Bildschirm in das resultierende Ultraschallbild umgesetzt, das entsprechend der Positionierung und Orientierung des Schallkopfes als Schnitt eines vorher erhobenen realen 4D-Ultraschalldatensatzes[2] berechnet wird.

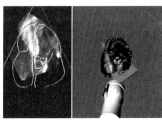

Abbildung 2.2: a) EchoSim-Umgebung (Computer, Dummy-Torso, Schallkopf mit Positionssensor, b) Benutzeroberfläche

Mit Hilfe der zusätzlichen Informationen zur aktuellen Lage, die anhand des Herzmodells visualisiert werden (siehe Abb. 2.2.b), kann der Lernende die räumlichen und visuellen Zusammenhänge zwischen Handbewegung und Ultraschallbild besser verstehen und sein mentales Modell des Herzens festigen und erweitern. Dabei wird er auf zwei Arten durch ein *kontinuierliches visuelles Feedback* unterstützt: (1) Um die räumliche Orientierung zu erleichtern wird anhand eines Herzmodells die Position der Schallebene gezeigt (Abb.

---
[2]Sequenz von mehreren 3D-Volumina pro Herzzyklus (3D+Zeit)

2.2.b, rechts). (2) Was im Ultraschall an Strukturen zu erkennen ist, wird durch eine Überlagerung des Ultraschallbildes mit dem entsprechenden Anschnitt des Herzmodells verdeutlicht (Abb. 2.2.b, links). Der Ultraschalldatensatz muß dazu mit dem Herzmodell der Simulationsumgebung in Übereinstimmung gebracht werden. Dieser Vorgang wird als Registrierung bezeichnet (siehe [85]).

Zusätzlich bietet EchoSim die Möglichkeit, die eigenen Bewegungsabläufe aufzuzeichnen, um diese später als Animation wieder ablaufen zu lassen. Dabei kann sich der Benutzer die Orientierung der Schallebene aus unterschiedlichen Perspektiven im Herzmodell ansehen und die eigene Position mit einer Idealposition vergleichen.[3] Auf explorative Weise kann der Schüler lernen, sich im Ultraschallbild zu orientieren, Standardpositionen zu finden, um so sein diagnostisches Wissen anzuwenden.

EchoCom2

EchoCom2 [13] stellt eine Portierung von EchoSim für die Windows-Plattform dar, die zusätzlich um eine Telekonsultationskomponente erweitert wurde. Mit EchoCom2 besteht die Möglichkeit, daß mehrere Ärzte über einen bestimmten Patientendatensatz konferieren können, um gemeinsam eine Diagnose zu diskutieren. Als ein Telekonsultationssystem ist EchoCom2 eigentlich kein Trainingssystem, es besitzt aber trotzdem die Möglichkeit, eine Ultraschalluntersuchung zu simulieren.

Abbildung 2.3: Der Karlsruher Endoscopic Surgery Trainer (Quelle: Forschungszentrum Karlsruhe)

Karlsruher Endoscopic Surgery Trainer

Ein typisches Beispiel für einen VR-Simulator für minimalinvasive Chirurgie ist der *Karlsruher Endoscopic Surgery Trainer* (siehe Abb. 2.3) [143, 72, 66], der das Operationsgebiet mit Hilfe einer "Phantom-Box" simuliert, in der durch mit Positions- und

---

[3] Visualisierung der eigenen Schallkopfausrichtung im Vergleich zu einer von einem Experten optimal positionierten Schallsonde.

2.2 Kombinierte Interaktionsformen

Richtungssensoren versehene, reale chirurgische Werkzeuge und ein simuliertes Endoskop eine virtuelle Umgebung manipuliert werden kann. Die wohl erste Anwendung war eine Simulation der Gallenblasenentfernung [72]. Das von Kühnapfel et al. verfolgte Ziel ist eine möglichst realistische dreidimensionale Simulation des Weichgewebeverhaltens unter dem Effekt der externen Stimulation durch Instrumente. Ein *Mass-Spring-Modell* dient der elastodynamischen Modellierung. Die Simulation ermöglicht das Trainieren von Aufgaben wie "Greifen", "Setzen von Clips", "Dissektion eines Gefäßes" oder "Nähen". Neuere Trends sind die Simulation von Blutungen, Pulsschlag und Force-Feedback [66].

MIST-VR

MIST-VR (Minimal Invasive Surgery Trainer) [122] ist ein VR-basiertes Simulationssystem zum Erwerb und für die Bewertung komplexer Fähigkeiten, die in der minimalinvasiven Chirurgie benötigt werden. Es basiert auf dem Laparoskopie-Interface der Firma Immersion Inc. und simuliert eine Operationsumgebung mit zu manipulierenden Objekten als einfache geometrische Strukturen. Durch Tracking der Inferface-Werkzeuge können diese Objekte in Realzeit manipuliert werden. Der Schwerpunkt liegt im Gegensatz zum vorigen Beispiel auf der physikalischen Dynamik der psychomotorischen Fähigkeiten anstelle einer realistischen visuellen Simulation der Umgebung.

MIST-VR bietet ein Tutorial für die vorgesehenen Übungsaufgaben in Form von Online-Hilfen, einer schrittweisen Erklärung der Aufgabe, Multimedia-Clips entsprechender chirurgischer Prozeduren und einer Recording-Funktionalität, mit der der Student seine Durchführung der Aufgabe noch einmal ansehen kann.

Für das Training sind verschiedene Übungsaufgaben vorgesehen, wie z.B. die Zielpositionierung und Platzierung von Objekten, Transfer von Objekten, Wechsel des Operationswerkzeuges oder Diathermie (Elektrochirurgisches Schneiden). Ein Lehrer kann einen vorprogrammierten Übungsplan zusammenstellen, wobei zeit- und genauigkeitsbasierte Daten (Dauer der Aufgabendurchführung, Kontakte mit unzulässigen Objekten) erhoben werden. Diese Daten werden mit Hilfe vorbereiteter Excel-Berichte ausgewertet, um die Performanz des Studenten zu bewerten.

VESTA

Tendick et al. [123, 124, 47] haben im Projekt *VESTA (Virtual Environment for Surgical Training and Augmentation)* ein VR-Testbett für minimalinvasive chirurgische Fähigkeiten entwickelt, um die zugrundeliegenden sensomotorischen und räumlich kognitiven Fähigkeiten unter kontrollierten Bedingungen analysieren zu können. Sie postulieren, daß sinnvolle Trainingssysteme nur entwickelt werden können, wenn die zugrundeliegenden Fähigkeiten besser verstanden werden. Dies gilt insbesondere, da in der psychologischen Literatur bisher wenig Erkenntnisse über die benötigten kognitiven Fähigkeiten minimalinvasiver Chirurgie vorliegen.

Aus diesem Grund haben sie ähnlich MIST-VR verschiedene Simulationen für sensomotorische Fähigkeiten, räumlich kognitive Fähigkeiten und für kritische Schritte einer chirurgischen Prozedur erstellt, die neben der visuellen Repräsentation auch mit Force-Feedback arbeiten:

- Einfache sensomotorische Fähigkeiten wurden in einer Simulation für eine Punkt-zu-Punkt-Bewegung (Freihand-Bewegung) analysiert, wobei die Auswirkungen durch haptische und visuelle Variationen berücksichtigt wurden (siehe Abb. 2.4).

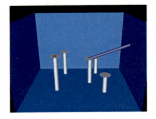

Abbildung 2.4: Beispiel für eine Simulation zum Erlernen einer Punkt-zu-Punkt-Bewegung [123]

- Räumliche Fähigkeiten, wie sie z.b. für die Positionierung des angewinkelten Laparoskops benötigt werden, wurden durch eine spezielle Simulation analysiert, bei der das Laparoskop geeignet positioniert werden muß, um Buchstaben auf dem Boden von im Raum verteilten, nach oben geöffneten Boxen zu erkennen (vgl. Abb. 2.5). Sie kamen zu dem Schluß, daß diese Fähigkeit nicht allein durch wiederholte Anwendung erlernbar ist, da bei einem Test auch "erfahrene" Chirurgen sehr große interindividuelle Leistungsunterschiede aufwiesen.

- Am Beispiel der Gallenblasenentfernung haben sie einen wichtigen Schlüsselschritt durch eine realistische VR-Simulation modelliert, der als typische Fehlerquelle eines gezielten Trainings bedarf. So ist es ihrer Meinung nach sinnvoller, kritische Teilschritte einer Prozedur angemessen zu modellieren, als die gesamte Prozedur mäßig.

Tendick et al. kommen zu der Schlußfolgerung, daß der Trend weg von allumfassenden Trainingssystemen gehen muß, die "alles" (aber evtl. nur mäßig) können, hin zu speziellen Trainingssystemen für die benötigten Teilfertigkeiten. Dafür ist ein Verständnis der Basisfertigkeiten unbedingt nötig. Ferner weisen sie darauf hin, daß bisherige VR-Techniken in ihrer Realitätsnähe bezüglich der Tiefenrepräsentation begrenzt sind, da sich typische monoskopische Schlüsselreize für den Tiefeneindruck (Helligkeitsunterschiede, Oberflächentexturen) nicht realistisch darstellen lassen. Aus diesem Grund könnte der Transfer der im Simulator erlernten Fähigkeiten auf reale Situationen begrenzt sein.

2.2 Kombinierte Interaktionsformen

Abbildung 2.5: Simulation von Tendick et al. zur Erlernung räumlicher Fähigkeiten im Umgang mit einem angewinkelten Laparoskop [123]

2.2.6 Augmented-Reality-basierte ITS

Augmented-Reality-basierte ITS kombinieren eine Augmented-Reality-Umgebung mit einem Tutoriellen Dialog und verbinden so eine realitätsnahe Simulation mit der geforderten Verhaltensanalyse. Auf diese Weise kommen sie den *situierten Trainingssystemen* schon sehr nahe, wobei sich die tutoriellen Interaktionen der existierenden Beispiele aber auf rein prozedurales Wissen beschränken.

Expert Surgical Assistant

Der Expert Surgical Assistant von Billinghurst [17] ist wahrscheinlich das erste medizinische Trainingssystem, das eine VR-Simulation mit Techniken intelligenter Tutorsysteme verbindet. Die Idee besteht in der Kombination eines Expertensystems mit einer VR-Umgebung für die minimalinvasive Chirurgie der Nasennebenhöhlen. Die "intelligenten" Reaktionen des Systems bestehen zum einen in einer Überprüfung der Taskabfolge der einzelnen Schritte einer chirurgischen Prozedur. Dafür wird zunächst durch Regeln, die einzelne Conceptual Dependencies überprüfen, der Kontext (Schritt der Prozedur) festgestellt, der das zu überprüfende Skript bestimmt. Es handelt sich also um einen Top-Down-Bottom-Up-Ansatz. Eine andere Art der "intelligenten" Unterstützung sind Warnsignale (akustisch und optisch), wenn ein Operationsinstrument eine unsichtbare Bounding-Box einer kritischen Struktur (wie z.b. den Sehnerv) berührt bzw. durchdringt.

Das Expertensystem verwendet *Conceptual Dependencies* [106], [77] und *Skripte* [107] für die Beschreibung chirurgischer Tasks. Die aus der natürlichen Sprachverarbeitung stammenden Conceptual Dependencies werden dabei verwendet, um einerseits Sprach- und Gestikeingaben für die Interaktion mit dem System semantisch einheitlich repräsentieren zu können, und andererseits, um Aktionen, aus denen sich chirurgische Tasks zusammensetzen, zu repräsentieren. Der Taskablauf eines Teilschrittes einer chirurgischen Prozedur wird durch Skripte, die kausale Abfolgen von Conceptual Dependencies darstellen, repräsentiert.

Zusätzlich werden Augmented-Reality-Konzepte für die Unterstützung der Navigation eingesetzt. So kann die simulierte Endoskop-Sicht der VR-Umgebung durch koronale und axiale CT-Bilder dieser Position angereichert werden, in denen die Instrumentenposition, den Bewegungen des Arztes folgend, angezeigt wird (siehe Abb. 2.6.a). Ein 3D-Übersichtsmodell zeigt die Instrumentenposition durch einen Marker an, der den Bewegungen des Arztes kontinuierlich folgt. Dieses Modell kann aus einer beliebigen Perspektive, unabhängig von der Endoskop-Sicht angezeigt werden. Eine weitere Hilfestellung ist das Berechnen von sicheren Pfaden zu einem Objekt, ausgehend von der aktuellen Position, die durch Folgen von wandernden Kreisen innerhalb der Endoskop-Sicht visualisiert werden (Abb. 2.6.b).

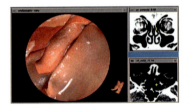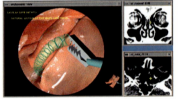

Abbildung 2.6: a) Interface des Expert Surgical Assistants zur Simulation der minimalinvasiven Chirurgie der Nasennebenhöhlen, b) Sicherer Pfad zur Zielposition, visualisiert durch wandernde Kreise [17]

STEVE

STEVE (Soar Training Expert for Virtual Environments) [100], [99] ist ein VR-simulationsbasiertes Trainingssystem für den Erwerb von prozeduraler, körperlicher (sensomotorischer) Expertise zur Steuerung komplexer Anlagen, wie z.B. eines Hochdruck-Luftkompressors an Bord eines Schiffes. Rickel und Johnson kombinieren eine VR-Simulation mit einem animierten Agenten (STEVE), der als verkörperte *Persona* die Task-Ausführung der Lernenden überwacht und ihnen Fragen beantwortet, oder die Ausführung bestimmter Aufgaben demonstriert (siehe Abb. 2.7). Ziel ist die Unterstützung des Apprenticeship-

2.2 Kombinierte Interaktionsformen

Modells, wobei alle Instruktionen und Hilfestellungen von STEVE innerhalb der simulierten Anwendungsdomäne stattfinden.

Die Interaktion der Lernenden mit dem System geschieht durch Head-mounted Displays, Datenhandschuhe und Positionssensoren, die die Position und Orientierung von Kopf und Händen registrieren. Zusätzlich wird auch Spracheingabe unterstützt. Der Agent überwacht ständig den Zustand der virtuellen Welt und die Position des Lernenden und paßt sein Verhalten daran an. Seine Aufgabe besteht in der Konstruktion eines Planes für die Ausführung der aktuellen Prozedur und dem Vergleich mit der Task-Ausführung des Lernenden, um ihm Hilfestellung geben zu können. Die Pläne sind hierarchisch aufgebaut und bestehen aus primitiven und zusammengesetzten Aktionen (Teilplänen), zwischen denen eine partielle Ordnung und kausale Links (Goal-Struktur) definiert sind.

 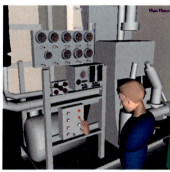

Abbildung 2.7: STEVE beim Demonstrieren einer Aufgabe [100]

Um die Dynamik der Umgebung zu berücksichtigen, konstruiert STEVE erst in einem Top-Down-Ansatz durch *Task-Decomposition-Planning* [105] einen Plan für die aktuelle Aufgabe. Während der Planausführung (zur Überwachung des Lernenden oder zur Demonstration) wird dieser Plan ständig reevaluiert, indem die einzelnen Teilziele gegenüber dem sich verändernden Umgebungszustand auf ihre Gültigkeit überprüft werden, wobei die relevanten Schritte im Originalplan markiert werden. Dies geschieht analog zu dem sogenannten *Partial-Order-Planning* [133]. Diese Lösung ist, durch die Einschränkung des Suchraumes auf den ursprünglichen Plan, sehr effizient und veranlaßt den Agenten, den Standardprozeduren möglichst nahe zu folgen. Andererseits erlaubt dieser Planungsansatz aber auch eine größere Flexibilität als z.B. der Skript-Ansatz von Billinghurst ([17]), die es dem Lernenden erlaubt, von der Standardprozedur abzuweichen und durch eigene Fehler zu lernen.

Die Unterstützung von STEVE besteht darin, auf Nachfrage den nächsten Schritt vorzuschlagen oder zu demonstrieren, oder die Gründe für seine gewählten Schritte zu erklären. Dabei nutzt er die Linkstruktur des Plannetzwerkes aus.

In diesem konkreten Fall scheint die Verwendung eines animierten (verkörperten) Agenten sinnvoll zu sein, um die Prozeduren vorführen zu können. Es lagen aber noch keine Ergebnisse vor, welcher Grad der "Verkörperung" *(embodiment)* und der Verwendung von Mimik von den Lernenden bevorzugt wird.

LAHYSTOTRAIN

LAHYSTOTRAIN [76], [129] ist ein VR-basiertes Trainingssystem für Laparoskopie und Hysteroskopie (zwei minimalinvasive chirurgische Verfahren), das einen VR-Simulator, ein webbasiertes Trainingssystem für theoretisches Wissen und ein agentenbasiertes Tutorsystem verbindet.

Das webbasierte Trainingssystem dient als Vorbereitung für den Simulator, indem es die Grundlagen der Laparoskopie und Hysteroskopie vermittelt. Das anschließend genutzte Advanced-Trainingssystem verbindet einen VR-Simulator mit ITS-Techniken und sieht zwölf praktische Übungen häufiger, komplexer Pathologien vor. Die Interaktion erfolgt u.a. über chirurgische Werkzeuge, die mit Sensoren und Force-Feedback versehen sind. Ein wichtiger Bestandteil des Tutorsystems sind zwei pädagogische Agenten (*Tutor* und *Assistent*) und drei Behavioral-Agenten (Krankenschwester, Anästhesist und Assistenzarzt), die als animierte Personas dargestellt werden. Der *Tutor* ist für die Planung der Trainingsabschnitte zuständig, während der *Assistent* den Lernenden beobachtet und ihm Erklärungen gibt. Die Behavioral-Agenten emulieren das Verhalten der weiteren Personen in einem Operationssaal.

Die chirurgischen Prozeduren werden in Anlehnung an [17] durch einen Eventgraph repräsentiert, der die Prozedur in Schritte, Tasks und Phasen unterteilt. Dieser Eventgraph bildet die Grundlage für die Überprüfung der Ausführung einer Prozedur, wobei der sogenannte *Situated-Plan Attribution*-Ansatz [58] verfolgt wird. Dazu wird ähnlich wie bei STEVE (s.o.) aufgrund des Patientenzustandes ein Plan erstellt, der die erwarteten Aktionen und Ziele der normalen bzw. optimalen Prozedur enthält. Diese werden mit den Aktionen des Lernenden verglichen, um "oberflächliche Fehler" *(superficial errors)* abzuleiten, die anschließend von einem anderen, regelbasierten Subsystem auf ihre möglichen Ursachen *(deep errors)* untersucht werden.

In Abhängigkeit des entdeckten Fehlers oder auf Anfrage des Lernenden kann der *Assistent* Erklärungen geben, wobei Texte, Graphiken, Ton und Video oder Simulationen der VR-Umgebung verwendet werden. Mögliche Erklärungen sind ähnlich denen von [17] "Where is an organ?", "What is that?" bei Zeigen auf eine anatomische Struktur, "Where am I?", "Show me how to get an organ", ... Falls der Lernende einen niedrigen "Störungslevel" gewählt hat, werden alle Events, falschen Aktionen, Fehlvorstellungen und vorgeschlagenen Aktionen für eine abschließende Beurteilung gespeichert. Am Ende einer Übung wird ein *Benutzermodell* aktualisiert, das vom Tutor verwendet wird, um den weiteren Ablauf des Trainings zu planen.

Pilotentraining

Zwei weitere Beispiele aus dem Fluglotsen- bzw. Pilotentraining sind *AVATAR* von Connolly [36] und der Ansatz von Michie und Michie [79]. *AVATAR (Advanced Virtual Adaptive Tutor for Air Traffic Control Readiness)* ist ein Simulator für das Fluglotsentraining, der die Aktionen des Schülers, in Form von sprachlichen Kommandos an die Piloten, analysiert und im Falle eines schwerwiegenden Fehlers durch auditive oder visuelle Nachrichten kritisiert. Michie und Michie [79] schlagen vor, für das Pilotentraining ein Modell der dynamischen Kontrollfähigkeiten durch induktives Lernen abzuleiten und es zu verwenden, um dynamisch Hinweise im Sinne eines erfahrenen Piloten geben zu können.

2.2.7 Unterstützungssysteme

Weitere Gebiete, die den computerbasierten Trainingssystemen verwandt sind, sind Decision-Support-Systeme, Intelligente Hilfs- und Assistenzsysteme und Planungssysteme. Diese Systeme unterstützen den Benutzer bei der Anwendung komplexer Fähigkeiten. Vor allem die Assistenzsysteme beobachten und bewerten dazu das Benutzerverhalten, um ihn adaptiv zu unterstützen. Sie haben daher teilweise große Ähnlichkeit mit einem Experten, der "dem Benutzer über die Schulter schaut". Deshalb sollen hier einige Beispiele vorgestellt werden.

Decision-Support-Systeme

Systeme zur Entscheidungsunterstützung sollen z.B. im Bereich der medizinischen Diagnose den Arzt mit einer zweiten Meinung unterstützen oder ihm bei der zeitkritischen Behandlung von Notfallpatienten Hilfestellung geben.

Ein interessantes Beispiel ist TraumAID von Gertner, Webber et al. [55, 131, 104], das den Arzt bei der Behandlung von Traumapatienten unterstützen soll. TraumAID basiert auf einem Planungs- und Planerkennungsansatz, indem es aufgrund der aktuellen Evidenz über den Patienten zu erreichende Ziele ableitet, für die mit Hilfe eines Planers mehrere mögliche Pläne erstellt werden. Diese Pläne werden dann mit den Aktionen des Arztes verglichen, um eventuell Kritik zu leisten. Besondere Bedeutung kommt dabei den sich permanent ändernden Plänen zu, die unter Kostengesichtspunkten ausgeführt werden müssen.

TROPIX [83] ist ein fallbasiertes Expertensystem-Tool zur Diagnose- und Behandlungsunterstützung für Tropenkrankheiten, das für Krankenschwestern an Gesundheitszentren ohne Ärzte gedacht ist. Ein neuer Fall wird durch eine Art Clusteranalyse einem Prototyp (Idealfall) einer bestimmten Krankheit zugeordnet, woraufhin durch ein geeignetes Ähnlichkeitsmaß die "besten" Vergleichsfälle ausgewählt werden.

Intelligente Hilfs- und Assistenzsysteme

Intelligente Hilfssysteme existieren z.b. für verschiedene Betriebssysteme. Sogenannte *aktive Hilfsysteme* sind den Intelligenten Tutorsystemen sehr ähnlich. Sie halten ein *Benutzermodell* und versuchen z.b. durch Planerkennung die beabsichtigten Ziele des Benutzers zu erkennen. Dazu werden alle Aktionen des Benutzers beobachtet. Eine andere Komponente generiert daraufhin entsprechende Ratschläge z.b. durch Planung. Einen Überblick über verschiedene Intelligente Hilfssysteme gibt z.b. Virvou [127], die das Unix-Hilfssystem RESCUE vorstellt.

Planungssysteme

Planungssysteme finden sich beispielsweise für den Bereich der Konstruktion (z.b. im Fahrzeugbau) oder für die Operationsplanung. CODY [64] ist ein Beispiel für die Konstruktionssimulation, das auf einer virtuellen Umgebung basiert. Es unterstützt den Konstrukteur bei der Manipulation virtueller Bauteile, indem es die Bauteilpositionen und -kombinationen wissensbasiert interpretiert.

2.3 Gegenüberstellung der existierenden Ansätze

Tabelle 2.2 stellt die in Abschnitt 2.2 vorgestellten Beispiele noch einmal vergleichend gegenüber, wobei die Aspekte *Interaktionsform*, zu vermittelnde *Lerninhalte*, geleistetes *Assessment* und die Art des analysierten Verhaltens *(Verhaltensanalyse)* betrachtet werden.

Es wird deutlich, daß sich die meisten Systeme auf die Vermittlung spezieller Fähigkeiten, wie z.b. das Üben medizinischer Diagnosen an Fallbeispielen (Vermittlung von diagnostischen und visuell perzeptiven Fähigkeiten) oder das Trainieren von Fähigkeiten der minimalinvasiven Chirurgie (räumlich-kognitive Fähigkeiten, sensomotorische Fähigkeiten und prozedurales Wissen) konzentrieren. Erstere Systeme, z.b. der Interactive-Patient, ProMediWeb, MRTutor und RadTutor, sind meistens fallbasierte Hypermedia-Systeme nach Art des Drill & Test, gegebenenfalls mit einem Tutoriellen Dialog kombiniert (D3-Trainer, MRTutor, RadTutor, Adele, NeuroAssistant). Eine Verhaltensanalyse findet hier für das zu vermittelnde diagnostische Problemlösen (z.b. D3Trainer, Adele) und ggf. für die visuelle Perzeption (MRTutor, RadTutor) statt, wobei das Assessment in Form eines tutoriellen Dialogs erfolgt. MRTutor und RadTutor verwenden darüber hinaus Augmented-Reality-Techniken, im Sinne "sprechender Situationen", um die visuelle Perzeption zu unterstützen.

Die beschriebenen Trainingssysteme für minimalinvasive Chirurgie dagegen basieren auf Augmented-Reality-Umgebungen zur Simulation des realen Anwendungskontextes (EchoSim, Karlsruher Endoskopie Trainer, MIST-VR, Tendick et al.), die gegebenenfalls einen einfachen Tutoriellen Dialog zur Überprüfung von chirurgischen Prozeduren oder als Hilfestellung vorsehen (Billinghurst, LAHYSTOTRAIN). Ein objektives Assessment der räumlichen und sensomotorischen Fertigkeiten erfolgt jedoch nicht bzw. nur in Form von Leistungsstatistiken.

Ein Trainingssystem zur Vermittlung der komplexen Expertise, die in der Echokardiographie benötigt wird, muß jedoch sowohl visuelle Perzeption, als auch diagnostisches Wissen, räumliche Fähigkeiten und sensomotorische Fertigkeiten kombiniert vermitteln können (vgl. 1.3). EchoSim als ein Augmented-Reality-basiertes Simulationssystem für die Echokardiographie zielt darauf ab, die Auge-Hand-Steuerung des Ultraschallkopfes zu trainieren, wobei durch das virtuelle Herzmodell und das Overlay der angeschnittenen Herzstrukturen im Ultraschallbild zugleich räumliche kognitive Fähigkeiten und visuelle Erwartungsmuster trainiert werden. Die Rolle des kritischen Lehrers wird hier durch verschiedene Formen (visuellen) Feedbacks im Sinne sprechender Situationen reflektiert, das ein effizientes Self-Assessment des Lernenden unterstützt. Es wird aber kein unterstützendes Feedback gegeben, falls der Lernende räumliche Orientierungsprobleme oder kognitive Fehlvorstellungen hat. Ebensowenig wird das Verhalten des Lernenden analysiert, was fehlt, um den Apprenticeship-Ansatz nachzubilden.

Andere Systeme, die ansatzweise Feedback in Form von sprechenden Situationen geben, sind der Expert Surgical Assistant, sowie Linterns Flugsimulator und der VNAV-Tutor, die im Sinne des Augmentes-Reality-Konzeptes die repräsentierte Situation durch visuelles Feedback anreichern. Lintern beurteilt auch das sensomotorische Verhalten, indem er überprüft, ob der richtige Anflugpfad für die Landung eingehalten wird. Eine andere Art in Form eines sensomotorischen Feedbacks wird von Tendick et al. [124] angestrebt, die den lernenden Arzt bei der Handhabung des angewinkelten Laparoskops durch Force-Feedback führen wollen.

2.4 Schlußfolgerung

Ein *Situiertes Trainingssystem*, das die integrierte Anwendung von diagnostischem Wissen, visueller Perzeption und sensomotorischer Expertise innerhalb einer möglichst realitätsnahen Simulation der natürlichen Lernumgebung vermitteln soll, muß die verschiedenen Interaktionsformen *Visualisierung und Präsentation, Tutorieller Dialog* und *Simulation* bzw. *Augmented-Reality* integrieren. Die Augmented-Reality-Umgebung dient der Simulation des Anwendungskontextes, um es dem Lernenden zu ermöglichen, sein Wissen durch aktives Handeln zu konstruieren und so seine mentalen Modelle auszubilden (situiertes Lernen). Um den Cognitive-Apprenticeship-Ansatz nachzubilden, muß das Verhalten des Lernenden analysiert werden, um dadurch seine möglichen Fehlvorstellungen und Schwierigkeiten abzuleiten und so geeignete Hilfestellungen geben zu können. Dies geschieht bisher jedoch im Sinne des Cognitive-Apprenticeship-Ansatzes nur für die Vermittlung von diagnostischem / prozeduralem Wissen und für die visuelle Perzeption (Mustererkennung in Bildern, Fluglotsentraining).

Eine sensomotorische Expertise wird innerhalb von Chirurgie-Simulatoren bisher, wenn überhaupt, nur durch Leistungsstatistiken (richtig/falsch, Schnelligkeit) beurteilt, wie z.B.

Tabelle 2.2: Übersicht der beschriebenen Trainingssysteme

	Abschnitt	Präsentation	Drill & Test	Tutorieller Dialog	Simulation	Virtual-Reality- / Enhanced-Reality-Welten	Faktenwissen, kontextfreie Regeln	Regelbasiertes Verhalten (Anwendung kontextfreier Regeln)	prozedurales Wissen, analytisches Problemlösen	visuelle Perzeption	räumliche Kognition	sensomotorische Fähigkeiten	richtig / falsch	reparieren, elizitieren	sprechende Situationen	prozedural, diagnostisch	visuell	räumlich kognitiv, sensomotorisch	Bemerkungen
The Interactive Patient	2.2.1	x	x		?			+	(+)				+						
FundusDiabeticus	2.2.1	x	x				+	+					+						
ProMediWeb	2.2.1	x			x			+		+			+		+	+			graphische Visualisierung von Differentialdiagnosen
EchoExplorer	2.2.2		x	(x)															virtuelles Herzmodell
Di Lascio	2.2.2			(x)	x		+		+						+				
Encarnacao	2.2.2				x	(x)	+			+	(+)								
MRTutor	2.2.3		x	x	x			+					+	+	+	+			
RadTutor	2.2.3		x	x	x			+					+	+	+	+	++		
D3 Trainer	2.2.3		x	x	x			+	++	++	++		+	+	+	+	++		Overview-Plot Highlighting
Cardiac Tutor	2.2.4			x	x			+	++	+	++	++	+	+	+	+	+		
Adele	2.2.4			x	x			+	++	+	++	++	+	(+)	+	+	+		
NeuroAssistant	2.2.4			x	x			+	++	++	++	++	+	(+)	(+)	+	+		
AVATAR	2.2.5				x	x						++							
Michie	2.2.5				x	x					++	++							
Lintern	2.2.5				x	x			(+)		++	++	++	+		+	+	++	+	adaptive visuelle Hilfe für Landeanflug
VNAV	2.2.5				x	x		+	+		++	++	++	+		+	+	+	+	Höhenprofil
EchoSim	2.2.5				x	x		(+)	+	+	++	++	++	+		+	+	+	+	VR-Herzmodell
Karlsruher Endoscopie	2.2.5				x	x			+		+	++	++	+		+	+		?	
MIST-VR	2.2.5				x	x		(+)					++	(+)		(+)	+		o	offline Assessment
Tendick	2.2.5					x							+					+	(+)	geplant: sensomotorisches Feedback
Billinghurst	2.2.6					x			+		+	++	++	+	(+)	+			o	Augmented Reality: sicherer Pfad
Steve	2.2.6		x	x				+	+	+	++	++	++	+	+	+	+		+	Demonstration von Prozeduren durch animierte Persona
LAHYSTOTRAIN	2.2.6					x					+	++	++	+	+	(+)	+		o	

bei MIST-VR, wobei beispielsweise überprüft wird, ob eine kritische Struktur berührt wurde (Expert Surgical Assistant, LAHYSTOTRAIN). In diesem Fall wird ein Feedback in Form einer akustischen Warnung gegeben. Wie aber durch die Beobachtung sensomotorischen Verhaltens auf bestimmte Strategien oder kognitive Probleme des Lernenden geschlossen werden kann, ist bisher nicht bekannt. Dies wollen z.B. Tendick et al. herausfinden. Sie wollen die menschliche Leistung beim räumlichen Problemlösen und sensomotorischen Verhalten erhöhen, indem sie die Umgebung im Sinne "sprechender Situationen" z.B. durch Force-Feedback anreichern, das dem Lernenden in der Bewegung assistiert.

Da die sensomotorischen und räumlich kognitiven Fähigkeiten die Voraussetzung für eine echokardiographische Untersuchung bilden und hier bisher keine vergleichbaren Ansätze existieren, sollen in dieser Arbeit geeignete Methoden definiert werden, mit denen dieses sensomotorische Verhalten analysiert werden kann. Durch die Bewertung des Verhaltens in der Situation können Hinweise auf mögliche Fehlvorstellungen oder Orientierungsschwierigkeiten abgeleitet werden, die die Grundlage für geeignete Hilfestellungen sind. Es wird ein *Situiertes Trainingssystem* am Beispiel der Echokardiographie konzipiert, das auf der bestehenden Augmented-Reality-Simulationsumgebung EchoSim aufsetzt. Das Konzept wird validiert, indem die Machbarkeit, insbesondere der sensomotorischen Analyse, gezeigt wird.

Im folgenden Kapitel soll daher eine detaillierte Feldstudie beschrieben werden, die die erforderlichen Fähigkeiten, resultierende Probleme und entsprechende tutorielle Strategien aufdecken soll, um den Apprenticeship-Ansatz mit Hilfe geeigneter funktionaler Äquivalente umsetzen zu können. Dabei kommt den sensomotorischen Fähigkeiten eine besondere Bedeutung zu.

3 Feldanalyse Echokardiographie

In diesem Kapitel wird eine *Feldanalyse* für die Anwendungsdomäne *Echokardiographie* (Ultraschalldioagnostik des Herzens) vorgestellt. Eine Feldanalyse ist erforderlich, um zu verstehen, wie mit informatischen Methoden ein Trainingssystem konzipiert werden kann, das die kognitiven Probleme der Anwendungsdomäne und deren didaktische Methoden berücksichtigt. Denn nur so kann ein "blindes" Design vermieden werden. Insbesondere gilt dies für die benötigten räumlichen und sensomotorischen Fähigkeiten, über die in der Literatur bisher kaum Erkenntnisse vorliegen.

So wird in den Abschnitten 3.1 und 3.2 zunächst auf die Grundlagen der Echokardiographie eingegangen, bevor in Abschnitt 3.3 eine detaillierte Beschreibung der Feldanalyse erfolgt. Das Kapitel schließt mit einer Requirements-Analyse für ein echokardiographisches Trainingssystem.

3.1 Grundlagen der Echokardiographie

Echokardiographie ist die Ultraschalluntersuchung des Herzens. Eine Einführung geben z.B. [16], [15], [28]. Bei einer echokardiographischen Untersuchung werden mit Hilfe eines auf dem Brustkorb des Patienten positionierten Schallkopfes Ultraschallbilder des Herzens aufgenommen und auf einem Monitor dargestellt. Das Ultraschallbild entsteht dabei durch Reflexion der vom Schallkopf ausgesandten Ultraschallwellen an den Grenzflächen unterschiedlicher Gewebeschichten. Die zurückkommenden Echos werden gemäß ihrer Entfernung, d.h. der benötigten Zeit zur Rückkehr zum Schallkopf, auf dem Bildschirm dargestellt. Je nach Intensität der reflektierten Ultraschallwellen ist das resultierende Bild heller oder dunkler. Aus diesem Grund wird diese Darstellung auch *B-mode (brightness)* genannt.

In der Echokardiographie wird eine Frequenz von 1–7 MHz benutzt, wobei sich die Schallwellen mit einer Geschwindigkeit von ca. 1500 m/sec im Gewebe ausbreiten. Gebräuchliche Ultraschallgeräte senden ca. 500–1500 Impulse pro Sekunde aus. Ein Impuls besteht aus etwa 3-4 Wellenlängen, was bei 3,5 MHz einer Auflösung von etwa 1mm entspricht.

Abb. 3.1 zeigt einen Schallkopf, der eine Druckwelle in das Gewebe aussendet. Die Grenzfläche der beiden Gewebeschichten reflektiert einen Teil der Druckwelle, die vom Ultraschallkopf in Form eines Echos wieder empfangen wird. Der Rest der Druckwelle dringt in tiefere Gewebeschichten vor und wird dort unter Umständen noch einmal reflektiert, wobei dieses Echo dann später als das andere ankommt.

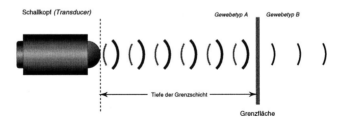

Abbildung 3.1: Prinzip des Ultraschalls: Vom Schallkopf werden Ultraschallwellen ausgesandt, die z.T. von einer Zwischenschicht reflektiert werden. Der Schallkopf nimmt das entstandene Echo auf, aus dessen Laufzeit die Tiefe der reflektierenden Schicht berechnet wird.

Der bereits erwähnte *B-mode* führt einen Sektor-Scan durch, indem fächerförmig mehrere Ultraschallstrahlen ausgesendet werden. Die resultierenden Einstrahlbilder werden dann nebeneinander zusammengesetzt, so daß man ein Sektorbild erhält. Durch diese aufeinanderfolgenden 2D-Bilder werden die Bewegungen des Herzens und der Herzklappen in Realzeit dargestellt, weshalb dem B-mode eine besondere Bedeutung für die Beurteilung der *Morphologie*[1] und der Dynamik des Herzens zukommt.

Ein *M-mode (motion)*-Bild entspricht im wesentlichen einem einzelnen Strahl des B-mode-Bildes, das über die Zeit aufgetragen wird (siehe Abb. 3.2). Die x-Achse entspricht der Zeit in Relation zum *Elektrokardiogramm*, und die y-Achse zeigt die Herzstrukturen zu einem bestimmten Zeitpunkt. Auf diese Weise können Bewegungen spezieller Herzstrukturen beurteilt und Messungen zu unterschiedlichen Zeitpunkten des *Herzzyklus* durchgeführt werden.

Bei der Beurteilung des Herzens spielt aber nicht nur die Morphologie, sondern auch das Flußverhalten des Blutes *(Hämodynamik)* eine wichtige Rolle. Der Blutfluß kann durch den Farbdoppler *(colour coded flow imaging)* visualisiert werden, der simultan zum zweidimensionalen B-mode-Bild dargestellt wird. Nach dem *Doppler-Prinzip* verändern die sich bewegenden Blutkörperchen, an denen ein Ultraschallstrahl reflektiert wird, die Frequenz der zurückkommenden Schallwelle. Das Doppler-Gerät mißt diesen Frequenzshift *(Doppler-Shift)*, der proportional zur Geschwindigkeit des Blutkörperchens ist, an gleichmäßig verteilten Meßpunkten innerhalb des Schallsektors und kodiert die Geschwindigkeit als Farbe. Blutkörperchen, die sich auf den Schallkopf zu bewegen, werden meistens rot kodiert, während die sich vom Schallkopf wegbewegenden Teilchen blau dargestellt werden, d.h. die Farbkodierung hängt von der Orientierung des Schallkopfes ab. Die Helligkeit der Farbe ist proportional zur Geschwindigkeit.

---
[1]Lehre von Bau und Gestalt der Lebewesen und ihrer Organe

3.1 Grundlagen der Echokardiographie

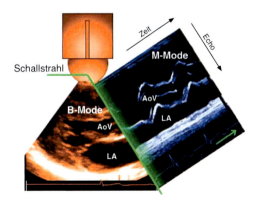

Abbildung 3.2: Zusammenhang von B-mode und M-mode

Ein normales Herz zeigt ein typisches Flußverhalten, das durch mehrere Bilder zu unterschiedlichen Herzphasen (Füllung der Herzkammern - *Diastole*, Entleerung der Herzkammern - *Systole*) in Abbildung 3.3 zu sehen ist. Liegt dagegen beispielsweise eine *Stenose* (Verengung) einer Herzklappe vor, steigt die Flußgeschwindigkeit durch diesen "Tunneleffekt" rapide an, so daß es zu Turbulenzen kommt. Diese werden gelb bzw. grün dargestellt. Es kommt zu einem mosaikartigen Farbdopplerspektrum (siehe Abb. 3.4). Für den Anfänger ist es schwierig, die unterschiedliche Darstellung derselben Informationen zu verstehen, wenn er aus einer anderen Richtung schallt. Zusätzlich wird die Bildinterpretation durch Aliasing erschwert, wenn die maximal meßbare Frequenz *(Nyquist-Frequenz[2])* überschritten wird und die Farbe in die Gegenfarbe umschlägt.

Während der Farbdoppler nur eine qualitative Beurteilung des Blutflusses zuläßt, erlaubt der *Spektral-Doppler* die Messung von Geschwindigkeiten. Man unterscheidet drei Techniken:

- *Continuous-wave (CW)*: Bei der CW-Methode sendet und empfängt der Schallkopf kontinuierlich Ultraschallwellen entlang eines einzelnen Ultraschallstrahles. Die empfangenen Signale werden durch eine Spektralanalyse dekodiert. Die x-Achse zeigt die Zeit und die y-Achse repräsentiert die unterschiedlichen gemessenen Geschwindigkeiten (bzw. Frequenzen), die sich aus der Spektralanalyse ergeben (siehe Abb. 3.5.a). Durch das kontinuierliche Aussenden und Empfangen der Ultraschallwellen werden alle Blutkörperchen entlang des Schallstrahles berücksichtigt, so daß

---

[2]Die Frequenz einer Schallsonde kann nur korrekt gemessen werden, wenn die Schallwelle genügend oft abgetastet wird. So muß eine Sinusschwingung an mindestens zwei Meßpunkten, am Wellenberg und am Wellental, erfaßt werden, um die Frequenz korrekt wiederzugeben. Deswegen entspricht die maximal meßbare Frequenz *(Nyquist-Frequenz)* der halben Pulsrate des Untersuchungssystems. Bei ihrer Überschreitung kommt es zum *Aliasing*, und es wird eine fälschlicherweise zu niedrige Frequenz dargestellt.

man nicht weiß, in welcher Tiefe die entsprechenden Geschwindigkeiten aufgetreten sind. Es ergibt sich ein breites Frequenzspektrum. Diese Methode eignet sich insbesondere, um hohe Geschwindigkeiten zu messen, da es keine abtastbedingte Grenzfrequenz gibt. Sie wird verwendet, um *Druckgradienten*[3] und *Schlagvolumen*[4] zu bestimmen.

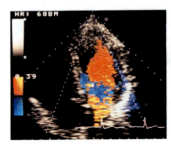 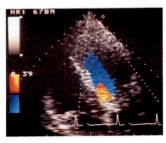

Abbildung 3.3: Farbdoppler-Darstellung des normalen Flußbildes von apikal [28]. a) Diastole: rot dargestellt, der Einstrom des Blutes aus den Vorhöfen in die Ventrikel mit Farbaliasing in Höhe der Mitralklappe durch hohe Flußgeschwindigkeiten, b) Systole: blau dargestellt, der Ausstrom des Blutes aus dem linken Ventrikel in die Aorta mit Aufhellung des Farbtons und schließlich Farbumschlag nach rot vor der Aorta

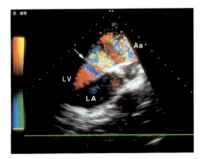

Abbildung 3.4: Farbdoppler-Darstellung eines pathologischen Flußbildes (Aortenstenose) [28]

---

[3]Der *Druckgradient* wird z.B. zur Beurteilung einer Stenose bestimmt. Nach der vereinfachten *Bernoulli-Formel* entspricht er ungefähr dem vierfachen Quadrat der Geschwindigkeit in der Stenose.

[4]Das *Herzschlagvolumen* bezeichnet die während eines Herzzyklus ausgeworfene Blutmenge der linken oder rechten Herzkammer. Sie wird bestimmt als Produkt der Klappenöffnungsfläche (Aortenklappe) und der systolischen Blutströmung. Die Blutströmung wird durch das Integral des Dopplerspektrums bestimmt.

3.1 Grundlagen der Echokardiographie

- *Pulsed-wave (PW)*: Der PW-Doppler verwendet (wie der Farbdoppler) gepulste Ultraschallstrahlen, wobei die Pausen zwischen aufeinanderfolgenden Emissionen bestimmen, in welcher Tiefe des Schallstrahles das *Meßvolumen* bzw. *Meßtor* platziert wird. D.h. es werden nur Geschwindigkeiten an einem einzigen "Punkt" gemessen. Allerdings ist die maximal meßbare Geschwindigkeit wieder durch die Nyquist-Frequenz beschränkt. Abb. 3.5.b zeigt ein PW-Bild. Durch Einfügen zusätzlicher Meßtore kann die Pulsrate und damit die Nyquist-Frequenz erhöht werden *(High Pulse Repetition Frequency-Doppler)*.

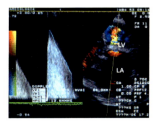 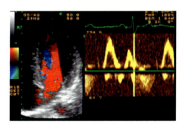

Abbildung 3.5: a) Continuous-wave-Doppler, b) Pulsed-wave-Doppler

Abbildung 3.6 zeigt einen Vergleich der Funktionsweisen der gepulsten und der kontinuierlichen Doppler-Methode.

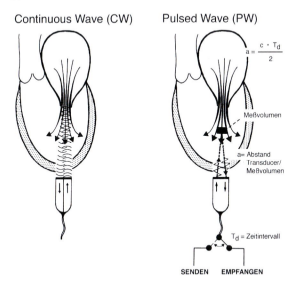

Abbildung 3.6: Prinzip des Continuous-wave- und Pulsed-wave-Dopplers [28]

3.1.1 Standardebenen

Bei der Durchführung einer kardiologischen Ultraschalluntersuchung muß beachtet werden, daß die Ergebnisse reproduzierbar sind. Deshalb basiert die Echokardiographie auf fest definierten *Standardebenen*. Diese echokardiographischen Ebenen garantieren, daß alle relevanten Strukturen erfaßt werden und Messungen mit späteren Untersuchungen vergleichbar sind. Abbildung 3.7 erklärt die Eigenschaften der Standardebene der *parasternal langen Achse* des *linken Herzens* (von links nach rechts):

- Der Aufsetzpunkt des Schallkopfes auf dem Brustkorb,

- die Orientierung der Schallebene relativ zum Herzen,

- die *Leitstrukturen*, die in der Ebene beachtet werden sollen,

- das entsprechende Ultraschallbild.

Die Standardebenen werden durch die Strukturen wie z.B. die Herzklappen definiert, die sie in einer bestimmten Position schneiden müssen. Im Anhang A.1 befindet sich eine kurze Beschreibung des Herzaufbaus.

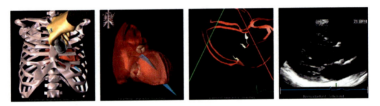

Abbildung 3.7: Erklärung der Standardebene *parasternal lange Achse des linken Ventrikels*

Da Ultraschallwellen nicht in der Lage sind, Knochen oder Luft zu durchdringen, kann der Schallkopf nur in bestimmten *"Schallfenstern"* aufgesetzt werden (siehe Abb. 3.8). Dies sind im wesentlichen

- der *linksparasternale* Zugang im Bereich des 3. bis 5. Zwischenrippenraumes *(Intercostalraumes)* links neben dem Brustbein *(Sternum)*,

- der *subcostale* Zugang unterhalb der Rippen,

- die *suprasternale* Region oberhalb des Sternums, von der aus sich die großen Gefäße (Aorta und Lungenarterien) darstellen lassen,

- der *apikale* Zugang von der Herzspitze *(Apex)*.

Für jedes Schallfenster sind mehrere Standardebenen definiert. Da nicht bei jedem Patienten alle Schallfenster zugänglich sind, müssen die Befunde in den Ebenen erhoben werden, die sich gut darstellen lassen.

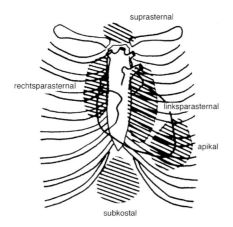

Abbildung 3.8: Echokardiographische Zugänge zum Herzen

Eine korrekte Einstellung dieser Standardebenen ist notwendig, um zuverlässige Befunde zu erhalten. Je nach Position sind allerdings geringfügige Abweichungen zulässig, was in einem Trainingssystem berücksichtigt werden muß.

3.2 Echokardiographische Diagnostik

Echokardiographie erfordert die integrierte Anwendung sehr verschiedener kognitiver und praktischer Fähigkeiten. So bestimmt eine Verdachtsdiagnose, welche Befunde erhoben werden müssen, wofür *symbolisches* bzw. *diagnostisches Wissen* benötigt wird. Diese Befunde werden in speziellen diagnostisch relevanten Ultraschallebenen *(Standardebenen)* erhoben. Der Arzt muß den Schallkopf so steuern, daß die Ebenen korrekt eingestellt werden, wofür er *sensomotorische Fertigkeiten* benötigt. Bei der Schallkopfsteuerung wiederum orientiert er sich an den momentan sichtbaren Strukturen im Ultraschallbildes *(visuelle Expertise)* und seinem räumlichen Bild des Herzens. Schließlich beeinflußt die Bildinterpretation die weitere Befunderhebung. Deshalb können schlecht eingestellte Schallebenen zu signifikanten Meßfehlern oder sogar falschen Diagnosen führen. D.h. man benötigt die integrierte Anwendung von diagnostischem Wissen, sensomotorischen Fertigkeiten und visueller Expertise zur Durchführung einer echokardiographischen Untersuchung. Abbildung 3.9 erklärt das Zusammenspiel dieser unterschiedlichen kognitiven Modi, deren Besonderheiten in den nachfolgenden Abschnitten beschrieben werden.

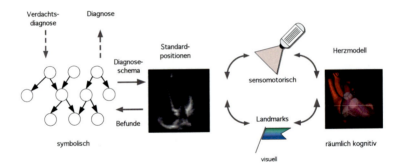

Abbildung 3.9: Zusammenspiel der beteiligten kognitiven Modi

3.2.1 Mentale Modelle

Der erfahrene Arzt führt die Befunderhebung vor dem Hintergrund einer anschaulichen Vorstellung über die Innenstruktur des Herzens durch. Die Auge-Hand-Steuerung des Schallkopfes und die positionsabhängig zu erwartenden Ultraschallbilder hat er verinnerlicht. Die visuellen Erwartungsmuster schließen das Bewegungsverhalten von Herzkammern und -klappen, sowie das Blutflußverhalten ein. Diagnostisch relevante Struktur- und Bewegungsmerkmale werden von ihm unmittelbar gesehen und im Gespräch mit anschaulichen Beschreibungen belegt. Diese Vorstellungselemente, die die Expertenwahrnehmung steuern, können unter dem Begriff *Mentales Herzmodell* zusammengefaßt werden (vgl. Gentner [54] bzw. Johnson-Laird [63], Abschnitt 2.1.3, Seite 14).

Das **Mentale Herzmodell** kann als zusammengesetztes Modell folgender Vorstellungselemente (Teilmodelle) aufgefaßt werden:

- Innenstruktur des Herzens *(Morphologie)*
- Kammer- und Klappendynamik *(Morphodynamik)*
- Blutflußverhalten *(Hämodynamik)*
- *Standardebenen* (positionsabhängige visuelle Darstellung des morphologischen, morphodynamischen und hämodynamischen Modells)
- *Auge-Hand-Steuerung* des Schallkopfes (sensomotorische Vorstellung über die Lage und Relation von Standardebenen)
- *diagnostisch relevante Struktur- und Bewegungsmerkmale* (wichtig im Zusammenhang mit Diagnoseschemata)

Hinzu kommen die *Diagnoseschemata*, nach denen sich der Arzt beim Untersuchungsverlauf richtet, um bestimmte Verdachtsdiagnosen zu überprüfen.

3.2 Echokardiographische Diagnostik

Pathologische Zustände sind als charakteristische strukturelle und funktionelle Abweichungen von diesem Modell beschreibbar. Das mentale Modell des normalen Herzens wird geeignet modifiziert. Komplexere Fehlbildungen, deren einzelne Defekte zueinander in einer komplizierten, kompensatorischen Wechselbeziehung stehen können, erfordern spezielle Erklärungsmodelle, über die ein erfahrener Arzt in der Regel verfügt.

Die diagnostische Leistung besteht darin, die beobachteten Phänomene und Symptome des Patienten mit den bekannten Erklärungsmodellen abzugleichen. In sehr seltenen Fällen liegt ein so schwerer Defekt vor, daß die bestehenden Modelle keine ausreichende Erklärung erlauben, so daß ein neues Erklärungsmodell ausgebildet werden muß. Hierzu ist dann aber in der Regel nur ein Experte in der Lage.

3.2.2 Diagnoseschemata

Zu Beginn einer jeden echokardiographischen Untersuchung, auch bei einer vorliegenden Verdachtsdiagnose, wird ein *Standarduntersuchungsgang* durchgeführt. Er soll einen Gesamteindruck über den morphologischen Aufbau, die Bewegungsmuster der Herzklappen, das *Kontraktionsverhalten*, sowie die *Hämodynamik* liefern. Hierzu werden aus unterschiedlichen Blickwinkeln qualitative und quantitative Befunde erhoben, um in einer möglichst umfassenden Untersuchung mögliche Auffälligkeiten registrieren zu können.

Wird eine Abweichung vom Normalbild festgestellt, muß diese zunächst aus verschiedenen Positionen validiert werden, um sicherzugehen, daß es sich nicht um ein darstellungsbedingtes Artefakt handelt.

Wird jedoch ein Defekt vermutet, muß eine bestimmte Meßfolge, bestehend aus zu erhebenden Teilbefunden, durchgeführt werden, um das angenommene Erklärungsmodell zu validieren, zu erweitern oder zu revidieren. Diese Meßfolgen werden nachfolgend als *Diagnoseschemata* bezeichnet. Sie bestehen aus Folgen von Untersuchungsschritten, die sich wiederum aus elementaren Untersuchungsschritten zusammensetzen können.

3.2.3 Schallkopfsteuerung

Um eine bestimmte Ebene einzustellen, wird der Schallkopf an einem definierten Aufsetzpunkt zunächst so auf dem Brustkorb positioniert (siehe Abschnitt 3.1.1), daß er das Herz aus einer geeigneten Richtung beschallt. Anschließend wird der Schallkopf um die Längsachse rotiert, daß die dreieckförmige Schallfläche in geeigneter Richtung in den Körper schallt. Eine Markierung an der Schallsonde zeigt die Orientierung des austretenden Schallfächers an.

Die Einstellung einer Standardebene aus dieser groben Näherung erfordert nun unter Sicht der im Ultraschallbild sichtbaren Strukturen eine gezielte Positions- und Rotationsveränderung des Schallkopfes, indem er geringfügig auf dem Körper versetzt wird, nach rechts/links, vorne/hinten geneigt oder rotiert wird. Der erfahrene Arzt verfügt über eine bildlich räumliche Vorstellung über den Aufbau und die Lage des Herzens im Brustkorb. Er weiß, wie die Herzteile aufgrund der momentanen Schallkopfstellung beschallt werden. Mit Hilfe dieser mentalen Vorstellung kann er antizipieren, auf welche Weise sich das das Bild verändert, wenn er bestimmte Handbewegungen ausführt. Er nähert sich der Standardposition durch gezieltes *"Fächeln"* des Schallkopfes und stellt auch leicht veränderte Positionen ein, um die Umgebung der Standardpositionen mit einzusehen.

3.3 Feldanalyse

Die Feldanalyse wurde in Zusammenarbeit mit der Abteilung für Kinderkardiologie des Zentrums für Kinderheilkunde der Universität Bonn durchgeführt, die zu der Zeit unter Leitung von Prof. Dr. D.A. Redel stand. In *klinischen Beobachtungsstudien* wurden zwei Monate lang die ersten praktischen Untersuchungen einer lernenden Ärztin (Dr. B. Platen) am Ultraschallgerät begleitet, die jeweils von einer erfahrenen Kardiologin bzw. einem Kardiologen (Dr. U. Herberg, Dr. M. Weidenbach) angeleitet wurde. Ein weiterer Monat diente der Beobachtung und Analyse von Fallbesprechungen, bei denen ein Experte zusammen mit mehreren Ärzten verschiedener Expertisestufen komplexere Fälle besprach.

3.3.1 Motivation und Zielsetzung

Ziel der Beobachtungsstudien war es zunächst, ein generelles Verständnis der realen Lernsituation im klinischen Umfeld zu bekommen. Dabei interessierte der Lernkontext und der allgemeine Ablauf einer echokardiographischen Untersuchung: Gibt es einen "Standarduntersuchungsgang"? Wovon hängt es ab, welche Befunde erhoben werden müssen? Wie werden die Befunde (insbesondere Messungen) erhoben?

Im speziellen waren darüberhinaus folgende Fragen von Bedeutung:

- Welche Schwierigkeiten und Probleme des lernenden Arztes treten während der Untersuchung auf?

- Wie äußern sich diese in Bezug auf den Untersuchungskontext, beobachtbares Verhalten oder verbale Äußerungen? Woran erkennt der beobachtende Arzt die Schwierigkeiten?

- Wie reagiert der Lehrer auf diese Problemsituationen?
    - Wann bietet er Hilfestellungen?
    - Wie sieht die Hilfestellung aus?

3.3 Feldanalyse

- Wie läuft die Kommunikation zwischen lernendem und lehrendem Arzt ab, insbesondere im Hinblick auf *konstruktive Interaktionen*[5]? Welche Verständigungs- bzw. Verständnisprobleme treten auf, z.B. durch unterschiedlich ausgebildete mentale Modelle?

- Mit welchen Erklärungsmodellen können typische Fehlvorstellungen korrigiert werden?

Dabei betreffen die letzten beiden Fragen sowohl die Beobachtungsstudien der angeleiteten Untersuchungen, als auch die Beobachtungen der Fallbesprechungen.

Unter Berücksichtigung dieser Fragestellungen soll die Feldanalyse wichtige Informationen für die Konzeption eines Trainingssystem liefern:

1. Welche Fehler bzw. Schwierigkeiten des lernenden Arztes muß das Trainingssystem erkennen?

2. Woran können diese Fehler erkannt werden?

3. Welche Unterstützungsleistung wird von ihm erwartet?

3.3.2 Klinische Beobachtungsstudien: Lernkontext und Ablauf

Während der klinischen Beobachtungsstudien wurden die angeleiteten echokardiographischen Untersuchungen der lernenden Ärztin am Patienten im Hinblick auf die oben angeführten Gesichtspunkte protokolliert, und die verbalen Interaktionen zwischen Lehrer und Schüler wurden mit einem Mikrophon aufgezeichnet.

Vor Beginn der Untersuchung wurde durch den anleitenden Arzt bzw. die Ärztin mitgeteilt, welcher Leitverdacht (Verdachtsdiagnose) vorliegt, wie die Vorgeschichte des Patienten aussieht, und wie der geplante Untersuchungsgang abläuft, falls er vom Standarduntersuchungsgang abweicht (vgl. Abschnitt 3.2.2). Die anschließende Untersuchung erfolgte dann unter Anleitung des erfahrenen Arztes, wobei diese Anleitungen im Verlauf der Beobachtungsstudien zugunsten einer selbständigen Untersuchung der Lernenden abnahmen.

Im Anschluß an die Untersuchung, nach der schriftlichen Befunderhebung, erfolgte eine gemeinsame Nachbesprechung, bei der die aufgetretenen Schwierigkeiten, deren mögliche Ursachen und korrigierende Erklärungsmodelle diskutiert wurden.

Der Lernkontext selbst stellt sich für den auszubildenden Arzt als eine meist unruhige, klinische Alltagssituation dar. Dies gilt insbesondere für den Fall der Kinderkardiologie, bei dem die Patienten möglicherweise (z.B. durch ablenkende Videos) zur Ruhe gebracht und die besorgten Eltern verständnisvoll informiert werden müssen. Hinzu kommt die

---

[5] Interaktionen zwischen Experte und Anfänger, bei denen der Experte Fehlvorstellungen des Anfängers korrigiert, indem er sein persönliches mentales Modell benutzt, um die Situation zu erklären [80]

rein technische Bedienung des Ultraschallgerätes, die zunächst ungewohnt ist. In diesem Kontext muß der Arzt sein theoretisch erworbenes Wissen praktisch umsetzen, was vor allem durch die Bewegtdarstellung der Bilder in der realen Untersuchung im Gegensatz zu den stehenden Ultraschallbildern aus anatomischen Bildatlanten erschwert wird.

3.3.3 Analysemethoden

Mit Hilfe der handschriftlichen Aufzeichnungen und der Tonaufnahmen wurde zunächst ein detailliertes Protokoll für jede Untersuchung erstellt. Durch Abgleich der einzelnen Protokolle wurde anschließend für ausgewählte Pathologien sowie für den Standarduntersuchungsgang ein sogenanntes *erweitertes Diagnoseschema* erstellt, das die durchzuführenden Untersuchungsschritte enthält, mögliche Werte der erhobenen Befunde, Fehlermöglichkeiten des lernenden Arztes und, sofern das zu diesem Zeitpunkt bereits gesagt werden kann, mögliche Reaktionen eines Trainingssystems.

Im einzelnen wird ein *Untersuchungsschritt* durch folgende Parameter repräsentiert:

- Schallkopfposition

- Schallebene

- Schallmodus (B-Mode, M-Mode, Farbdoppler, PW-Doppler)

- Name des Teilbefunds

- Kombination von Merkmalen, aus denen sich der Teilbefund zusammensetzt

- Normwerte für die erhobenen Merkmale

- Fehlermöglichkeiten des lernenden Arztes

- mögliche Systemreaktionen

Das erweiterte Diagnoseschema für den Standarduntersuchungsgang ist im Anhang A.2 aufgelistet.

3.4 Bedarfsanalyse und Anforderungen an das Trainingssystem

Die Grundlage für die Bedarfsanalyse bildete die in Abschnitt 3.3 beschriebene Feldanalyse. Ziel war es festzustellen, welche Schwierigkeiten und Probleme der lernende Arzt hat, wie sich diese äußern und wie der beobachtende Arzt darauf reagiert. Das Wechselspiel zwischen lernendem und erfahrenem Arzt liefert Hinweise darauf, welche Fehler das Trainingssystem erkennen muß und welche Unterstützungsleistung von ihm erwartet wird.

Die beschriebenen Schwierigkeiten betreffen die praxisorientierte Ausbildung, die der dritten Stufe der medizinischen Ausbildung entspricht. Zuvor hat der Arzt während der universitären Ausbildung theoretisches Wissen über den Aufbau und die Funktion des Herzkreislaufsystems erworben. In der nachfolgenden praxisorientierten theoretischen Ausbildung hat er diagnostische Vorgehensweisen und die entsprechenden diagnostischen Instrumente kennengelernt. D.h bevor der Arzt eine praktische echokardiographische Untersuchung durchführt, verfügt er über ein fundiertes kardiologisches Fachwissen. Er kennt die bekannten Herzfehlbildungstypen und die diagnostischen Nachweiswege.

Der Schwerpunkt des geplanten Trainingssystems liegt daher nicht auf der Vermittlung dieses theoretischen Wissens, sondern auf der praktischen Ausbildung. Es ist es als Vorstufe zur praktischen Ausbildung am realen Patienten zu verstehen oder als Ergänzung dazu.

3.4.1 Lernkontext

Der Lernkontext des Trainingssystems muß dem realen Untersuchungskontext möglichst ähnlich sein. Durch den Wegfall der klinischen Umgebung ist die Lernsituation jedoch ruhiger und ermöglicht ein konzentrierteres Arbeiten.

Weiterhin sollen die Reaktionen eines beobachtenden erfahrenen Arztes im System geeignet widergespiegelt werden. D.h. das System muß die Handlungen des Nutzers geeignet auswerten, um entsprechend der Situation reagieren zu können. Dabei ist anzumerken, daß der Lehrer nur durch Schweigen bzw. Nicken reagiert, wenn alles richtig gemacht wird. Dies sollte sich im System dadurch äußern, daß es nur reagiert, wenn es wirklich erforderlich wird und nicht unnötig eingreift. Wann eine Reaktion notwendig ist, wird in den folgenden Abschnitten beschrieben.

3.4.2 Schwierigkeiten des Anfängers und daraus folgende Anforderungen

Einstellung von Standardebenen und Schallkopfsteuerung

Einer der schwierigsten Punkte einer echokardiographischen Untersuchung besteht für den Anfänger in der praktischen Einstellung der Standardebenen und der Steuerung des Schallkopfes, um von einer Standardebene zur nächsten zu kommen (sensomotorische Fertigkeiten), ohne die Orientierung zu verlieren. Ein Experte für Kinderkardiologie verglich die Standardebenen deshalb mit "Lichtungen in einem Wald". Wenn man den Weg zur nächsten Lichtung nicht findet, hat man sich verlaufen. Dies liegt daran, daß der lernende Arzt noch kein *mentales Modell* des Herzens ausgebildet hat. Deshalb wird in den Echokardiographiekursen gelehrt, den Schallkopf jeweils nur um eine Achse gleichzeitig zu bewegen bzw. zu verschieben. Auf diese Weise wird es einfacher, die Änderung des Bildes nachzuvollziehen.

Ein erfahrener Arzt weiß, wie er den Schallkopf bewegen muß, um das Herz aus einem bestimmten Blickwinkel zu sehen. Er braucht nicht starr an den Standardpositionen festzuhalten, weshalb er auch häufiger leicht veränderte Positionen einstellt, um über die reinen Standardpositionen hinaus deren Umgebung einzusehen. Dieses "Fächeln" eines Experten muß durch das Trainingssystem von dem "Fächeln" eines Anfängers unterschieden werden, der die Orientierung verloren hat und den Schallkopf unkontrolliert steuert.

Deshalb kommt neben der Qualität der eingestellten Schallebene auch den Schallkopfbewegungen selbst eine besondere Bedeutung innerhalb eines Trainingssystems zu.

Eine falsch eingestellte Schallebene könnte von dem beobachtenden Arzt korrigiert werden, indem er dem Untersucher zeigt, wie er die Schallkopfposition ändern muß. Dabei kann er z.B. die Hand des Schülers führen. Meistens kann der lernende Arzt dies jedoch nicht schnell genug reflektieren. Er bräuchte zusätzliche Erklärungsmodelle, wie z.B. ein anatomisches Herzmodell, an dem der erfahrene Arzt die Lage der aktuellen und der richtigen Ebene mit Hilfe seiner Handfläche oder eines Blattes Papier verdeutlicht. An dieser Stelle traten mehrfach Probleme in der Kommunikation zwischen Lehrer und Schüler auf.

Das Trainingssystem muß daher folgende Anforderungen erfüllen:

- *Einstellung einer Standardebene*: Um eine falsch eingestellte Standardebene zu korrigieren, muß dem Lernenden verdeutlicht werden, 1. welche Bewegungen die Orientierung der Ebene wie verändern und wie die richtige Orientierung der Ebene ist; und 2. welche Strukturen in der Standardebene zu sehen sein müssen.

- *Schallkopfsteuerung*: Das System soll das durch Orientierungslosigkeit bedingte "Fächeln" eines Anfängers vom zielgerichteten "Fächeln" eines erfahrenen Arztes unterscheiden können. Folgende Fälle sind zu unterscheiden:

  – "normale Übergänge" zwischen verschiedenen Standardpositionen (Diese lassen sich grob durch bestimmte Bewegungsmuster beschreiben).

  – das langsame Annähern an eine Position durch "Fächeln", wie es ein erfahrener Arzt durchführt.

  – "Fächeln" oder Stillstand des Schallkopfes, verursacht durch Unsicherheit eines Anfängers.

  – geplantes Abfächeln einer größeren Region, z.B. um sich ein Gesamtbild des linken Ventrikels zu verschaffen oder um eine Herzklappe zu untersuchen.

- *Erfassung der Leitstrukturen*: Das System soll das langsame Annähern an eine Standardposition, wie es ein erfahrener Arzt durchführt, fördern. Dazu muß bestimmt werden können, wie weit der Arzt sich einer Standardposition angenähert hat und wie gut die relevanten Strukturen durch die eingestellte Ebene erfaßt sind. Der beobachtende Arzt würde beispielsweise sagen: "... die Mitralklappe ist nicht mittig

3.4 Bedarfsanalyse und Anforderungen an das Trainingssystem

getroffen!" Hier muß das Trainingssystem geeignet auf die Mitralklappe hinweisen, ohne jedoch störend zu wirken.

Qualitative Befundung

B-Mode Die qualitative Befundung der Morphologie und Dynamik im *B-Mode* (z.B. die Beschaffenheit der Herzklappen, Defekte im Vorhof- oder Ventrikelseptum) wird erschwert durch Ringartefakte und Schallschatten, die durch die Rippen verursacht werden. Im apikalen Blickwinkel kann es außerdem durch die nahezu parallele Anlotung zu Echo-Drop-outs (fehlende Darstellung vorhandener Strukturen) im Bereich des Septums kommen. Der unerfahrene Arzt kann bestimmte Defekte übersehen oder Artefakte fälschlicherweise als Defekt einschätzen.

M-Mode Im *M-Mode* können ebenso pathologische Veränderungen übersehen oder Größenverhältnisse falsch eingeschätzt werden. Ein Grund hierfür ist eventuell eine schlechte Einstellung des Bildes, so daß die Strukturen nicht deutlich voneinander abgrenzbar sind. Ein häufiger Fehler ist z.b. die schlechte Abgrenzung des *Perikards*.

Eine andere Möglichkeit besteht in einer schrägen Anlotung der Ebene oder des M-Mode-Strahles, so daß die Größenverhältnisse verfälscht dargestellt werden.

Spektraldoppler Die Hauptschwierigkeit beim *Spektraldoppler* besteht in der Unterscheidung physiologischer und pathologischer Strömungssignale, vor allem wenn keine Vorstellung von der normalen Kurvenform vorhanden ist. Ein typisches Beispiel ist das Einstromverhalten des Blutes in den linken Ventrikel während der Diastole, bei dem das Verhältnis zwischen der *E-Welle* (Relaxationsphase) und der *A-Welle* (Vorhofkontraktion) bewertet wird.

Ein weiterer Punkt ist die Zuordnung der Strömungssignale zu den Herzphasen. Durch Aliasing (Überschreiten der Nyquist-Frequenz) und Herausrutschen des Meßvolumens aus dem Strömungssignal während der Herzbewegung kann es zu Fehlinterpretationen kommen.

Farbdoppler Die Schwierigkeiten beim *Farbdoppler* sind ähnlich. Hier tritt ein Aliasing häufig schon bei *physiologischen* Geschwindigkeiten auf. Beim Erwachsenen liegen die maximal unverfälscht meßbaren Flußgeschwindigkeiten je nach Eindringtiefe etwa zwischen 40 und 120 cm/s [28].

Außerdem ändert sich die Farbhelligkeit bei gleicher Geschwindigkeit mit zunehmendem Anlotungswinkel. Die Farbdarstellung ist daher abhängig vom Aufsetzpunkt und der Orientierung der Schallebene.

Anforderungen für die qualitative Befundung Die qualitative Befundung muß in einem Trainingssystem durch den Vergleich mit einer Expertenlösung erfolgen, wobei auf eine standardisierte Beschreibung der Befunde zu achten ist. Deshalb ist es sinnvoll, die möglichen Befundwerte vorzugeben. Eine Hilfestellung muß dann die Expertenlösung der Lösung des Arztes gegenüberstellen und ihm eventuell weitergehende Hilfe in Form von Lerneinheiten oder Referenzfällen anbieten.

Messungen

B-Mode Messungen im *B-Mode* dienen u.a. der Bestimmung von Klappenringdurchmessern, des Durchmessers des linken Ventrikels oder der Breite eines Vorhof- oder Ventrikelseptumdefekts. Neben der falschen Schallebeneneinstellung (s.o.) können hier die Meßpunkte im zweidimensionalen Ultraschallbild falsch positioniert werden. Bei der Berechnung von Klappenöffnungsflächen, kann die Umrißlinie falsch markiert werden.

M-Mode Zusätzlich zu den qualitativen *M-Mode*-Befunden können bei der Messung von Ventrikel- oder Vorhofdurchmessern bzw. Wanddicken die Meßpunkte falsch gesetzt werden. Diese müssen zum richtigen Zeitpunkt des Herzzyklus und an der richtigen Strukturgrenze positioniert werden. Nach dem sogenannten *Leading-Edge-Prinzip* erfolgt eine Messung immer von Oberkante zu Oberkante der zu messenden Strukturen. Ein Beispiel ist das Verhältnis des linken Vorhofdurchmessers zum Durchmesser der Aortenwurzel, der in der *parasternal kurzen Achse der Aorta* bestimmt wird.

Spektraldoppler Beim *Spektraldoppler* besteht die Gefahr, Absolutwerte überzubewerten. Besser ist eine *semiquantitative* Betrachtung der Meßwerte. Durch Verwendung der vereinfachten *Bernoulli-Formel* zur Bestimmung von Druckgradienten können Stenosen über- bzw. unterschätzt werden. Ein weiterer Fehler ist die fehlende Dokumentation der Herzfrequenz, ohne die die Meßergebnisse nicht nachvollziehbar sind. Spezielle Meßmethoden, wie die Bestimmung des *Geschwindigkeitszeitintegrals* über einer Meßkurve müssen erlernt werden.

Farbdoppler Auch beim *Farbdoppler* sollten die Werte semiquantitativ beurteilt werden. Dies gilt insbesondere, da die Größe der Farbfläche abhängig ist von der eingestellten Schallebene und der Schallfrequenz. Deshalb kann die Breite von *Shunt*flüssen[6] oder die Ausdehnung von *Regurgitationsjets*[7] zur Schweregradeinteilung einer *Klappeninsuffizienz*[8] leicht falsch beurteilt werden. Deshalb sollten die Ergebnisse immer in mehreren Ebenen verifiziert werden.

---

[6] Ein *Shunt* bezeichnet einen Herzfehler mit einem Kreislaufkurzschluß, bei dem Blut direkt vom arteriellen in den venösen Kreislauf (Links-Rechts-Shunt) oder umgekehrt gelangt.

[7] *Regurgitation*: Rückströmen des Inhaltes eines Hohlorgans. Hier: Rückströmen aus den Herzkammern in die Vorhöfe, bei Klappeninsuffizienz.

[8] *Klappeninsuffizienz*: mangelhafte Schlußfähigkeit einer (Herz-)klappe.

3.4 Bedarfsanalyse und Anforderungen an das Trainingssystem

Anforderungen für die quantitative Befundung Auch für die quantitative Befundung muß der Wert mit der Vorgabe eines Experten verglichen werden. Im Falle einer Abweichung ist nach der Fehlerursache zu suchen, die in der falschen Einstellung der Schallebene, der Positionierung des Meßstrahles (M-Mode), der Positionierung des Meßvolumens (Spektraldoppler), der Meßpunkte oder Umrißlinien liegen könnte.

Als Hilfestellung bietet sich ein kurzer Lehrfilm für bestimmte Meßmethoden (M-Mode-Messung, Geschwindigkeitszeitintegral) und der Vergleich mit der Expertenlösung an.

Diagnoseschemata

Fehler in der Diagnostik können sich durch Auslassen wichtiger Untersuchungsschritte eines Diagsoseschemas äußern. Möglicherweise kennt der Untersucher den Nachweisweg für einen bestimmten Defekt nicht. An dieser Stelle würde ein erfahrener Arzt den lernenden auf fehlende Schritte hinweisen.

Außerdem können falsche Schlußfolgerungen aus bestimmten Befundkonstellationen gezogen werden, was den Untersucher in eine falsche Richtung lenken würde. Auch hier würde der Tutor lenkend eingreifen.

Ein Trainingssystem soll daher helfen, typische Untersuchungsgänge einzuüben, indem des anhand von Beispieluntersuchungen nacheinander durch die einzelnen Untersuchungsschritte führt. Für bestimmte Pathologien sollen Tutorials deren Nachweis erklären.

Bei einer selbständigen Untersuchung müssen die Schritte des Standarduntersuchungsganges und der entsprechenden benötigten Diagnoseschemata für vorhandene Defekte auf Vollständigkeit überprüft werden, und auf fehlende Schritte ist hinzuweisen.

3.4.3 Zusammenfassung

Aus der Feldanalyse und der anschließenden Bedarfsanalyse leiten sich folgende Anforderungen an ein echokardiographisches Trainingssystem ab:

Der *Lernkontext* des Trainingssystems muß dem realen Untersuchungskontext möglichst ähnlich sein, wobei die Reaktionen eines beobachtenden Arztes im System geeignet widergespiegelt werden müssen.

Ein wichtiger Punkt ist die *Auge-Hand-Steuerung* und die *Einstellung von Standardebenen*:

- Das System muß deutlich machen, welche Schallkopfbewegungen die relative Orientierung der Ebene zum Herzen wie verändern, und wie die richtige Lage einer Standardebene ist. Es muß die relevanten Leitstrukturen einer Standardebene vermitteln.

- Es soll das langsame Annähern an eine Standardposition fördern, wozu bestimmt werden muß, wie weit sich der Arzt an eine Standardposition angenähert hat, und wie gut die relevanten Strukturen erfaßt sind.

- Bezüglich der Schallkopfbewegung muß zwischen dem durch "Orientierungslosigkeit" bedingten *Unsicherheitsfächeln* eines Anfängers, dem *Annäherungsfächeln* eines erfahrenen Arztes bzw. dem *Abfächeln* einer Region und kontrollierten Positionsübergängen unterschieden werden.

Die Beurteilung der *qualitativen Befundung* soll durch den Vergleich mit einer Expertenlösung erfolgen, wobei auf eine standardisierte Beschreibung der Befunde zu achten ist. Entsprechende Lerneinheiten oder Ultraschallbilder von Referenzfällen müssen zur Verfügung gestellt werden.

Die *quantitative Befundung* in Form von Messungen muß ebenfalls mit der Vorgabe eines Experten verglichen werden. Bei abweichenden Werten ist nach den Fehlerursachen zu suchen, um gezielt Hilfestellung, z.B. in Form von Lehrfilmen, anbieten zu können.

Auf *diagnostische Fehler* durch Auslassen wichtiger Untersuchungsschritte oder falsche Schlußfolgerungen aus bestimmten Befundkonstellationen muß das System hinweisen. Es ist sinnvoll, typische Untersuchungsgänge einzuüben, indem der lernende Arzt anhand von Beispieluntersuchungen durch die Untersuchungsschritte geführt wird. Tutorials können den Nachweis bestimmter Pathologien erklären.

Aus diesen Anforderungen wird im nächsten Kapitel die Spezifikation eines Trainingssystems für die Echokardiographie abgeleitet. Für die Anforderungen in Bezug auf die qualtitative / quantitative Befundung und diagnostische Fehler gibt es bereits entsprechende Lösungsvorschläge anderer medizinischer Trainingssysteme. So verwenden ProMediWeb (vgl. 2.2.1), RadTutor und MRTutor (vgl. 5.2.2) als fallbasierte Trainingssysteme einen Vergleich mit der Expertenlösung, wobei z.B. beim RadTutor die Identifizierung verdächtiger Regionen in einer Röntgenaufnahme beurteilt wird. Ebenso existieren Ansätze für die Bewertung diagnostischer Strategien, wie z.B. bei Adele oder beim Neuroassistant (vgl. 2.2.4), die das benötigte prozedurale Wissen anhand eines hierarchischen Planes beurteilen. Es werden deshalb insbesondere die Anforderungen der Auge-Hand-Steuerung berücksichtigt.

Diese Anforderungen sollen in dieser Arbeit beispielhaft umgesetzt werden. Es wird nicht der Anspruch eines vollständigen Trainingssystems gestellt, sondern die Konzeption dieses Trainingssystems steht im Mittelpunkt.

Diese Konzeption basiert auf einer Augmented-Reality-Umgebung (EchoSim, vgl. 2.2.5), die den realen Untersuchungskontext möglichst realitätsnah nachbildet. Dabei wird ein Dummy-Schallkopf als Eingabegerät benutzt, um beliebige Schallebenen eines realen 3D-Ultraschalldatensatzes eines Patienten einzustellen. Dies ist erforderlich, weil sensomotorische Fertigkeiten wie die Auge-Hand-Steuerung und räumlich visuelle Vorstellungen nur durch aktives Handeln innerhalb des Anwendungskontextes erlernt werden können (situiertes Lernen). Durch geeignete Hilfestellungen sollen darüberhinaus Merkmale einer Meister-Schüler-Beziehung nachgebildet werden, um den beobachtenden und anleitenden Arzt zu imitieren. Das 3D-Herzmodell der Augmented-Reality-Umgebung, das als visualisiertes mentales Herzmodell eines Experten aufgefaßt werden kann, trägt dazu bei, indem es die Situation kontinuierlich erklärt. Wie das Verhalten des lernenden Arztes durch ein Trainingssystem beobachtet und analysiert werden kann, wird im nächsten Kapitel beschrieben.

4 Konzeption eines Augmented-Reality-basierten situierten Trainingssystems

Die Grundidee des Augmented-Reality-basierten Trainingssystems basiert auf der situierten, perzeptiven Interaktion zur Vermittlung einer integralen Expertise. Das Zusammenspiel der beteiligten kognitiven Modi soll durch eine geeignete Reflexion in den medialen Elementen der Trainingsumgebung unterstützt werden, um den *Cognitive-Apprenticeship-Ansatz* zu imitieren. Die Grundlage für das System bildet die Integration von Augmented-Reality-Simulationsmodellen, wissensbasierten Methoden und Hypermedia-Elementen. Als Schnittstelle dient ein *semantisches Protokoll*. Diese Konzeption soll in diesem Kapitel vorgestellt und am Beispiel der Echokardiographie erläutert werden.

4.1 Augmented-Reality-basiertes situiertes Trainingssystem

In Kapitel 2 wurden verschiedene Interaktionsformen computerbasierter Trainings- und Tutorsysteme beschrieben, die in Abhängigkeit des Lernziels unterschiedliche Repräsentationsformen verwenden. So dient die *Präsentation* vor allem der Wissensvermittlung durch Lehrtexte, Grafiken, Bilder oder Videos *(symbolisch / konzeptuell)*. Der *Tutorielle Dialog* wird benutzt, um prozedurales oder diagnostisches Wissen zu vermitteln, wobei eine sprachliche Repräsentation verwendet wird *(symbolisch)*, und *Augmented-Reality-Umgebungen* dienen hauptsächlich der Vermittlung von sensomotorischen und räumlich-kognitiven oder visuellen Fähigkeiten. Sie verwenden eine Repräsentation durch 3D-graphische und mathematische Modelle, evtl. verbunden mit realen Daten *(perzeptiv)*.

Soll jedoch eine komplexe, integrale Expertise vermittelt werden, die normalerweise nur innerhalb des Anwendungskontextes und mit einem anwesenden Experten erworben werden kann, ist eine entsprechende Interaktionsform zu wählen, die dieses *situierte Lernen* ([121], [78]) ermöglicht. Dazu muß die Komplexität des Anwendungskontextes möglichst realitätsnah wiedergegeben werden. Die natürliche Lernumgebung der *Meister-Schüler-*

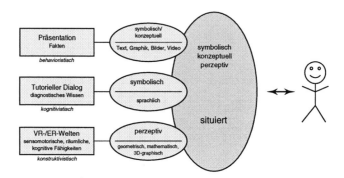

Abbildung 4.1: Vermitteln einer integralen Expertise durch die Verbindung verschiedener Interaktionsformen zu einer *situierten Interaktion*

Beziehung *(Cognitive Apprenticeship-Approach [34])* muß geeignet nachgebildet werden. Die Grundlage für ein derartiges "situiertes Trainingssystem" kann durch die Integration der Interaktionsformen *Augmented-Reality, Tutorieller Dialog* und *Präsentation* geschaffen werden. So kann eine im folgenden als *situiert* bezeichnete Interaktionsform abgeleitet werden, die symbolische, konzeptuelle und perzeptive Präsentationsformen verbindet und dadurch die Vermittlung einer integralen Expertise ermöglicht (vgl. Abb. 4.1).

Im folgenden wird eine generelle Konzeption für ein Trainingssystem hergeleitet, das durch die Verbindung verschiedener Interaktionsformen und die Nachbildung des Cognitive-Apprenticeship-Ansatzes innerhalb einer realitätsnahen Simulationsumgebung den Erwerb einer komplexen Expertise ermöglicht.

4.1.1 Konzeption eines Trainingssystems zur Unterstützung des situierten Lernens

Um ein situiertes Lernen zu ermöglichen, muß das Trainingssystem den Anwendungskontext möglichst realitätsnah wiedergeben und alle beteiligten kognitiven Modi, die das mentale Modell des Lernenden beeinflussen, berücksichtigen und sie geeignet in den medialen Elementen der Trainingsumgebung widerspiegeln (vgl. 1.2). Auf diese Weise soll es dem Schüler ermöglicht werden, aufgrund seiner Perzeption über sein mentales Modell zu reflektieren und es gegebenenfalls anzupassen bzw. zu korrigieren *(reflective practitioner* [109, 110]).

In der realen Lernsituation wird dieser Abgleich des mentalen Modelles unterstützt, indem der anwesende Experte den Lernenden in Abhängigkeit der Situation auf Fehler hinweist und zunächst versucht, ihn durch Hinweise selbst auf die richtige Lösung zu bringen *("elizitieren")*, bevor er gegebenenfalls die richtige Lösung vorführt. Bei seinen Erklärungen

4.1 Augmented-Reality-basiertes situiertes Trainingssystem

greift er auf sein mentales Modell zurück, was der Lernende dann mit dessen eigenen abgleichen kann. Diese situationsangepaßte Hilfestellung auf der Basis eines Expertenmodells muß von dem System nachgebildet werden.

Dies kann durch eine *Augmented-Reality-Simulationsumgebung* erreicht werden, die Ausschnitte der realen Welt simuliert und sie durch ein visualisiertes mentales Modell eines Experten erklärt (vgl. 1.2, 2.1.5). Auf diese Weise kann der Lernende nach dem Prinzip des *Reflective Practitioners* [109, 110] sein mentales Modell mit dem des Experten abgleichen.

Nachdem auf die Repräsentation des Anwendungskontextes in einem *situierten Trainingssystem* eingegangen wurde, wird jetzt eine Methode benötigt, die das Verhalten des Lernenden anstelle des anwesenden Experten bewertet, um entsprechend reagieren zu können. Durch das externalisierte Expertenmodell einer Augmented-Reality-Umgebung wird zwar bereits ein effektives Self-Assessment des Lernenden unterstützt, aber im Fall von schwerwiegenden Fehlvorstellungen oder Schwierigkeiten muß das System aktiv eingreifen können.

Die Rolle des beobachtenden und beurteilenden Lehrers gemäß des Cognitive-Apprenticeship-Ansatzes läßt sich durch eine kontinuierliche Bewertung der beobachtbaren *Verhaltensdaten* des Lernenden imitieren. Diese Daten sind alle durch die Interaktion mit dem System anfallenden Daten. In einem VR-System können das auch sensomotorische Daten der Bewegungen des Lernenden sein, die durch mit Positionssensoren versehene, spezielle Eingabegeräte erfaßt werden. Zusätzlich muß die Umgebungssituation, der "Kontext", in die Bewertung einfließen. In [100] (vgl. Abschnitt 2.2.6) werden z.B. die Eingaben des Benutzers durch Datenhandschuhe und Positionssensoren an Händen und Kopf ausgewertet, um die Ausführung von Steuerungsaufgaben eines simulierten, VR-basierten Hochdruck-Dampfkompressors eines Schiffes zu überprüfen.

Um diese Daten geeignet bewerten zu können, mit dem Ziel semantische Konzepte abzuleiten, die Hinweise auf Fehler, Fehlvorstellungen oder Unsicherheiten zu erhalten, müssen die auftretenden Fehlmöglichkeiten und kognitiven Schwierigkeiten für einen Anfänger in der jeweiligen Anwendungsdomäne genau erfaßt werden. Außerdem muß Wissen über didaktische Strategien erhoben werden, wie ein beobachtender Experte reagiert, wenn seine Unterstützung benötigt wird. Dieses spezielle Wissen kann in der Regel nicht durch das Befragen eines Experten erlangt werden, es sind spezielle *Feldanalysen* nötig, bei denen genau diese Interaktion innerhalb der Meister-Schüler-Beziehung beobachtet und analysiert wird (vgl. Kapitel 3). Diese Methodik wurde bereits in [4] gefordert, um ein Tutorsystem für Mammographie zu erstellen. Für den Entwurf von Enabling-Systemen wird diese Vorgehensweise auch *Scene-based Design* genannt [12].

Mit diesem Vorwissen sind nun geeignete Methoden zu wählen, die die reinen Verhaltensdaten in semantische Konzepte transformieren, die in einem *semantischen Protokoll* abgelegt werden. Diese Konzepte beinhalten u.a. Informationen über die Korrektheit bzw. Güte der Aktionen des Lernenden. Aus diesen Konzepten und mit Hilfe des in der Feldanalyse erworbenen Wissens werden durch *wissensbasierte Interpretation* mögliche Fehlkonzepte abgeleitet, die den Unterstützungsbedarf des Lernenden bestimmen.

Durch *adaptive Hilfestellungen*, die die didaktischen Strategien eines Experten möglichst gut imitieren, wird dieser Unterstützungsbedarf umgesetzt. *"The situation talks back"* [109, 110]. Dadurch soll der Lernende über sein mentales Modell reflektieren können, wobei die Erklärungen möglichst die in der Situation beteiligten kognitiven Modi des Lernenden ansprechen sollen, um ihm ein zeitaufwendiges "Umdenken" zu ersparen.

Ein **situiertes Trainingssystem** besteht also aus folgenden Komponenten (vgl. Abb. 4.2):

- *Augmented-Reality-Simulationsumgebung*, die die Komplexität des Anwendungskontextes möglichst realitätsnah wiedergibt und die Situation durch das visualisierte mentale Modell eines Experten erklärt.

- *Verhaltensanalyse*, die die reinen Verhaltensdaten (Sensordaten, Eingaben) unter Berücksichtigung der Umgebungssituation in einfache semantische Konzepte überführt, die eine Beurteilung der Situation vornehmen.

- In einem *semantischen Protokoll* werden diese Konzepte für eine anschließende Kontrolle und die weitere Interpretation abgelegt.

- Durch *wissensbasierte Interpretation*, die die in einer Feldanalyse ermittelten möglichen Fehlkonzepte und didaktischen Strategien berücksichtigt, wird der Unterstützungsbedarf abgeleitet und auf adaptive mediale Reaktionen abgebildet.

- *Adaptive Hilfestellungen* im Sinne der Erklärungen eines Experten "sprechen" gemäß der aktuellen Situation zum Lernenden "zurück" [109, 110] und erlauben ihm so, aufgrund seiner Perzeption über sein eigenes mentales Modell zu reflektieren und es gegebenenfalls anzupassen bzw. zu korrigieren.

Diese Konzeption soll im folgenden am Beispiel eines Trainingssystems für die Echokardiographie erläutert werden. Sie läßt sich aber auch auf bereits bestehende Trainingssysteme übertragen (vgl. Kapitel 2). So sind der MRTutor und der RadTutor Beispiele, die sich auf die Vermittlung einer visuellen bzw. diagnostischen Expertise konzentrieren, indem sie die Situation durch adaptive visuelle Hilfen (Highlighting, Overview-Plot) erklären. D3Trainer und der NeuroAssistant visualisieren ein Netzwerk der Differentialdiagnosen zur Vermittlung diagnostischen Wissens, während LAHYSTOTRAIN und der Expert Surgical Assistant chirurgische Prozeduren vermitteln, indem sie den Taskablauf überprüfen und ggf. kritisieren. Die letzten beiden Systeme sollen vor allem eine sensomotorische bzw. räumlich kognitive Expertise für die minimalinvasive Chirurgie vermitteln. Die sensomotorische Verhaltensanalyse wird aber noch nicht hinreichend berücksichtigt.

4.2 Ein situiertes Trainingssystem als Beispiel

Im folgenden werden die Anforderungen eines situierten Trainingssystems für die Echokardiographie spezifiziert, das diese integrale Expertise vermitteln soll. Die Darstellung

4.2 Ein situiertes Trainingssystem als Beispiel

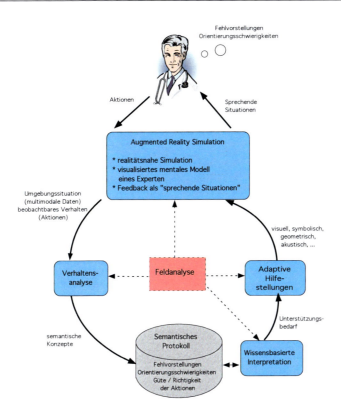

Abbildung 4.2: Konzept eines situierten Trainingssystems

orientiert sich an den Komponenten des situierten Trainingssystems, so daß die Beispiele jeweils aus dem Blickwinkel der Simulationsumgebung, der Verhaltensanalyse / des semantischen Protokolls, der wissensbasierten Interpretation und der adaptiven Hilfestellungen betrachtet werden.

4.2.1 Augmented-Reality-Simulationsumgebung

Der Lernkontext sollte dem realen Untersuchungskontext möglichst ähnlich sein. Hierzu dient die bereits in Abschnitt 1.2 bzw. 2.2.5 beschriebene Augmented-Reality-Simulationsumgebung (EchoSim), die in [90] als Simulationsumgebung zum Erlernen der Auge-Hand-Steuerung vorgestellt wurde. Die Lernsituation wird hier vereinfacht dargestellt, da die technische Bedienung des Ultraschallgerätes wegfällt. Ausserdem "liegt der Patient still" und die Schallebenen sind, sofern sie im Datensatz enthalten sind, ohne größere Schwierigkeiten, die die Lagerung des Patienten betreffen, einstellbar.

Das mentale Herzmodell eines Experten wird als animiertes VR-Modell dargestellt, das ein kontinuierliches visuelles Feedback liefert, wie die Orientierung der Schallebene zum Herzen ist und welche Strukturen angeschnitten werden. Hierdurch werden visuelle Erwartungsmuster trainiert, und das räumliche Verständnis des Herzens wird gefördert. Diese Darstellung erlaubt ein Self-Assessment des Arztes durch den Vergleich seines eigenen mentalen Modelles mit dem eines Experten, indem Teile des mentalen Herzmodells erfahrbar gemacht werden. Allerdings fehlt der erfahrene Kardiologe, der den lernenden Arzt beobachtet und korrigiert.

4.2.2 Verhaltensanalyse

Die Rolle des beobachtenden und beurteilenden Lehrers gemäß des Cognitive-Apprenticeship-Ansatzes läßt sich durch eine kontinuierliche Bewertung der beobachtbaren "Verhaltensdaten" des lernenden Arztes imitieren. Diese sind Folgen von sensomotorischen Daten, die die Position und Orientierung des Schallkopfes angeben, sowie zusätzlich über die Tastatur oder Maus eingegebenen qualitativen bzw. quantitativen Befunden.

Durch die Analyse dieser Verhaltensdaten mit geeigneten Methoden können semantische Konzepte abgeleitet werden, die zunächst das sensomotorische Verhalten näher beschreiben, dann aber auch Hinweise auf Fehlvorstellungen oder Orientierungsschwierigkeiten liefern. Diese semantischen Konzepte werden in einem sogenannten *semantischen Protokoll* abgelegt und bilden die Basis für die weitere wissensbasierte Interpretation, um den Unterstützungsbedarf des Arztes festzustellen. Sie geben Hinweise auf Fehler oder Lücken im mentalen Modell des Lernenden.

4.2.3 Adaptive Hilfestellungen

Die Reaktionen auf den Unterstützungsbedarf sollen sich nach den betroffenen kognitiven Modi des Lernenden richten und entsprechend der Situation zu ihm "zurücksprechen". So können räumlich kognitive Schwierigkeiten durch das virtuelle Herzmodell veranschaulicht werden und mangelndes oder fehlendes Hintergrundwissen durch entsprechende Hypermedia-Tutoring-Module (wie z.B. die des *EchoExplorers*, vgl. Abschnitt 2.2.1) vermittelt bzw. korrigiert werden. Sensomotorische bzw. visuell perzeptive Fähigkeiten lassen sich durch eine Kombination des realen Ultraschallbildes mit zusätzlichen Erklärungen vermitteln. Dies kann z.B. ein adaptives Highlighting der Leitstrukturen einer Standardebene sein, um den Schüler langsam in die richtige Richtung zu lenken, wie ein ein beobachtender, erfahrener Arzt durch Worte machen würde. Durch dieses "Elizitieren" soll er selbst die richtige Position finden können, anstatt ihm nur das richtige Verhalten vorzuführen.

4.2 Ein situiertes Trainingssystem als Beispiel

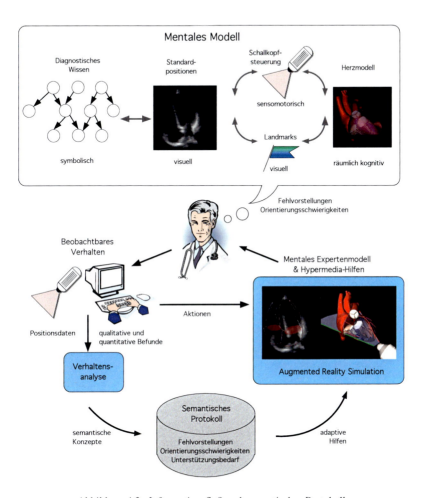

Abbildung 4.3: Informationsfluß und semantisches Protokoll

4.2.4 Semantisches Protokoll als Basis der Interaktion

Das *semantische Protokoll* als Ergebnis der Verhaltensanalyse ist die Basis für das situierte Verhalten des Trainingssystems. Abb. 4.3 verdeutlicht noch einmal seine Rolle innerhalb des Trainingssystems: Aus dem *beobachtbaren Verhalten* des Arztes werden durch eine *Verhaltensanalyse* semantische Konzepte abgeleitet, die Hinweise auf ein fehlerhaftes *mentales Modell* des lernenden Arztes liefern. Diese potentiellen Fehlvorstellungen und Orientierungsschwierigkeiten werden in dem *semantischen Protokoll*[1] abgelegt. Der hieraus abgeleitete Unterstützungsbedarf wird in *adaptive Hilfestellungen* umgesetzt, die den Erklärungen eines beobachtenden Experten entsprechen. Diese adaptiven Hilfen wiederum ermöglichen es dem Schüler sein eigenes mentales Modell mit dem eines Experten abzugleichen.

Mit Hilfe der folgenden drei Beispiele für unterschiedliche kognitive Fähigkeiten wird dieses situierte Trainingssystem weiter spezifiziert, wobei der Inhalt des semantischen Protokolls von besonderem Interesse ist.

4.3 Beispiel Auge-Hand-Steuerung

Das Konzept der situierten Interaktion soll in diesem Abschnitt am Beispiel der Auge-Hand-Steuerung zur Einstellung des *apikalen Vierkammerblicks* vorgestellt werden.

4.3.1 Augmented-Reality Simulationsumgebung

Das Augmented-Reality-Szenario erleichtert die Auge-Hand-Steuerung, indem zusätzlich zum realen Ultraschallbild die Orientierung der Schallebene relativ zum Herzen dargestellt wird. Mit diesen Hilfen muß der lernende Arzt nun den Schallkopf so bewegen, daß er die relevanten Leitstrukturen z.B. des *apikalen Vierkammerblicks* im Ultraschallbild sichtbar macht.

Diese Standardebene (vgl. Abschnitt 3.1.1) wird durch folgende *Leitstrukturen* definiert (siehe Abb. 4.4.b):

- *linker Ventrikel (LV)* in der Form eines Rotationsellipsoids, oben rechts im Bild, in voller Länge dargestellt,
- *linker Vorhof (LA)*, unten rechts im Bild
- *Mitralklappe (MV)*, maximaler Durchmesser des Klappenringes,
- *rechter Ventrikel (RV)*, oben links im Bild,
- *rechter Vorhof (RA)*, unten links im Bild,

---
[1]Beispiele semantischer Protokolle werden in Kapitel 8 vorgestellt.

4.3 Beispiel Auge-Hand-Steuerung

- *Trikuspidalklappe (TV)*, maximaler Durchmesser des Klappenrings,
- *Ventrikelseptum (IVS)* und *Vorhofseptum (IAS)*, nahezu senkrecht im Bild.

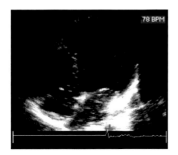 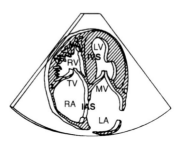

Abbildung 4.4: Apikaler Vierkammerblick: a) Ultraschallbild, b) Leitstrukturen (Abkürzungen siehe oben im Text)

Die Einstellung dieser Standardebene erfolgt nach den Ergebnissen der Feldanalyse in einer ersten Annäherung durch

- Aufsetzen des Schallkopfes in der Region des *Herzspitzenstoßes*,
- Ausrichtung des Schallkopfes entlang der Linie, die die linke Schulter mit der rechten Hüfte verbindet.

Die Feineinstellung erfolgt durch gezielte Positions- und Richtungsänderung des Schallkopfes unter Sicht der im Ultraschallbild sichtbaren Strukturen.

Diese langsame Annäherung an die Standardposition, wie sie ein erfahrener Arzt durchführt, ist für den Anfänger, der noch kein bildlich räumliches Modell des Herzens ausgebildet hat und dem die notwendigen visuellen Erwartungsmuster fehlen, schwierig. Deshalb soll es durch das Trainingssystem gefördert werden.

4.3.2 Sensomotorische Verhaltensanalyse

Annäherung einer Standardposition

Um den lernenden Arzt bei der Einstellung einer Standardposition zu unterstützen, muß das System zunächst erkennen, welche Standardposition eingestellt werden soll, und wie gut diese in Bezug auf die Schallkopfposition und -orientierung bereits angenähert ist. Hierzu wird ein *Ähnlichkeitsmaß* benötigt, um die eingestellte Ebene mit definierten Standardebenen vergleichen zu können. Ein wichtiger Aspekt hierbei ist die Bestimmung geeigneter Toleranzbereiche, die angeben, wie stark eine eingestellte Ebene von der vorgegebenen abweichen darf, um noch ein brauchbares Ergebnis zu liefern. Hierbei muß berücksichtigt werden, daß verschiedene Standardebenen zum Teil nahe beieinander liegen und nicht eindeutig getrennt werden können, wie es z.b. bei den Ebenen des linken Ventrikels in der kurzen Achse vorkommt.

Erfassung der Leitstrukturen

Neben der Orientierung und Position einer Schallebene muß die Erfassung der Leitstrukturen überprüft werden. Dies geschieht am besten mit Hilfe sogenannter *Landmarks*, die festdefinierte Anhaltspunkte innerhalb des Herzmodells beschreiben und die wichtigsten Leitstrukturen beinhalten. Um zu überprüfen, ob die Leitstrukturen einer Ebene gut erfaßt sind, muß festgestellt werden, ob die entsprechenden Landmarks in der Schallebene liegen, bzw. wie weit sie entfernt liegen. Werden nicht alle Leitstrukturen erfaßt, können fehlendes Wissen über die Definition der Standardebenen die Ursache sein, oder Schwierigkeiten mit der Auge-Hand-Steuerung, um die Feineinstellung der Ebene vorzunehmen.

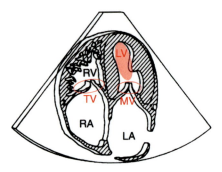

Abbildung 4.5: Die Landmarks des apikalen Vierkammerblicks (Abkürzungen siehe Text)

Abb. 4.5 zeigt die Landmarks des apikalen Vierkammerblicks: Mitralklappe, Trikuspidalklappe und den Apex des linken Ventrikels.

Beurteilung der Schallkopfbewegungen

Findet der lernende Arzt die entsprechenden Leitstrukturen nicht, äußert sich dies in den Schallkopfbewegungen durch ein unkontrolliertes *"Fächeln"* oder auch einen übermäßig langen *"Stillstand"*. Solche Unsicherheitskonzepte müssen von normalen Schallkopfbewegungen unterschieden werden, um eine "Orientierungslosigkeit" zu erkennen und so nach den Ursachen suchen und geeignete Hilfestellungen anbieten zu können.

4.3.3 Semantisches Protokoll

Das semantische Protokoll beinhaltet hier den *Aufsetzpunkt* des Schallkopfes und die eingestellte *Standardebene*, jeweils mit einem Maß für die *Güte* der Einstellung. Außerdem enthält es für die relevanten *Landmarks* einer Schallebene ein Gütemaß, wie gut sie von der Schallebene erfaßt werden. Zusätzlich können Bewertungen der Schallkopfbewegungen selbst enthalten sein, die Hinweise auf mögliche Unsicherheiten oder Fehlkonzepte liefern.

Ein Beispiel für einen schlecht eingestellten Vierkammerblick ist die verkürzte Darstellung des linken Ventrikels, wenn der Aufsetzpunkt des Schallkopfes zu hoch oder nicht weit genug außen liegt. Ein anderer typischer Fehler liegt vor, wenn die Mitralklappe nicht mittig getroffen ist. Diese Fehler müssen durch wissensbasierte Interpretation abgeleitet werden, um den lernenden Arzt darauf hinweisen zu können. Sie geben Hinweise auf Fehler bzw. Lücken im mentalen Modell des Lernenden, die hier vor allem im Bereich der Definition von Standardebenen, mit den zugehörigen visuellen Erwartungsmustern, oder der Auge-Hand-Steuerung zu suchen sind (vgl. Mentales Herzmodell, Abschnitt 3.2.1).

4.3.4 Wissensbasierte Interpretation

Mit Hilfe der wissensbasierten Interpretation können aus den Konzepten, die im semantischen Protokoll abgelegt sind, mögliche Fehlerursachen abgeleitet werden, um dann gezielt Unterstützung anzubieten. Zwei Beispielregeln für die Auge-Hand-Steuerung sind:

R_1 : **if** *Fächeln* **and** *VorPosition (para short MV)*
 then *Fehlkonzept (Übergang MV/papillar)*

R_2 : **if** *Position (para short MV)* **and** *geringe Ähnlichkeit*
 then *Fehlkonzept (Leitstrukturen para short MV)*

R_1 geht, davon aus, daß der lernende Arzt, wenn er mit dem Schallkopf fächelt und zuvor in der Standardposition *para shortMV* (parasternal kurze Achse in Höhe der Mitralklappe) war, den Übergang von der Mitralklappe zu den Papillarmuskeln nicht kennt. Dies ist der wahrscheinlichste Übergang, ausgehend von der Mitralklappe. R_2 dagegen schließt aus einer schlecht eingestellten Ebene, daß die Leitstrukturen der Ebene nicht bekannt sind, so daß ein Hilfemodul angeboten werden muß, das diese erklärt.

4.3.5 Adaptive Hilfestellungen

Um die langsame Annäherung an eine Standardposition aufgrund der visuellen Perzeption zu fördern, bietet es sich an, für die Erklärung denselben kognitiven Modus anzusprechen. Für den Fehler "...die Mitralklappe ist nicht mittig getroffen" kann dies durch ein gezieltes Highlighting der Leitstrukturen als Überlagerung zum Ultraschallbild geschehen. Eine geeignete Farbkodierung weist die richtige Richtung, um die Darstellung der Mitralklappe zu optimieren (siehe Abb. 4.6). Dieses *Elizitieren* kann mit einer schrittweisen Anleitung im Sinne des Cognitive-Apprenticeship-Ansatzes verglichen werden. Es hat gegenüber dem alleinigen Demonstrieren der Differenz zur richtigen Schallebene den Vorteil, daß es gezielt die visuell perzeptiven und sensomotorischen Fähigkeiten anspricht und nicht nur die räumlich kognitive Komponente.

Der erste Fehler eines verkürzten Ventrikels kann auch auf diese Weise verdeutlicht werden, indem der linke Ventrikel in seiner Längsausdehnung als Leitstruktur visualisiert wird, dessen Ausdehnung maximiert werden muß [70]. Hier wäre es aber auch sinnvoll, die räumliche Orientierung mit Hilfe des Herzmodelles zu veranschaulichen und den Unterschied zur optimalen Darstellung deutlich zu machen: "Aufsetzpunkt zu hoch!", indem ein zweiter Schallspachtel eingeblendet wird, der die richtige Position angibt.

Generell könnten gegebenenfalls Hypermedia-Tutoring-Module aufgerufen werden, die die Konzepte einer bestimmten Standardebene schrittweise erklären (vgl. Abb. 3.7 und Abschnitt 2.2.1).

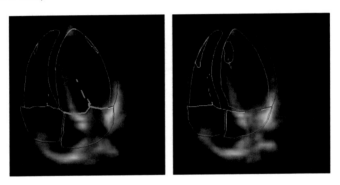

Abbildung 4.6: Highlighting der Leitstruktur *Mitralklappe*: a) Einstellung ist o.k, grüne Darstellung. b) Mitralklappe ist zu tief getroffen, rote Darstellung.

4.3.6 Situierte Interaktion

In diesem Beispiel werden *Wissensbasierte Methoden* intelligenter Tutorsysteme für die sensomotorische Verhaltensanalyse verwendet, um den Unterstützungsbedarf abzuleiten. Die *Augmented-Reality-Simulationsumgebung* wird benötigt, um adaptive Simulationen anzubieten, die entweder die Optimierung der Leitstrukturen durch gezieltes Highlighting oder die Orientierung der Schallebene mit Hilfe des Herzmodelles zeigen.

Der lernende Arzt kann *explorativ* seine *visuell perzeptiven, räumlich kognitiven* bzw. *sensomotorischen* Fähigkeiten ausbilden. *Symbolisch* und *visuell* wird fehlendes Hintergrundwissen wie z.B. die Leitstrukturen einer Standardebene durch *Hypermedia-Module*

4.4 Beispiel Meßfehler

vermittelt. Dies geschieht in Abhängigkeit der aktuellen Situation, die durch das *semantische Protokoll* erklärt wird.

4.4 Beispiel Meßfehler

Das zweite Beispiel zeigt den Umgang des Trainingssystems mit Meßfehlern am Beispiel des *M-Modes* (vgl. Abschnitt 3.1, Abb. 3.2). Im *M-Mode (motion)* werden Strukturen entlang eines Schallstrahles über die Zeit erfaßt, so daß Bewegungen der Herzstrukturen registriert und Messungen an einer Position zu unterschiedlichen Herzphasen erfolgen können.

Eine typische Einstellung im Standarduntersuchungsgang ist der LA/Ao-M-Mode, in dem die Durchmesser des linken Vorhofes *(LA)* und der Aortenwurzel *(Ao)* in verschiedenen Herzphasen gemessen werden:

LA   größter Durchmesser des linken Ventrikels (endsystolisch)
Ao   Aortenwurzeldurchmesser zu Beginn der R-Zacke im EKG
     (enddiastolisch)

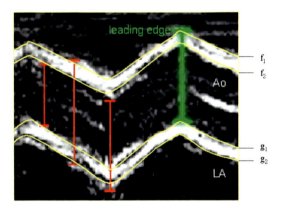

Abbildung 4.7: Leading-Edge-Prinzip am Beispiel des LA/Ao-M-Modes
(Farbige Markierungen von Hand ergänzt)

Die Messung erfolgt nach dem *Leading-Edge-Prinzip*, d.h. von Oberkante zu Oberkante bzw. von Unterkante zu Unterkante der Struktur (siehe Abbildung 4.7). D.h. es gibt zwei Fehlerarten:

1. Zeitpunkt der Messung (R-Zacke bzw. weiteste Stelle des linken Vorhofes)

2. richtige Strukturgrenzen (Leading-Edge)

4.4.1 Augmented-Reality-Simulationsumgebung

Für die Durchführung der M-Mode-Messung muß zunächst die zweidimensionale Schallebene (parasternal lange Achse) gut eingestellt werden, in der dann der M-Mode-Strahl positioniert wird. Da die Qualität der Messung von der Qualität der Darstellung abhängig ist (die Grenzen von LA und Ao, sowie das Aortenklappenmittelecho müssen deutlich zu sehen sein), muß die Einstellung der Schallebene zuvor berücksichtigt werden, wenn die Messungen verglichen werden sollen.

Die Einstellung des M-Mode-Strahles kann analog zur Einstellung einer Schallebene bewertet werden, wobei das Problem um eine Dimension (2D) reduziert ist. Die Aufgabenstellung beschränkt sich damit auf das Setzen der Meßpunkte für die beiden Durchmesser LA und Ao.

1. P liegt oberhalb der Struktur

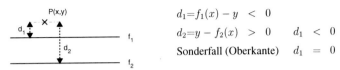

$d_1 = f_1(x) - y < 0$
$d_2 = y - f_2(x) > 0 \qquad d_1 < 0$
Sonderfall (Oberkante) $\qquad d_1 = 0$

2. P liegt unterhalb der Struktur

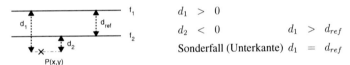

$d_1 > 0$
$d_2 < 0 \qquad\qquad d_1 > d_{ref}$
Sonderfall (Unterkante) $d_1 = d_{ref}$

3. P liegt auf der Struktur

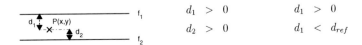

$d_1 > 0 \qquad\qquad d_1 > 0$
$d_2 > 0 \qquad\qquad d_1 < d_{ref}$

Abbildung 4.8: Fallunterscheidung für die Lage der Meßpunkte relativ zur Strukturgrenze

4.4.2 Verhaltensanalyse und semantisches Protokoll

Die Verhaltensanalyse hat hier die Aufgabe, die gesetzten Meßpunkte auf ihre Korrektheit zu überpüfen und Abweichungen durch semantische Konzepte auszudrücken, die Hinweise auf mögliche Fehlvorstellungen liefern.

4.4 Beispiel Meßfehler

Die Verhaltensdaten bestehen aus den Koordinaten der gesetzten Meßpunkte, wobei die x-Koordinate die Zeit und die y-Koordinate die Struktur angibt. Eine mögliche Beurteilung wäre der Vergleich der Meßpunkte mit den vorgegebenen Koordinaten eines Experten, der die Messung vorher durchgeführt hat. Durch die Bestimmung der Differenz hat man aber noch keine Anhaltspunkte dafür, warum die Messung falsch war. Hierzu ist es sinnvoller, aus der Lage der Meßpunkte auf mögliche Fehlkonzepte zu schließen.

Abbildung 4.8 zeigt dazu eine Fallunterscheidung, wie die Lage der Meßpunkte $P(x,y)$ relativ zur zu messenden Struktur aufgrund ihrer Abstände d_1 zur Oberkante f_1 klassifiziert werden kann. Mit Hilfe von Fuzzy-Mengen kann nun der Abstand d_1 bewertet werden, indem er den semantischen Konzepten *"oberhalb"*, *"unterhalb"* oder *"außerhalb"* der Struktur zugeordnet wird (siehe Abb. 4.9). Dabei wird vorausgesetzt, daß die Ober- und Unterkante der relevanten Strukturen (Wände der Aortenwurzel) bekannt sind, indem sie z.B. wie in Abb. 4.7 zuvor von einem Experten nachgezeichnet wurden.

Diese semantischen Konzepte werden dann in einem *semantischen Protokoll* abgelegt und verwendet, um höhere semantische Konzepte abzuleiten, die die Ursache für den Meßfehler darstellen können.

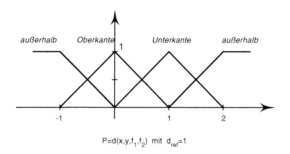

Abbildung 4.9: Fuzzy-Mengen für die Bewertung der Meßpunkte

Wissensbasierte Interpretation

Mit den abgeleiteten Konzepten der Verhaltensanalyse werden Fuzzy-Regeln aufgestellt, die die bewerteten Verhaltensdaten interpretieren, indem sie mögliche Fehlvorstellungen ableiten, die die Ursache für die Meßfehler darstellen. Diese sind den Bereichen der diagnostisch relevanten Struktur- und Bewegungsmerkmale, der Morphologie und der Kammer- und Klappendynamik des mentalen Herzmodells zuzuordnen (vgl. Abschnitt 3.2.1). Zusätzlich spielt diagnostisches Wissen eine Rolle, das die Durchführung von Messungen beschreibt:

R_1: if P_1 is *außerhalb*   **then** *LA/Ao M-Mode*
R_2: if P_2 is *außerhalb*   **then** *LA/Ao M-Mode*
R_3: if P_1 is *Oberkante*   **and** P_2 is *Unterkante* **then** *Leading-Edge*
R_4: if P_1 is *Unterkante* **and** P_2 is *Oberkante* **then** *Leading-Edge*

R_1 und R_2 leiten das Konzept *"LA/Ao M-Mode"* ab, da anzunehmen ist, daß der lernende Arzt die relevanten Strukturen dieses M-Mode-Bildes nicht kennt, wenn einer der beiden Meßpunkte die Struktur nicht einmal berührt. Liegt ein Meßpunkte auf der Oberkante und der zweite auf der Unterkante, oder umgekehrt (R_3 und R_4), wird das Konzept *"Leading-edge-Prinzip"* als mögliche Fehlvorstellung abgeleitet, da es hier verletzt ist.

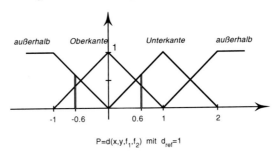

Abbildung 4.10: Beispiel für die Beurteilung des M-Modes

Folgendes Zahlenbeispiel für $P_1 = -0.6$ und $P_2 = 0.6$, bei dem die Prämissen der Regeln 1 und 3 zum Grad 0.6 bzw. 0.4 erfüllt werden, zeigt, daß es nicht immer eindeutig ist, worin das Verständnisproblem liegt (siehe Abb. 4.10). In diesem Fall muß für beide Konzepte Hilfe angeboten werden:

außerhalb $(P_1) = 0.6$ Erfüllungsgrad $\alpha(R_1) = 0.6$
Oberkante $(P_1) = 0.4$ Erfüllungsgrad $\alpha(R_2) = 0.0$
Oberkante $(P_2) = 0.4$ Erfüllungsgrad $\alpha(R_3) = \min(0.4, 0.6)$
Unterkante $(P_2) = 0.6$ Erfüllungsgrad $\alpha(R_4) = \min(0.0, 0.4)$

4.4.3 Adaptive Hilfestellungen

Anhand der abgeleiteten Fehlvorstellungen lassen sich nun adaptiv Hilfen anbieten:

Hat der lernende Arzt noch keine Vorstellung des LA/Ao-M-Modes, kann ihm ein Hypermedia-Modul angeboten werden, daß das M-Mode-Bild mit seinen Strukturen erläutert und die Vorgehensweise der Messung demonstriert (siehe Abb. 4.11).

4.5 Beispiel Diagnoseschemata

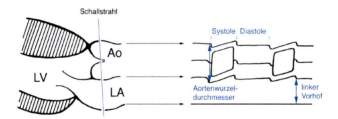

Abbildung 4.11: Erläuterung des *LA/Ao-M-Modes*

Im zweiten Fall, daß das Leading-edge-Prinzip unbekannt ist, wäre es sinnvoll, der falschen Messung die Lösung eines Experten gegenüberzustellen und das Leading-edge-Prinzip deutlich zu machen. Dies könnte durch eine passende farbliche Kodierung unterstrichen werden (siehe Abb. 4.7).

4.5 Beispiel Diagnoseschemata

Das letzte Beispiel zeigt, wie diagnostisches Wissen durch ein situiertes Trainingssystem vermittelt werden kann.

Die Durchführung einer echokardiographischen Untersuchung stützt sich auf *Diagnoseschemata* (vgl. Abschnitt 3.2.2), die Folgen von Untersuchungsschritten darstellen, welche zum Nachweis einer bestimmten Pathologie durchgeführt werden müssen. In der Regel wird zunächst ein *Standarduntersuchungsgang* durchgeführt, bei dem eventuelle pathologische Abweichungen auffallen. Liegt eine bestimmte *Verdachtsdiagnose* vor, müssen die entsprechenden Diagnoseschemata angewendet werden. Weisen bestimmte Befunde auf pathologische Abweichungen hin, muß diesen ebenfalls nachgegangen werden. Insgesamt kann man von einer Art *Planhierarchie* ausgehen, die ein Netzwerk, bestehend aus dem Standarduntersuchungsgang und gewichteten Verzweigungen zu möglichen Pathologien mit eigenem Diagnoseschema, darstellt. Dabei sind die Links teilweise abhängig von bestimmten Befundwerten.

4.5.1 Augmented-Reality-Simulationsumgebung

Da in der Regel bereits eine Verdachtsdiagnose vorliegt und die endgültige Diagnose innerhalb eines Trainingssystems bekannt ist, könnten die notwendigen Untersuchungsschritte relativ genau vorgegeben werden, z.B. um den lernenden Arzt schrittweise anzuleiten. Bestimmte Befunde können aber in verschiedenen Standardebenen erhoben werden bzw. müssen in mehreren Ebenen validiert werden. Außerdem ist die Einstellung bestimmter Schallebenen bei einigen Patienten nicht möglich. Aus diesem Grund kann keine strikte Vorgehensweise vorgegeben werden.

Es ist daher sinnvoll, den lernenden Arzt für das erstmalige Nachweisen einer Pathologie schrittweise durch die zu erhebenden Befunde zu führen, ihn aber andernfalls die Untersuchung (nach Bekanntgabe der Verdachtsdiagnose) selbständig durchführen zu lassen und ihn nur dann zu unterstützen (z.b. bei der Auswahl des nächsten Schrittes), wenn er offensichtlich in eine Sackgasse geraten ist, er aus mangelndem Wissen nicht weiter weiß, oder wenn er Nachweise vergessen hat.

4.5.2 Verhaltensanalyse

Für die Verhaltensanalyse bietet sich eine Kombination eines Planungs- mit einem Planerkennungsansatz an, wie er z.B. bei TraumAID (2.2.7), Steve oder LAHYSTOTRAIN (2.2.6) verwendet wird. Die Verdachtsdiagnose entspricht dann einem *goal*, und die zu erhebenden Teilbefunde den *subgoals*, die durch primitive und zusammengesetzte Aktionen *(Pläne)* erreicht werden können. Aufgrund der Verdachtsdiagnose kann so ein Plan erstellt werden, der mehrere Alternativen und eine partielle Ordnung der Untersuchungsschritte enthalten kann. Dieser Plan könnte als Expertenlösung offline erstellt werden, um ihn dann mit dem Verhalten des Lernenden zu vergleichen.

Dabei bleibt zu überlegen, ob der Expertenplan während der Untersuchung bei dem Vorliegen neuer Befunde aktualisiert werden soll oder nicht (vgl. *partial order planning* bei Steve) und welcher Grad der Abweichung des Studenten von diesem Plan toleriert wird. Geeignet wäre z.B. der *Situated Plan Attribution*-Ansatz von Hill und Johnson [58], den auch LAHYSTOTRAIN verwendet. Sie verfolgen das Ziel, den Studenten zwar zu beobachten, ihm aber nicht einen exakten Ablauf zu diktieren. So fordert Suchmann [121] als Funktion von Plänen in der situierten Kognition:

"*They orient action, but do not dictate action in detail.*"

Abbildung 4.12 zeigt ein Beispiel, wie ein Auszug eines hierarchischen Planes zum Nachweis eines ASD (Vorhofseptumdefekt) aussehen könnte. Dazu wird zunächst der ASD-Typ bestimmt, der von der Lage des Defektes *(ASD morphologisch)* abhängt. Der Schweregrad hängt von verschiedenen Teilbefunden ab, von denen ein wichtiger die *Hämodynamische Relevanz* ist, die angibt, ob durch diesen Defekt der gesamte Blutkreislauf (durch den Kurzschluß zwischen dem linken und rechten Herzen) beeinträchtigt ist, was sich durch eine *Pulmonale Hypertonie (Lungenüberdruck)* oder eine *Volumenbelastung des RV* zeigen kann.

Auf der untersten Stufe, den elementaren Untersuchungsschritten (Blätter des Baumes), wird bestimmt, in welcher Schallebene und mit welchem Ultraschallmodus ein Teilbefund erhoben werden muß, d.h. auf dieser Stufe wird mit der Überprüfung der Aktionen begonnen.

4.5 Beispiel Diagnoseschemata

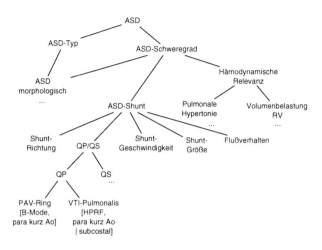

Abbildung 4.12: Teilplan für den Nachweis eines ASD

4.5.3 Wissensbasierte Interpretation

Nachdem durch die Verhaltensanalyse eine Abweichung zwischen dem vorgegebenen Diagnoseschema und den Aktionen des Lernenden entdeckt worden ist, kann die wissensbasierte Interpretation versuchen, diese Abweichung zu erklären, um auf mögliche Wissenslücken oder diagnostische Fehlvorstellungen zu schließen. Wichtig ist dabei zu erkennen, wie gravierend die Abweichung ist, und ob ein Eingreifen nötig bzw. ratsam ist.

4.5.4 Adaptive Hilfestellungen

Je nach Erfahrung des lernenden Arztes kann er durch die Prozedur entlang des "optimalen" Pfades der Planhierarchie geführt werden, z.B. durch gesprochene Anleitungen. Eine andere Möglichkeit ist es, daß der Lernende explizit um Unterstützung bittet, wenn er nicht weiß, wie er fortfahren soll, so daß ihm die besten nächsten Schritte angezeigt werden. Möglich ist auch eine graphische Repräsentation des Plannetzwerkes zur Gedächtniserleichterung, so daß er das mentale Modell eines Experten vor Augen hat und mit seinem eigenen abgleichen kann. Auf diese Weise können auch Differentialdiagnosen verdeutlicht werden, wie z.B. bei ProMediWeb (vgl. 2.2.1).

Kurze tutorielle Einheiten in Form von Multimedia-Modulen können die Erhebung komplexer Befunde erklären, die aus mehreren Teilbefunden bestehen.

4.6 Zusammenfassung

Mit Hilfe eines situierten Trainingssystems soll eine komplexe Expertise vermittelt werden, wie sie in der realen Lernsituation durch das Apprenticeship-Modell vermittelt wird. Dieses Konzept wurde hier an drei Beispielen erklärt, die zeigen, wie die Basisfähigkeiten *Auge-Hand-Steuerung*, *Befunderhebung* und *diagnostisches Vorgehen* durch ein solches System vermittelt werden können.

Die Beurteilung der Befunderhebung im Sinne einer Meßfehlererkennung läßt sich analog auf andere Messungen ausdehnen und ist verhältnismäßig trivial. Für die Beurteilung des Diagnoseprozesses gibt es bereits verschiedene Ansätze, die mit Planung bzw. Planerkennung (z.B. TraumAID) oder auch mit einfachen Eventgraphen (z.B. NeuroAssistant, Adele) arbeiten. Andere ähnliche Ansätze werden für die Überprüfung chirurgischer Prozeduren oder anderer prozeduraler Aufgaben verwendet (Expert Surgical Assistant, LAHYSTOTRAIN, Steve).

Die Beurteilung sensomotorischen Verhaltens, wie der Auge-Hand-Steuerung, wurde in der Literatur noch nicht hinreichend untersucht. So existieren für die sensomotorische Analyse raum-zeitlicher Simulationen bisher kaum bekannte Ansätze, die über rein statistische Analysen hinausgehen. So werden in MIST-VR (vgl. 2.2.5) Performance-Daten für die statistische Auswertung erfaßt. Zwei weitere Ansätze von Rosen [101, 102] und Ota [84] (vgl. Kapitel 5) dienen ebenfalls dem reinen Assessment chirurgischer Fertigkeiten, ohne jedoch Fehlvorstellungen oder mögliche Hilfen abzuleiten. Tendick et al. [47, 123, 124] (vgl. 2.2.5) beabsichtigen, die Bedeutung von sensomotorischem Verhalten im Bereich minimalinvasiver Chirurgie zu analysieren und geeignete Unterstützungsformen anzubieten (2.3, 2.4).

Der Schwerpunkt der weiteren Arbeit liegt deshalb auf der Verhaltensanalyse der beobachtbaren sensomotorischen Daten, die der Auge-Hand-Steuerung entsprechen. Es wird ein Konzept für die Analyse der sensomotorischen Daten entwickelt und prototypisch umgesetzt. Damit wird gezeigt, daß eine derartige Verhaltensanalyse, mit dem resultierenden semantischen Protokoll, geeignet ist, um ein situiertes Lernen in Augmented-Reality-Trainingssystemen zu ermöglichen.

5 Realisierungsansätze für die sensomotorische Analyse

Der wichtigste und schwierigste Punkt einer echokardiographischen Untersuchung ist für den Anfänger die Steuerung des Schallkopfes, um von einer Standardposition zur nächsten zu kommen, ohne die Orientierung zu verlieren. Deshalb werden die *sensomotorischen Verhaltensdaten* (Position und Orientierung des Schallkopfes) protokolliert und analysiert, um Orientierungsschwierigkeiten und Unterstützungsbedarf festzustellen. Beginnend mit einer Beschreibung der Daten werden anschließend mögliche Methoden einer Analyse gegenübergestellt und als Schlußfolgerung ein geeigneter Ansatz abgeleitet, der die Daten mit Hilfe von Fuzzy-Regeln und Hidden-Markov Modellen interpretiert.

5.1 Sensomotorische Daten

Die Grundlage für die Datenanalyse bildete ein Experiment, bei dem ein erfahrener Kardiologe am Simulator (vgl. Abschnitt 2.2.5) zehnmal einen echokardiographischen Standarduntersuchungsgang geschallt hat. Die Positions- und Richtungsdaten, die der Flock-of-Birds-Sensor liefert, wurden mit Hilfe einer nachträglich hinzugefügten Recordingfunktionalität des Simulators aufgezeichnet, um die Schallkopftrajektorien visualisieren und analysieren zu können. Ein Untersuchungsgang umfaßt dabei vier verschiedene Standardtrajektorien, die neun Standardpositionen beinhalten:

- parasternal lange Achse
  parasternal kurze Achse der Aorta
  Bifurkation der Pulmonalis

- parasternal kurze Achse der Aorta
  parasternal kurze Achse der Mitralklappe
  parasternal kurze Achse des linken Ventrikels *(Papillarmuskeln)*

- apikaler Vierkammerblick
  apikaler Fünfkammerblick

- apikaler Vierkammerblick
  apikaler Zweikammerblick
  lange Achse apikal

Im folgenden werden die Charakteristiken dieser Schallkopftrajektorien am Beispiel der parasternalen Positionsübergänge verdeutlicht. Die Trajektorien wurden dazu in einem Vorbereitungsschritt manuell segmentiert, was durch die Wiedergabefunktion des Simulators unter Sichtkontrolle geschehen konnte.

5.1.1 Charakteristika der Schallkopftrajektorien

Um einen Eindruck zu bekommen, wie ein normaler Positionsübergang von einem erfahrenen Arzt durch Bewegen des Schallkopfes durchgeführt wird, zeigt die folgende Bildsequenz (Abb. 5.1) Momentaufnahmen einer solchen Trajektorie:

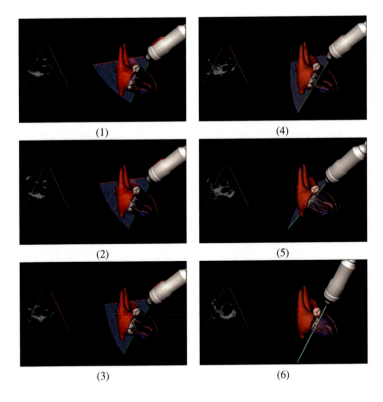

Abbildung 5.1: Beispieltrajektorie für die parasternalen Positionsübergänge, Teil 1

5.1 Sensomotorische Daten 81

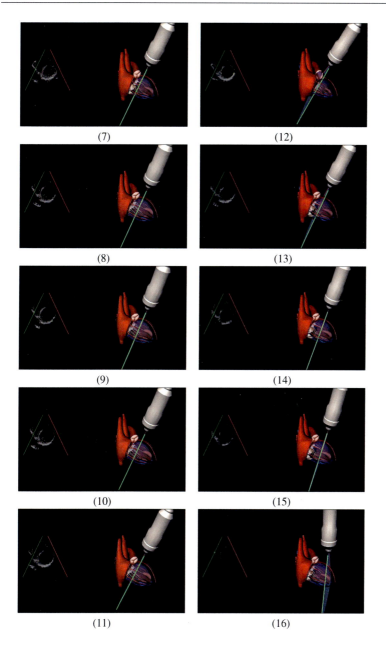

Abbildung 5.2: Beispieltrajektorie für die parasternalen Positionsübergänge, Teil 2

Zunächst wird der Schallkopf in der *parasternal langen Achse des LV* aufgesetzt (1). Es folgt eine Rotation um etwa neunzig Grad im Uhrzeigersinn (2-4), um in die *parasternal kurze Achse der Aorta* zu gelangen (5). Nun wird der Schallkopf leicht nach vorne gekippt, um die *Mitralklappe* (6) darzustellen. Es wird weiter in Richtung Herzspitze geschwenkt (7,8), dann allerdings wird der Schallkopf noch einmal zur Mitralklappe zurückgekippt (10-12). Durch erneutes leichtes Vorwärtskippen des Schallkopfes (13,14) wird schließlich die Ebene der *Papillarmuskeln* (15) und zuletzt der *Apex des linken Ventrikels* (16) erreicht.

Die Übergänge zwischen Standardebenen lassen sich also in etwa durch Folgen bestimmter *Bewegungsmuster* wie z.B. *"Rotation im Uhrzeigersinn um etwa 90 Grad"* oder *"leichtes Kippen nach vorne"* beschreiben. Außerdem fällt auf, daß ein Teil der Trajektorie wiederholt wird, um die Mitralklappe noch einmal anzusehen. Diese nichtdeterministischen Wiederholungen sind charakteristisch und müssen bei der Analyse berücksichtigt werden.

Repräsentation der Daten

Die sensomotorischen Daten können als eine Folge von mit Time-Stamps versehenen Tupeln, bestehend aus einem Translationsvektor und einem Vektor-Winkel-Paar, repräsentiert werden. Jedes Tupel beschreibt eine absolute Transformation, die die Ausgangsschallebene in die dargestellte Ebene überführt. Da diese Repräsentation sehr abstrakt ist, wird für die Visualisierung eine andere Darstellung gewählt, die neben dem Translationsvektor den Normalenvektor der Schallebene und den Richtungsvektor des Schallkopfes zeigt. Abb. 5.3 zeigt die so visualisierte Trajektorie des vorigen Beispiels, wobei die Translationsvektoren durch die graue Kurve repräsentiert werden, die Richtungsvektoren durch blaue Pfeile und die Normalenvektoren durch gelbe Pfeile. Der Translationsvektor entspricht dem Aufsetzpunkt des Schallkopfes auf dem Brustkorb.

Oben rechts in der Graphik beginnt die Trajektorie (1). Der Normalenvektor zeigt zum Betrachter hin. Es folgt eine Rotation des Normalenvektors um etwa 90 Grad im Uhrzeigersinn (2), was dem Übergang von der parasternal langen in die kurze Achse entspricht (siehe Abb. 5.1, (2)-(4)). Nun folgt ein leichtes Anheben des Schallkopfes, um von der Ebene der Aorta bis zum Apex des linken Ventrikels zu schwenken (vgl. Abb. 5.1 und 5.2, (5)-(16)). Die minimale Verschiebung des Schallkopfes in negative y- bzw. positive z-Richtung während Phase (3) ist die Verschiebung des Schallkopfes auf dem Brustkorb, um vom dritten in den vierten Intercostalraum (Rippenzwischenraum) zu gelangen. Dies wird nötig, um die herzspitzennahen Ebenen nicht zu schräg anzuschneiden.

Darstellung der Standardpositionen

Bei der Analyse der sensomotorischen Daten interessiert zunächst die Frage, wie Standardpositionen erkannt werden können. Um die Daten besser interpretieren zu können, wurde eine deutlichere Visualisierung der Schallkopfbewegungen gesucht. Da

5.1 Sensomotorische Daten 83

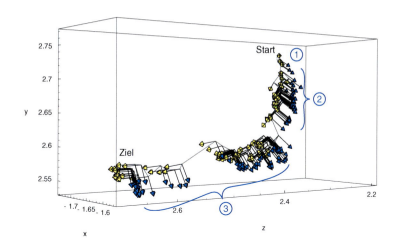

Abbildung 5.3: Trajektorie der Richtungs- und Normalenvektoren des Schallkopfes für den parasternalen Übergang (vgl. Abb. 5.1 und 5.2)

die Übergänge zwischen den Schallebenen für einen gewählten Aufsetzpunkt (z.B. parasternal oder apikal) hauptsächlich durch Rotation oder Kippen des Schallkopfes stattfinden, bieten sich hierfür die *Eulerwinkel* (vgl. "pitch", "roll", "yaw" beim Flugzeug) zwischen aufeinanderfolgenden Time-Stamps an (siehe z.B. [42]). Dabei wurde die Faktorisierung der Rotationsmatrix als $R_z(\theta_z) * R_y(\theta_y) * R_x(\theta_x)$ gewählt, wobei θ_x dem Kippen senkrecht zur Schallebene, θ_y der Rotation um die Schallkopfachse und θ_z dem Kippen parallel zur Schallebene *(Angulation)* entspricht (siehe Abb. 5.4).

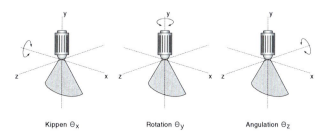

Abbildung 5.4: Eulerwinkel der Schallkopfbewegung

Die Eulerwinkel wurden über die Zeit aufsummiert, so daß sich die Schallkopftrajektorie für die Kippbewegungen wie in Abb. 5.5 darstellen läßt. Deutlich zu sehen ist, daß die Hauptbewegung für unsere Beispieltrajektorie ein Kippen nach vorne ist. Insgesamt wird der Schallkopf für den Schwenk von der Aorta bis zur Herzspitze um ca. 45 Grad nach vorne gekippt, was mit den Angaben aus medizinischen Lehrbüchern übereinstimmt. Außerdem ist die Wiederholung der Teiltrajektorie in Höhe der Mitralklappe (etwa bei der Hälfte der Zeit) sichtbar (vgl. Abb. 5.1 und 5.2, (7)-(11)).

Interessant für die ursprüngliche Frage nach der Erkennung von Standardpositionen sind die Anhäufungen der Punkte in Bild 5.5. Dadurch daß die Bewegungen in der Nähe von Standardpositionen langsamer oder nahe null werden, liegen die Punkte hier sehr viel dichter beieinander. Durch ein Wiederabspielen dieser Trajektorie im Simulator konnte validiert werden, daß diese "Cluster" in der Nähe von Standardpositionen liegen. Abb. 5.6 verdeutlicht noch einmal diese "Cluster" und ordnet ihnen die zugehörigen Standardebenen zu. In dieser Abbildung wurde die Zeitkomponente weggelassen, um zusätzlich die Rotation des Schallkopfes darstellen zu können, die durch die grauen Pfeile visualisiert wird. Unten links im Bild, am Anfang der Trajektorie, ist deutlich die Rotation um 90 Grad im Uhrzeigersinn zu sehen, um von der parasternal langen in die kurze Achse zu gelangen (vgl. Phase (2) in Abb. 5.3 und die Bilder (1)-(5) der Sequenz aus Abb. 5.1).

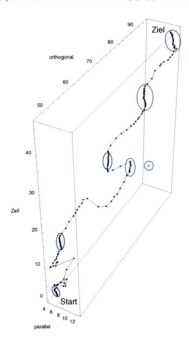

Abbildung 5.5: Kippbewegungen des Schallkopfes im Zeitverlauf

5.1 Sensomotorische Daten

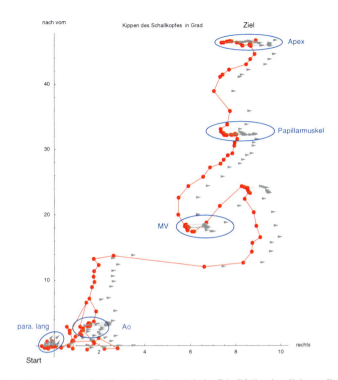

Abbildung 5.6: Schallkopftrajektorie in Eulerwinkeln. Die Pfeile visualisieren die Rotation des Schallkopfes um die Längsachse.

Segmentierung der Trajektorien

Wie schon erwähnt, werden die Bewegungen in der Nähe von Standardpositionen sehr langsam bzw. nahezu null. Abb. 5.7 zeigt dies noch einmal besonders deutlich. Diese Information ist eventuell nützlich, um die Trajektorien zu segmentieren, um einzelne Übergänge betrachten zu können.

Trajektorien als Gesten

Diese typischen Bewegungsabläufe (Trajektorien) lassen sich gewissermaßen mit menschlichen *Gesten* vergleichen. So können bestimmte Gesten durch Folgen definierter Hand- bzw. Armformen und -bewegungen beschrieben werden. Jede Geste drückt ein unterschiedliches *semantisches Konzept* aus. In der Mensch-Maschine-Interaktion spielen

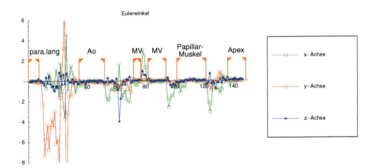

Abbildung 5.7: Winkelbewegungen in Eulerwinkeln

sie eine wichtige Rolle, z.b. um Zeigegesten in virtuellen Umgebungen zu nutzen. Durch die Multimodalität von Gestik und Sprache wird eine natürlichere Interaktion ermöglicht (siehe z.b. [116]). Ein weiterer wichtiger Anwendungsbereich ist die Erkennung von Zeichen- bzw. Gebärdensprache. Einen Überblick über verschiedene Anwendungen und Methoden der gestenbasierten Mensch-Maschine-Interaktion gibt z.b. [22].

Neben der Erkennung bestimmter Trajektorien lassen sich auch *Unsicherheitsgesten* betrachten, die z.b. das ziellose *Fächeln* des Schallkopfes oder einen übermäßig langen *Stillstand* beschreiben, die auftreten können, wenn der Arzt die Orientierung verloren hat. Außerdem muß zwischen dem Fächeln eines Experten unterschieden werden, der sich langsam an eine Standardebene annähert oder eine Region zielgerichtet "abfährt", und dem Unsicherheitsfächeln eines Anfängers (vgl. Abschnitt 3.4.2).

Diese vorläufigen Ergebnisse dienen als Anhaltspunkte für die Auswahl einer geeigneten Analysemethode der sensomotorischen Daten. Da sich die Trajektorien mit Gesten vergleichen lassen, sollen im nächsten Abschnitt Methoden der Gestikerkennung auf ihre Eignung für die sensomotorische Analyse untersucht werden.

5.2 Vergleich verschiedener Methoden der Gestikerkennung im Hinblick auf die Auswertung der Verhaltensdaten

Im folgenden werden verschiedene Methoden, die erfolgreich für die Gestikerkennung eingesetzt wurden, gegenübergestellt und auf ihre Anwendbarkeit zur Analyse der sensomotorischen Verhaltensdaten überprüft.

Ein anderer, nicht weiter verfolgter Ansatz wäre die Betrachtung der sensomotorischen Daten als *Biosignale* (z.B. EKG oder EEG) und die Verwendung von Methoden der

5.2 Verschiedene Methoden der Gestikerkennung

Zeitreihenanalyse (siehe z.B. [41], [108]). Dies sind z.B. die Fourier-Analyse, statistische Methoden wie lineare Filter oder Kalman-Filter, aber auch Neuronale Netze und Fuzzy-Regeln. Ein Ziel ist hier die Entdeckung von *periodischen Mustern* oder *Trends*, um Vorhersagen über zukünftige Zeitpunkte zu treffen. Da aber abgesehen von einem natürlichen Handzittern keine periodischen Muster erwartet werden, soll dieser Ansatz hier nicht näher betrachtet werden.

5.2.1 Neuronale Netze

Die Künstliche Intelligenz befaßt sich in einem ihrer Teilgebiete mit *Künstlichen Neuronalen Netzen*, um kognitive Leistungen mit Arbeitsweisen des menschlichen Gehirns zu simulieren. Sie bestehen aus einfachen Verarbeitungseinheiten, den *Neuronen*, die über gewichtete Verbindungen Informationen austauschen. Ihre hochgradig parallele Architektur ist den menschlichen Gehirnstrukturen nachempfunden.

Ein großer Vorteil der Neuronalen Netze ist ihre *Lernfähigkeit*, da das Wissen nicht wie bei Expertensystemen formalisiert werden muß, sondern sich selbst heranbilden kann. Es ist implizit in den Gewichten kodiert und über das ganze Netzwerk verteilt, weshalb man auch von *subsymbolischer KI* spricht. Dies ist gleichzeitig auch der Hauptnachteil der Neuronalen Netze, da es nicht möglich ist, gelerntes Wissen aus dem Netz zu extrahieren bzw. vorhandenes Vorwissen zu integrieren. Man spricht vom *Black-Box Verhalten*.

Angewendet werden Neuronale Netze zur Musterklassifikation, zur Mustervervollständigung und zur Funktionsapproximation. Sie lösen ein Problem, indem man ihnen eine aus Beispieldaten bestehende *feste Lernaufgabe* präsentiert, anhand derer sie mit Hilfe eines speziellen Lernverfahrens ihre Gewichte anpassen und so eine Abbildung der Ein- auf die Ausgabedaten erlernen. Die sogenannten *Multilayer-Perceptrons* können auf diese Weise jede stetige Funktion auf einem Kompaktum beliebig gut approximieren. Andere Netzwerktypen können durch *Wettbewerbslernen* unter Verwendung einer *freien* Lernaufgabe eine Clustereinteilung vornehmen. Einen Überblick über verschiedene Architekturen bietet z.B. [81].

Radiale-Basisfunktionen-Netzwerke (RBF-Netzwerke)

RBF-Netzwerke haben die Struktur eines dreischichtigen Multilayer-Perceptrons. Die Neuronen der Eingabeschicht repräsentieren die einzelnen Dimensionen des Eingaberaumes. Durch die Gewichte zu den inneren Neuronen werden Stützstellen für *radiale Basisfunktionen*, z.B. Gaußkurven, definiert, deren Dimension der Anzahl der Eingabeneuronen entspricht. Diese radialen Basisfunktionen umfassen die Stützstellen, ähnlich wie *"Cluster"* ihre Prototypen, und erlauben so eine lokale Sicht auf ein Klassifizierungsproblem. Die Höhe der Klassenzugehörigkeit wird durch die Entfernung zum Gebietszentrum bestimmt. Die Ausgabeneuronen entsprechen meist den einzelnen Klassen, wobei einer Klasse mehrere Cluster zugeordnet sein können. Formal gesehen approximiert ein RBF-Netz eine Funktion durch Überlagerung mehrerer Basisfunktionen.

Neuro-Fuzzy-Methoden

Durch die Integration künstlicher Neuronaler Netze und *Fuzzy-Methoden* kann die fehlende Interpretierbarkeit der Neuronalen Netze kompensiert werden. Häufig sind sogenannte *hybride* Verfahren zu finden, deren Architekturen ein spezialisiertes Neuronales Netz darstellen, das Fuzzy-Mengen als Aktivierungsfunktionen verwendet. So kann das Neuronale Netz als Fuzzy-Regelsystem interpretiert werden. Die Grundideen dieser Systeme sind in [81] beschrieben.

Neuronale Netze in der Gestikerkennung

Um Neuronale Netze für die Gestikerkennung zu verwenden, braucht man ein Verfahren, um zeitlich aufeinanderfolgende Daten zu berücksichtigen. Sogenannte *Time-Delay Neuronale Netzwerke (TD)* verwenden dafür entweder eine *Decay-Konstante* oder ein *wanderndes Zeitfenster (moving window)*.

Die *Decay-Konstante* legt einen Abschwächungsfaktor fest, mit dem die Eingabe des vorherigen Zeitpunktes multipliziert wird und zu den entsprechenden Eingabeneuronen rückgekoppelt wird. Auf diese Weise "klingen" frühere Eingaben eine Zeit lang nach, weshalb diese Eingabeneuronen auch *"context units"* genannt werden. So verwenden z.B. Rosenblum et al. [103] ein RBF-Netzwerk mit Decay-Konstante, um Gemütszustände aus Videobildern zu erkennen. Dazu analysieren sie die Bewegungsrichtungen wichtiger Gesichtsmerkmale, wie die der beiden Augenbrauen und des Mundes.

Ein *wanderndes Zeitfenster* ist eine zweite Möglichkeit, um Zeitinformationen zu berücksichtigen. Hierbei werden die Daten eines definierten Zeitfensters als Eingabevektor betrachtet. Howell und Buxton [60] verwenden z.B. ein *TDRBF-Netzwerk* mit Zeitfenster zur Erkennung von Gesten wie "Zeigen" und "Winken", um eine Kamera zu steuern. Abb. 5.8 zeigt den Aufbau des TDRBF-Netzwerkes.

Ein Beispiel für ein "fuzzifiziertes" RBF-Netzwerk ist die Erkennung von Handformen und -orientierungen von Lee et al. [73]. Sie verwenden ein Fuzzy-Min-Max Neuronales Netzwerk, das aus einem Ausgabeneuron pro Klasse und mehreren *Fuzzy-Hyperboxen* als Basisfunktionen besteht, um koreanische Zeichensprache zu erkennen.

Diskussion

Für die Verwendung in der Trajektorienanalyse scheinen Time-Delay Neuronale Netzwerke auf den ersten Blick wenig geeignet zu sein, da die entsprechenden Bewegungen teilweise mit starken zeitlichen Variationen im Hinblick auf die Gesamttrajektorie ausgeführt werden können. Bei einem fest definierten Zeitfenster werden so je nach Geschwindigkeit unterschiedlich viele Bewegungsinformationen erfaßt. Außerdem ist der Ablauf nicht unbedingt deterministisch, da z.B. Teiltrajektorien mehrfach durchlaufen werden können (siehe Bildfolge 5.1).

5.2 Verschiedene Methoden der Gestikerkennung

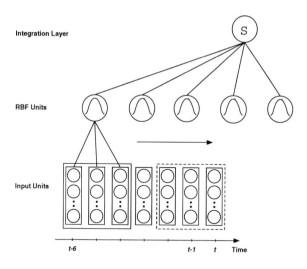

Abbildung 5.8: TDRBF-Netzwerk nach [60]

Denkbar ist dagegen die Verwendung für die Erkennung von Teiltrajektorien bzw. *Basisbewegungen* wie z.b. "Rotation nach rechts" oder die Erkennung von "Zuständen" in Form von Standardpositionen, wobei im letzteren Fall vor allem die fuzzifizierten RBF-Netzwerke interessant erscheinen, da die Standardpositionen als Stützstellen aufgefaßt werden können.

5.2.2 Wissensbasierte und modellbasierte Ansätze

Wissensbasierte und *modellbasierte* Methoden der Gestikerkennung basieren auf Vorwissen über Haltungen und Bewegungen der einzelnen Körperteile. Dieses wird durch *geometrische* bzw. *physikalische Modelle* des menschlichen Körpers formalisiert, die z.B. Zylinder oder Superquadriken für die Modellierung der Körperformen nutzen und physikalische Gleichungen zur Beschreibung der Bewegungen und Nebenbedingungen der Gelenkwinkel.

Aufgrund dieser Modelle erfolgt eine räumlich-zeitliche Analyse der Körperformen z.B. durch *Dynamische Zeitverzerrung (Dynamic Time Warping)* (siehe Abschnitt 5.2.4) oder *mehrstufige Produktionssysteme*.

Wissensbasierter Ansatz

Sowa, Wachsmuth et al. ([116], [130]) nutzen einen hierarchischen regelbasierten Ansatz, um ein multimodales Eingabesystem (Sprache und Gestik) für virtuelle Umgebungen zu realisieren. Dazu werden auf der untersten Stufe mit Hilfe eines *abstrakten Körpermodelles* zunächst *präsemantische* Gestenmerkmale (Handform, Handorientierung, Hand/Arm-Position, Hand/Arm-Bewegung) aus den Sensordaten abgeleitet. Diese Merkmale werden angelehnt an das Hamburger Notationssystem *(HamNoSys)* symbolisch kodiert. Durch eine mehrstufige regelbasierte Integration, die Hintergrund- und Kontextwissen (z.b. Gleichzeitigkeit oder Nachzeitigkeit) berücksichtigt, werden dann höhere semantische Konzepte abgeleitet und mit den sprachlichen Äußerungen integriert. Sogenannte *Integration agents* berücksichtigen dabei Zeitintervalle unterschiedlicher Länge, je nach semantischem Gehalt der Hierarchiestufe.

Hybride modellbasierte Ansätze

Gavrila und Davis [52] verwenden ein 3D-Modell des menschlichen Körpers für das Tracking und die Erkennung von Bewegungen aus Kamerabildern. Das 3D-Modell besteht aus sich verjüngenden Superquadriken (Zylinder, Kugeln, Ellipsoide, Hyperboxen), um die menschlichen Körperformen möglichst gut anzunähern. Ziel ist die Rekonstruktion der dreidimensionalen Körperpose zu jedem Zeitpunkt aus einer Folge von Mehrperspektiven-Bildern. Die Methode basiert auf einer Generate-and-Test Strategie, indem durch eine geeignete Einschränkung des Suchraumes diejenigen Positur-Parameter eines graphischen Körpermodells gesucht werden, deren synthetisierten Projektionen den echten Kamerabildern am ähnlichsten sind. Das Ähnlichkeitsmaß vergleicht die Punktmengen der Konturen.

Die Folgen der bestimmten Positur-Parameter werden dann in einem zweiten Schritt zur Erkennung von Bewegungen verwendet, indem die Daten eines bestimmten Zeitfensters durch *Dynamic Time Warping* (vgl. Abschnitt 5.2.4) mit Referenzfolgen verglichen werden.

Ein ähnlicher Ansatz ist der von Wren und Pentland [138], die auch zunächst aus mehreren 2D-Kamerabildern auf die Parameter eines 3D-Körpermodelles schließen. Allerdings verwenden sie sogenannte *Blobs* (2D-Cluster), die durch ihren Mittelpunkt und ihre Kovarianzmatrix beschrieben werden. Durch eine Maximum-Likelihood-Estimation wird das wahrscheinlichste 3D-Modell ausgewählt, wobei die a-posteriori Wahrscheinlichkeit, daß das 2D-Bild der Projektion dieses 3D-Modelles entspricht, berücksichtigt wird. Dadurch können Mehrdeutigkeiten aufgelöst werden.

Durch ein *kinematisches* Modell können Vorhersagen über Bewegungen getroffen werden. Dabei werden zusätzlich Zustände "prototypischer" Verhaltensweisen mit *Hidden Markov Modellen* (vgl. Abschnitt 5.2.5) modelliert, um vorsätzliche Kontrollsignale, die nicht mit den kinematischen Modellen erklärt werden können, zu erkennen. So können Teile des Körperzustandes interpoliert werden, die nicht direkt erfaßbar sind.

5.2 Verschiedene Methoden der Gestikerkennung

Diskussion

Modellbasierte Methoden, die Körperformen beschreiben, kommen für die Analyse der sensomotorischen Daten nicht in Frage bzw. greifen über die Anwendungsdomäne hinaus, da die "Gesten" hier allein durch die Bewegungen und Positionen des Schallkopfes beschrieben werden.

Ein wissensbasierter Ansatz in Form eines Regelsystems ist aber zumindest für die höheren semantischen Ebenen denkbar. Sinnvoll wäre wahrscheinlich auch ein hierarchischer Ansatz, der Zeitfenster auswertet. Probleme könnte es mit der nichtdeterministischen zeitlichen Abfolge der Trajektorien geben.

5.2.3 Fuzzy-Methoden

In diesem Abschnitt werden die Grundlagen der Theorie der *Fuzzy-Mengen* ([141]) etwas ausführlicher vorgestellt, um anschließend an einem Beispiel zu zeigen, wie sie in der Gestikerkennung eingesetzt werden können. Fuzzy-Mengen werden zur Beschreibung vager Konzepte wie z.B. "groß" oder "klein" herangezogen, wie sie im menschlichen Sprachgebrauch auftreten. Sie bilden die Grundlage der ein Fuzzy-System beschreibenden *linguistischen* oder *Fuzzy-Regeln*. Eine ausführliche Einführung in die Theorie Fuzzy-Mengen und in Fuzzy-Systeme bieten z.B. [71] oder [142].

Fuzzy-Mengen

Eine *Fuzzy-Menge ("unscharfe Menge")* kann als Verallgemeinerung einer normalen (scharfen) Menge verstanden werden. Man unterscheidet nun für ein Element nicht, ob es zu einer Menge gehört oder nicht, sondern sagt, zu welchem Grad zwischen 0 und 1 es dieser Menge angehört. Diese *Zugehörigkeitsgrade* werden durch die sogenannte *Zugehörigkeitsfunktion* festgelegt, die als verallgemeinerte charakteristische Funktion interpretiert werden kann. Im folgenden wird eine Fuzzy-Menge $\tilde{A}$ meist mit der sie charakterisierenden Funktion $\mu_{\tilde{A}}$ gleichgesetzt.

Definition 5.1 *Eine **Fuzzy-Menge** μ von X ist eine Funktion von der Referenzmenge X in das Einheitsintervall, d.h.*

$$\mu : X \to [0,1].$$

$F(X)$ *bezeichne die **Menge aller Fuzzy-Mengen** von X.*

Häufig verwendete Darstellungsformen für Fuzzy-Mengen sind z.B. Dreiecksfunktionen, Trapezfunktionen oder Glockenkurven.

Die Mengenoperationen für gewöhnliche Mengen lassen sich auf Fuzzy-Mengen übertragen, wobei sie elementweise berechnet werden. In [141] werden der *Durchschnitt* $\mu \cap \mu'$, die *Vereinigung* $\mu \cup \mu'$ der Fuzzy-Mengen $\mu, \mu' \in F(X)$, sowie das *Komplement* $\bar\mu$ von μ wie folgt definiert:

$$(\mu \cap \mu')(x) \stackrel{def}{=} \min\{\mu(x), \mu'(x)\} \quad (Durchschnitt)$$
$$(\mu \cup \mu')(x) \stackrel{def}{=} \max\{\mu(x), \mu'(x)\} \quad (Vereinigung)$$
$$\bar\mu(x) \stackrel{def}{=} 1 - \mu(x) \quad (Komplement)$$

Weitere Möglichkeiten für die Definition des Durchschnitts bzw. der Vereinigung von Fuzzy-Mengen bieten die *t-Normen*, die als verallgemeinerte Durchschnittsoperatoren angesehen werden können, und die *t-Conormen*, die verallgemeinerte Vereinigungsoperatoren darstellen, wobei t-Normen und t-Conormen zueinander duale Konzepte sind.

Definition 5.2 *Eine Funktion* $\mathsf{T} : [0,1]^2 \to [0,1]$ *heißt* t-Norm, *wenn die Bedingungen*

(1) $\mathsf{T}(a, 1) = a$ \quad (*Einselement*)
(2) $a \leq b \Rightarrow \mathsf{T}(a, c) \leq \mathsf{T}(b, c)$ \quad (*Monotonie*)
(3) $\mathsf{T}(a, b) = \mathsf{T}(b, a)$ \quad (*Kommutativität*)
(4) $\mathsf{T}(a, \mathsf{T}(b, c)) = \mathsf{T}(\mathsf{T}(a, b), c)$ \quad (*Assoziativität*)

erfüllt sind.

Definition 5.3 *Eine Funktion* $\bot : [0,1]^2 \to [0,1]^2$ *heißt* t-Conorm, *wenn* $\bot$ *kommutativ, assoziativ, monoton nicht-fallend in beiden Argumenten ist und 0 als Einheit besitzt.*

Bekannte Beispiele für t-Normen sind:

$$\mathsf{T}_{\min}(a, b) \stackrel{def}{=} \min\{a, b\}$$
$$\mathsf{T}_{\text{Luka}}(a, b) \stackrel{def}{=} \max\{0, a + b - 1\}$$
$$\mathsf{T}_{\text{prod}}(a, b) \stackrel{def}{=} a \cdot b$$

Zu diesen t-Normen existieren die dualen t-Conormen

$$\bot_{\min}(a, b) \stackrel{def}{=} \max\{a, b\}$$
$$\bot_{\text{Luka}}(a, b) \stackrel{def}{=} \min\{a + b, 1\}$$
$$\bot_{\text{prod}}(a, b) \stackrel{def}{=} a + b - ab$$

T_{prod} und $\bot_{\text{prod}}$ werden auch als *algebraisches Produkt* bzw. *algebraische Summe* bezeichnet.

5.2 Verschiedene Methoden der Gestikerkennung

Fuzzy-Klassifikation

Motivation Der wichtigste Vorteil bei der Verwendung von Fuzzy-Regeln zur Klassifikation ist wohl die einfache Interpretierbarkeit der linguistischen Regeln, die es in bestimmten Fällen ermöglicht, das Vorwissen eines Experten bei der Lösung eines Klassifikationsproblems zu integrieren. Ebenso ist es möglich, neues Wissen aus einem trainierten Klassifikator zu extrahieren.

Auch die Verwendung *unscharfen Wissens* wird durch Fuzzy-Mengen ermöglicht. So kann das *vage* Wissen eines Experten, der beispielsweise zwischen "schnellen" und "langsamen" Autos unterscheidet, ohne scharfe Grenzen zwischen diesen vagen Konzepten ziehen zu können, mit Hilfe von Fuzzy-Mengen formalisiert werden.

Bezogen auf die Klassifikation bedeutet dies, daß Objekte mehreren Klassen mit unterschiedlichen Zugehörigkeitsgraden angehören können, so daß keine scharfe Trennung zwischen den Klassen erfolgen muß. Sinnvoll ist dieser unscharfe Übergang z.B. für eine Prozeßüberwachung, bei der in Störfällen mehrere Fehler gleichzeitig auftreten können, so daß eine Überschneidung der Klassen gewünscht wird.

Eine andere Art von Unschärfe ist die *Impräzision*, die in Form von Meßungenauigkeiten auftritt. Auch in solchen Fällen ist eine Modellierung durch Fuzzy-Mengen sinnvoll, die oft eine realistischere Lösung ermöglicht.

Für Klassifikationsaufgaben ist außerdem interessant, daß durch die Verwendung von linguistischen Termen numerische und diskrete Attribute einheitlich behandelt werden können, indem die diskreten Attribute durch Fuzzy-Singletons repräsentiert werden.

Klassifikation mit Fuzzy-Regeln Fuzzy-Regeln für Klassifikationsprobleme haben meist folgende Form:

$$R_r : \text{ if } x_1 \text{ is } \mu_1 \text{ and } \ldots \text{ and } x_p \text{ is } \mu_p \text{ then } Class\ i \qquad (5.1)$$

Eine Regel beschreibt so eine Art Fuzzy-Cluster im Eingaberaum. Eine Klasse kann durch mehrere Regeln beschrieben werden. Die Klasse eines gegebenen Musters x ergibt sich durch *Inferenz*: Zunächst wird für jede Regel mit Hilfe der gewählten t-Norm der *Erfüllungsgrad* der Prämisse berechnet *(Aggregation)*. Die Erfüllungsgrade der Regeln, die dieselbe Klasse als Konklusion aufweisen, werden *akkumuliert*, z.B. durch Maximumsbildung oder Summation. In einigen Fällen wird auch noch eine Art *Implikation* berücksichtigt, falls die Konklusionen einiger Regeln nur eingeschränkt gültig sind, d.h. jeder Regel wird noch ein Gewicht oder „*Einsichtigkeitsfaktor*" zugeordnet, mit dem der Erfüllungsgrad multipliziert wird.

Die *Entscheidungsregel* für die Maximum-Akkumulation sieht dann folgendermaßen aus:

$$\text{Entscheide } x \in Class\ i \iff$$
$$(\exists r \in \{1, \ldots, k\})(\text{Konklusion von } R_r \text{ ist } i)$$
$$\land ((\alpha_r\, ef(r)) = \max_{q \in \{1,\ldots,k\}} \{\alpha_q\, ef(q)\})$$

Dabei bezeichnet k die Anzahl der Regeln, α_r den Erfüllungsgrad und $ef(r)$ den Einsichtigkeitsfaktor von Regel R_r.
Damit realisieren die Fuzzy-Regeln eine Funktion

$$K : \mathbb{R}^p \to \{1, \ldots, c\},$$

die einem Muster $x \in \mathbb{R}^p$ eine Klasse $k \in \{1, \ldots, c\}$ zuordnet.

Fuzzy-Methoden in der Gestikerkennung

Ein Beispiel für die Verwendung von Fuzzy-Methoden in der Gestikerkennung ist der durchsichtige Skizzenblock *(translucent sketchpad)* von Encarnaçao et al. [46] zur Interaktion mit einem *virtual table* für CAD-Anwendungen und konzeptuelles Design. Es wurden Gesten für die Erzeugung von 3D-Objekten (Würfel, Pyramide, Kugel, Torus, ...), sowie zur Objektkontrolle (löschen, undo, select) und zum Wechsel des Zeichenmodus definiert.

Dazu wird die Trajektorie eines mit einem Positionssensor versehenen Stiftes auf dem Sketchpad in drei Stufen analysiert und klassifiziert:

1. Basisdaten Aus den Rohdaten einer Geste G der Form

$$G = (x_0, y_0, z_0), (x_1, y_1, z_1), \ldots (x_{n-1}, y_{n-1}, z_{n-1})$$

werden sogenannte *Basisdaten* bestimmt, wie z.B. die

- Bounding Box
- Summe der horizontalen, vertikalen bzw. nach vorne/hinten gerichteten Bewegungen
- Gesamtlänge der Trajektorie
- Schwerpunkt

2. Aspects (Fuzzy-Konzepte) Für die bestimmten Basisdaten werden *Zugehörigkeitsgrade* zu sogenannten *Aspects* (Fuzzy-Konzepten) berechnet. Zwei Beispiele sind

- "Geradlinigkeit" als Verhältnis der Diagonale der Bounding Box zur Gesamtlänge der Trajektorie
- "hoch"/"flach" als Verhältnis von Höhe zu Breite
- relative Start- und Endposition

5.2 Verschiedene Methoden der Gestikerkennung

3. Fuzzy-Regeln   Mit Hilfe dieser Aspects können Fuzzy-Regeln definiert werden, wie z.b. die folgende, um bestimmte Gesten zu klassifizieren.

    if G **is** *"absolutely not straight"*   **and**
                        ...   **and**
           G **is** *"more or less flat"*
    then   *"it might be a circle-like gesture"*

Diskussion

Die von Encarnaçao et al. [46] vorgestellte Methode ist ein gutes Beispiel für die Ableitung von semantischen Konzepten aus Rohdaten, die auch für die Schallkopftrajektorien interessant ist.

Im Gegensatz zu [46] sind die Trajektorien aber nicht von vornherein segmentiert, so daß eine Betrachtung der kompletten Trajektorie wie hier nicht möglich ist. Außerdem werden keine zeitlichen Variationen berücksichtigt[1], und es werden keine Phasen bzw. Zustände innerhalb einer Geste unterschieden.

Insgesamt sind Fuzzy-Methoden insofern attraktiv, da sie eine formale semantische Beschreibung numerischer Daten ermöglichen und für die Ableitung eines semantischen Protokolles geradezu prädestiniert sind. Vor allem da sich verschiedene Konzepte wie z.B. "die Standardebene ist gut getroffen" oder "schlecht getroffen" nicht eindeutig voneinander trennen lassen, ist eine unscharfe Repräsentation dieser Konzepte sinnvoll.

5.2.4 Zustandsbasierte Ansätze

Zustandsbasierte Ansätze der Gestikerkennung vergleichen eine zeitliche Sequenz von Positionen bzw. Merkmalsvektoren mit verschiedenen *Prototyptrajektorien*, wobei die Prototypkurven den Trainingsdaten im Merkmalsraum gemäß eines Least-Squares Kriteriums angenähert werden können. Die Prototypkurven sind im allgemeinen als Folge von *Zuständen* definiert, die durch eine Clusteranalyse der Trainingsdaten bestimmt werden und durch den Mittelpunkt bzw. Schwerpunkt des Clusters repräsentiert werden.

Die Klassifikation erfolgt durch einen Ansatz der *Dynamischen Programmierung (Dynamic Programming)* (siehe z.B. [11]), indem die Merkmalsvektoren der zu klassifizierenden Geste unter Einhaltung der zeitlichen Kontinuität und Monotonie mit denen der Prototypkurven "gematcht" werden. Gesucht wird dabei ein Pfad mit minimaler Kostenfunktion. Eine Methode ist die *Dynamische Zeitverzerrung (Dynamic Time Warping, abgekürzt DTW)* (siehe z.B. [62]), die die zu matchenden Sequenzen einander zeitlich nichtlinear zuordnet (s.u.). Die Klassifikation beruht auf der Gesamtdistanz der beiden Trajektorien, die als gewichtete Summe der Distanzen der einander zugeordneten Merkmalsvektoren berechnet wird.

---
[1] Es sei denn, sie läßt sich z.B. durch Stillstände des Schallkopfes problemlos segmentieren.

Diese Methode kann auch zur Segmentierung verwendet werden, indem rückwärts vom aktuellen Zeitpunkt innerhalb eines bestimmten Zeitfensters nach einer Referenzfolge gesucht wird.

Dynamische Zeitverzerrung (Dynamic Time Warping)

Dynamic Time Warping ordnet einer Referenztrajektorie $\mathbf{X}$ eine Testtrajektorie $\mathbf{Y}$ zu:

$$\mathbf{X} = x_1, x_2, \ldots x_{T_x}$$
$$\mathbf{Y} = y_1, y_2, \ldots y_{T_y},$$

wobei T_x und T_y der Anzahl der Merkmalsvektoren von $\mathbf{X}$ bzw. $\mathbf{Y}$ entsprechen.

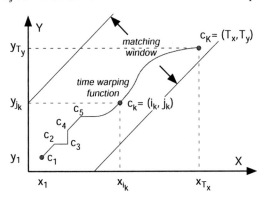

Abbildung 5.9: Dynamic Time Warping nach [62]

Die Zuordnung der beiden Sequenzen kann als zeitliche Ausrichtung in einem zweidimensionalen Gitter interpretiert werden (siehe Abb. 5.9). Die Folge der zugeordneten Paare $c_k = (i_k, j_k)$ bildet eine *Zeitverzerrungsfunktion (time warping function)* F, wobei die Steigung den Grad der Stauchung von $\mathbf{Y}$ angibt:

$$F = c_1, c_2, \ldots c_k, \ldots c_K \quad (5.2)$$

Der Start- und Endpunkt wird durch die Start- und Endpunkte der beiden Folgen vorgegeben.

$$c_1 = (1,1)$$
$$c_K = (T_x, T_y)$$

Die zu minimierende Kostenfunktion ist in diesem Fall die gewichtete Summe der einzelnen Abstände $d(c_k) = d(x_{i_k}, y_{j_k})$.

$$D(\mathbf{X}, \mathbf{Y}, F) = \frac{\sum_{k=1}^{K} d(c_k) w_k}{\sum_{k=1}^{K} w_k} \quad (5.3)$$

5.2 Verschiedene Methoden der Gestikerkennung

Das Gewicht w_k ist abhängig von der Steigung der Funktion F in der Nähe von c_k. Durch Dynamische Programmierung kann die Lösung dieses mehrstufigen Entscheidungsprozesses in K einstufige Entscheidungsprozesse zerlegt werden: Die minimale Distanz ohne den Normalisierungsfaktor aus (5.3) ist dann

$$G(c_K) = G(T_x, T_y) = \min_{c_1,\ldots,c_{K-1}} \sum_{k=1}^{K} d(c_k) w_k \qquad (5.4)$$
$$= \min_{c_{K-1}}[G(c_{K-1}) + d(c_K) w_K] \qquad (5.5)$$

Daraus folgt die allgemeine Rekursionsformel

$$G(c_k) = \min_{c_{k-1}}[G(c_{k-1}) + d(c_k) w_k] \qquad (5.6)$$

Zustandsbasierte Ansätze in der Gestikerkennung

Ein zustandsbasierter Ansatz, der die Dynamische Zeitverzerrung verwendet, ist der von Gavrila und Davis (vgl. Abschnitt 5.2.2, [52]). Bobick und Wilson [19] haben einen anderen interessanten Ansatz gewählt, der eine Prototypkurve als Sequenz von Fuzzy-Zuständen beschreibt. Die Fuzzy-Mengen wurden durch Clustering der Kurvenpunkte und der Richtungsvektoren der Trajektorie in diesen Punkten bestimmt, indem durch eine Art Hauptachsentransformation der Cluster gaußförmige Zugehörigkeitsfunktionen berechnet wurden. Die Zugehörigkeitsgrade sind maximal entlang der Prototypkurve.
Gegeben ist die *Zustandsmenge* $S = \{s_i, 1 \leq i \leq M\}$ mit einer *Zugehörigkeitsfunktion* $\mu_{s_i}(x) \in [0, 1]$

$$\mu_{s_i}(x) = e^{-(x-c_i) \Sigma_{s_i}^{-1} (x-c_i)^T} \qquad (5.7)$$

wobei c_i der Mittelpunkt des Clusters (Zustands) s_i ist und $\sum_{s_i}$ die Kovarianzmatrix. Eine Geste wird beschrieben durch eine Zustandsfolge $G_\alpha = \langle \alpha_1 \ldots \alpha_n \rangle, \alpha_i \neq \alpha_{i+1}, \alpha_1 \ldots \alpha_n \in S$ und eine Trajektorie T als Folge von N Vektoren $T_i(t) = x_i \in \mathbb{R}^d, i = 1 \ldots N$. Gesucht wird der Zugehörigkeitsgrad einer Trajektorie T zu einer Geste G. Dieser hängt von der Zeit t ab und weist durch

$$\mu_S(x_t) = \max_i(\mu_{s_i}(x_t))$$
$$S(t) = \arg\max_i(\mu_{s_i}(x_t))$$

der Trajektorie eine Zustandsfolge zu.

Durch einen Dynamic Programming-Ansatz wird die optimale Zustandsfolge und der Anfangszeitpunkt t_s der Geste bestimmt:

$$c_t(\alpha_i, \alpha_j) = \begin{cases} \infty & : j < 1 \\ 1 - \mu_{\alpha_j}(T(t+1)) & : \text{sonst} \end{cases}$$

bestimmt die Kosten für den Übergang von Zustand α_i zur Zeit t zum Zustand α_j zur Zeit $t+1$.

$$C_{t_i,t_j}(\alpha_j, \alpha_m) = \min_{\alpha_l \in G_\alpha} \left\{ c_{t_i}(\alpha_k, \alpha_l) + c_{t_{i+1},t_j}(\alpha_l, \alpha_m) \right\} \tag{5.8}$$

Gleichung 5.8 ist die Rekursionsformel, mit der man die Gesamtkosten $C_{t_1,t_N}(\alpha_1, \alpha_m)$ erhält, die benötigt werden, um die Trajektorie $T(t), t = 1 \ldots N$ der Geste G zuzuordnen. Der Startzeitpunkt t_s einer Geste G_α wird bestimmt durch

$$t_s = \arg\min_t C_{t,t_N}(\alpha_1, \alpha_n), \quad completeness > threshold$$

bestimmt. *completeness* ist das Minimum der maximalen Zugehörigkeitsgrade aller Zustände und gibt an, ob die Trajektorie alle Zustände einer Geste durchläuft.

Diskussion

Zustandsbasierte Ansätze bieten sich an, da die Trajektorien "Standardpositionen" durchlaufen, die sich gut als Zustände modellieren lassen. Besonders interessant wäre hier ein ähnlicher Ansatz wie in [19], der die Zustände als Fuzzy-Mengen modelliert. Ein wesentlicher Nachteil ist allerdings, daß deterministische Zustandsfolgen vorausgesetzt werden, da die Reihenfolge durch die Prototyptrajektorien fest vorgegeben ist. Dies muß aber bei den Schallkopftrajektorien nicht unbedingt der Fall sein. Deswegen ist ein zustandsbasierter Ansatz in dieser Form nicht flexibel genug, obwohl die Modellierung von Zuständen durchaus sinnvoll erscheint.

5.2.5 Hidden-Markov-Modelle

Die Theorie der *Hidden-Markov-Modelle* wurde zuerst von Baum et al. [6, 7, 8] Ende der sechziger Jahre beschrieben. Eine gute Einführung geben z.B. [92, 93]. Ausführlicher werden sie in [62], [94] und [111] behandelt.

Erfolgreich verwendet wurden sie vor allem in der Spracherkennung ([94],[62]), aber auch in der Gestikerkennung (z.B. [139],[117],[136]), bei der Modellierung menschlicher Kontrollstrategien wie z.b. Autofahren ([82]), der Modellierung menschlicher Fertigkeiten, z.B. während chirurgischer Eingriffe ([101],[102]), oder von Gemütszuständen ([49]).

Allen Problemen gemeinsam ist, daß sie einem zeitlich veränderlichen Prozeß unterliegen, der nicht direkt beobachtbar ist. Die "Zustandsübergänge" werden nur indirekt durch ein beobachtbares Ausgabesignal sichtbar. So ist z.B. ein Wechsel des Gemütszustandes eines Menschen nicht direkt beobachtbar, aber er hat Einfluß auf äußerliche Merkmale, die in Form von Biosignalen gemessen werden können.

Motivation eines Hidden-Markov-Modells

Ein *Hidden-Markov-Modell* ist ein doppelt stochastischer Prozeß, wobei ein unterliegender "Basisprozeß" nicht beobachtbar ist (die Zustände bleiben verborgen), sondern nur durch eine Menge weiterer stochastischer Prozesse beobachtet werden kann, die die beobachtbaren Symbole erzeugen.

Das folgende Beispiel aus [117] erläutert das Konzept eines Hidden-Markov-Modells. Abb. 5.10 zeigt ein Beispiel eines beobachtbaren Markovmodells, das das Wort "I" (ich) der amerikanischen Zeichensprache modelliert. Es handelt sich um einen Zustandsautomaten mit drei Zuständen, die die drei Phasen der vertikalen Bewegung der rechten Hand beschreiben:

+   Aufwärtsbewegung

0   Zeigebewegung in gleichbleibender Höhe

-     Abwärtsbewegung

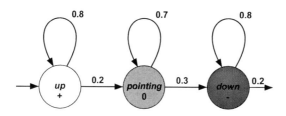

Abbildung 5.10: Markov Modell für "I" [117]

Die Zustände sind direkt beobachtbar. Die Länge der Phasen wird durch die Übergangswahrscheinlichkeiten zwischen den Zuständen modelliert, wobei die Übergänge in denselben Zustand eine höhere Wahrscheinlichkeit haben, um auszudrücken, daß jeder Zustand mehrmals nacheinander auftritt.

Dieses Modell gibt die Realität aber nur unzureichend wieder, da es von deterministischen Bewegungen ausgeht. So können Schwankungen während der Bewegung, z.B. während der Zeigephase, nicht toleriert werden. Es ist deshalb sinnvoll, die Zustände flexibler zu gestalten, indem sie anstelle eines einzelnen Ausgabesymbols eine Wahrscheinlichkeitsverteilung über die Symbole beschreiben. So können mögliche Unentschlossenheiten oder Schwankungen der Hand abgefangen werden. Abb. 5.11 zeigt das geänderte Modell mit einer entsprechenden Beobachtungsfolge.

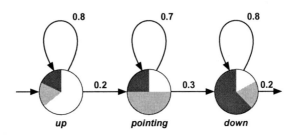

Abbildung 5.11: Hidden-Markov-Modell für "I" [117]

Aus dieser Beobachtungsfolge läßt sich nicht mehr direkt auf die Zustandsfolge schließen. Die Zustände bleiben verborgen *(hidden)*, weshalb man von *Hidden-Markov-Modellen (HMM)* spricht.

Formale Definition

Definition 5.4 *Ein Hidden-Markov-Modell (HMM) wird durch folgende Parameter definiert:*

N		Anzahl der Zustände
$S = \{S_i\}$,	$i \in \{1, \ldots, N\}$	Zustandsmenge
$q_t = i$		steht für Zustand S_i zum Zeitpunkt t
$V = \{v_k\}$,	$k \in \{1, \ldots L\}$	Menge von Symbolen
T		Länge der Beobachtungsfolge $O_1 O_2 \ldots O_T$
$A = \{a_{ij}\}$,	$a_{ij} = P(q_{t+1} = j \| q_t = i),$ $1 \leq i, j \leq N$	Zustandsübergangsmatrix
$B = \{b_j(k)\}$,	$b_j(k) = P(v_k \| q_t = j),$ $1 \leq j \leq N, 1 \leq k \leq L$	Emissionswahrscheinlichkeits- verteilung
$\pi = \{\pi_i\}$	$\pi_i = P(q_1 = i),$ $i = 1, \ldots, N$	Anfangsverteilung

5.2 Verschiedene Methoden der Gestikerkennung

Mit geeigneten Werten für N, L, A, B und π kann das Hidden-Markov-Modell zur Generierung einer *Beobachtungsfolge*

$$O = O_1 O_2 \ldots O_T$$

verwendet werden. Eine Kurzschreibweise für die vollständige Parametermenge eines HMM ist

$$\lambda = (A, B, \pi).$$

Markov-Eigenschaft

Hidden-Markov-Modelle gehen von der *Markov-Eigenschaft* aus, daß der aktuelle Zustand nur von den letzten j Zuständen abhängt:

$$\begin{aligned} & P(q_t | q_{t-1}, q_{t-2} \ldots) \\ = & P(q_t | q_{t-1}, q_{t-2} \ldots q_{t-j}) \end{aligned}$$

Man spricht dann von einem *Markov-Prozeß j-ter Ordnung*. Meist geht man von einem Modell erster Ordnung aus, bei dem der aktuelle Zustand nur vom letzten Zustand abhängt, so daß sich die oben genannten Übergangswahrscheinlichkeiten a_{ij} ergeben.

Drei Fragen

Bei einer gegebenen Beobachtungsfolge O und einem HMM λ sind drei wichtige Probleme zu lösen, um das Modell sinnvoll nutzen zu können:

1. **Evaluation Problem:** Wie groß ist die Produktionswahrscheinlichkeit $P(O|\lambda)$, daß die Beobachtungsfolge $O = O_1 O_2 \ldots O_T$ durch das Modell $\lambda = (A, B, \pi)$ erzeugt wurde?

2. **Decoding Problem:** Was ist die wahrscheinlichste Zustandsfolge $Q^* = q_1^* q_2^* \ldots q_T^*$ des Modelles λ für diese Beobachtungsfolge?

3. **Estimation Problem:** Wie können die Modellparameter angepaßt werden, um die Wahrscheinlichkeit der Beobachtungsfolge für das Modell zu optimieren?

$$\lambda^* = (A^*, B^*, \pi^*) \quad \text{so daß} \quad P(O|\lambda^*) \quad \text{maximal}$$

Die Bestimmung der Produktionswahrscheinlichkeit $P(O|\lambda)$ erfolgt durch den Vorwärtsteil des *Forward-Backward-Algorithmus* (vgl. Abschnitt 7.2.2), der rekursiv die Wahrscheinlichkeit der Teilbeobachtungsfolge $O = O_1 O_2 \ldots O_t$ bis zum Zeitpunkt t für alle möglichen Zustandsfolgen bestimmt und diese aufsummiert.

Das Dekodierungsproblem der verborgenen Zustandsfolge wird durch den *Viterbi-Algorithmus* gelöst (7.2.3), der ähnlich wie der Forward-Backward-Algorithmus funktioniert, aber nur den "besten" Zustandspfad berücksichtigt.

Der *Baum-Welch-Algorithmus* wird schließlich verwendet, um die Modellparameter anzupassen. Dabei wird eine Maximum-Likelihood-Schätzung, basierend auf den a-posteriori-Wahrscheinlichkeiten des Forward-Backward-Algorithmus, verwendet, wobei die Parameter iterativ angepaßt und bewertet werden.

Hidden-Markov-Modelle in der Gestikerkennung

Hidden-Markov-Ansätze für die Gestikerkennung trainieren für jede Gestenklasse ein HMM. Bei der Klassifikation einer Geste wird dann das Hidden-Markov-Modell bestimmt, das eine gegebene Symbolfolge am wahrscheinlichsten generiert hat. Dazu kann der Forward-Backward-Algorithmus oder Viterbi-Algorithmus verwendet werden, wobei der Viterbi-Algorithmus bei der Berechnung nur den wahrscheinlichsten Pfad berücksichtigt, während der Forward-Backward-Algorithmus alle möglichen Pfade betrachtet. Insofern bestimmt der Viterbi-Algorithmus nur eine Näherung der Wahrscheinlichkeit $P(O|\lambda)$, die aber meist gut genug ist.

Dafür kann der Viterbi-Algorithmus gleichzeitig zur Segmentierung der Symbolfolge bei kontinuierlicher Gestikerkennung verwendet werden, z.B. um den Anfang einer Geste zu bestimmen, oder um die Zustände mitzuverfolgen.

Durch sogenanntes *Embedded Training* ([140]), das mehrere Hidden-Markov-Modelle verknüpft, kann Kontextwissen (z.B. Koartikulation in der Sprache) integriert werden und das Segmentierungsproblem entfällt. Eine weitere Möglichkeit ist die Kombination mit regelbasierten oder statistischen Grammatiken ([18]).

Yamato et al. [139] verwenden diskrete HMMs zur Klassifikation von Tennisschlägen anhand von Videobildern, indem sie sogenannte Mesh features der Bilder durch Vektorquantisierung in eine diskrete Symbolfolge umwandeln.

Starner und Pentland [117], [118] verwenden kontinuierliche Hidden-Markov-Modelle mit Gaußfunktionen als Emissionswahrscheinlichkeitsdichtefunktionen zur kontinuierlichen Zeichenspracheerkennung vollständiger Sätze. Sie extrahieren Merkmale über die äußere Handform und deren Lage in Realzeit aus den durch kamerabasiertes Tracking gewonnenen Videodaten.

Ein weiterer Ansatz für kontinuierliche Hidden-Markov-Modelle ist [136] von Wilson und Bobick, die den Standard-HMM-Ansatz zur Gestikerkennung erweitern, um parametrische Gesten zu erkennen. Sie beschreiben eine Relation zwischen den Gestenparametern und den Mittelwerten der Wahrscheinlichkeitsdichtefunktionen des HMM durch ein lineares Modell. So können Gesten, die Größen oder Richtungen angeben, besser klassifiziert werden, ohne daß die parameterbedingten Schwankungen als Rauschen aufgefaßt werden.

Diskussion

Hidden-Markov-Modelle wurden erfolgreich für die Gestikerkennung verwendet. Sie erscheinen auch für die Modellierung der Schallkopftrajektorien sehr vielversprechend, da sie einerseits Zustände modellieren, andererseits aber im Gegensatz zu den zustandsbasierten Ansätzen hinsichtlich der Zustandsfolge nicht deterministisch sind. Außerdem sind sie aufgrund des Viterbi-Algorithmus tolerant gegenüber zeitlichen Variationen. Die Modellierung der Zustände durch Wahrscheinlichkeitsverteilungen bzw. -dichtefunktionen macht sie robust gegenüber verrauschten Daten, die bei Sensordaten, wie den Positionsdaten des Schallkopfes, auftreten.

Die Einschränkung durch die Markov-Eigenschaft scheint aufgrund der bisherigen guten Ergebnisse nicht relevant zu sein. Ein mögliches Problem ist eventuell die benötigte Trainingsdatenmenge, da die Zahl der Freiheitsgrade (insbesondere bei kontinuierlichen HMM) sehr hoch ist. Dies läßt sich möglicherweise durch eine relativ genaue Festlegung der Topologie aufgrund von Vorwissen vermeiden.

5.3 Fazit

Von den vorgestellten Methoden erscheinen die Neuronalen Netzwerke und die zustandsbasierten Ansätze am wenigsten geeignet. Die für die Gestikerkennung verwendeten Time-Delay Neuronalen Netzwerke sind nicht flexibel genug gegenüber den auftretenden zeitlichen Variationen bei den Positionsübergängen, so daß sie wahrscheinlich nur für die Erkennung von Basisbewegungen verwendet werden könnten, oder für die Klassifikation von Zuständen bzw. Standardpositionen mit Hilfe von RBF-Netzen.

Die zustandsbasierten Ansätze erscheinen zwar insofern geeignet, als sie Folgen von Zuständen betrachten, durch die man die Standardpositionen beschreiben könnte, allerdings gehen sie von deterministischen Zustandsfolgen aus, was in unserem Fall nicht gegeben ist.

Fuzzy-Methoden und Hidden-Markov-Modelle wurden in medizinischen VR-Simulatoren für minimalinvasive Chirurgie bereits für das Performance-Assessment verwendet. So schlagen Ota und al. vor, Fuzzy-Methoden in einem Laparoskopie-Simulator zu verwenden, um einzelne Aufgaben (Tasks), wie z.B. die Platzierung eines Knotens oder das Nähen, zu beurteilen [84]. Rosen et al. ([101],[102]) verwenden Hidden-Markov-Modelle für die gleiche Aufgabe, indem sie sogenannte Force-/Torque-Signaturen für unterschiedliche Typen der Werkzeug-Gewebe-Interaktion definieren und damit für Experten und Anfänger unterschiedliche HMMs für jede Aufgabe trainieren. Beide Ansätze dienen der reinen Beurteilung der Performance. Es wird kein Unterstützungsbedarf abgeleitet bzw. Hilfe angeboten.

Eine andere interessante Anwendung, die Hidden-Markov-Modelle verwendet, ist das Monitoring von Telemanipulationsaufgaben von Hannaford et al. ([56]). Sie modellieren auch Force-/Torque-Informationen mit Hidden-Markov-Modellen, um die Phasen, die den Teilzielen (Subgoals) einer Aufgabe entsprechen, zu unterscheiden. So kann eine nicht korrekte Taskabfolge anhand eines Abfallens der Wahrscheinlichkeit einer Zustandsfolge erkannt werden.

Aufgrund dieser Erkenntnisse scheinen die Fuzzy-Methoden und die Hidden-Markov-Modelle die vielversprechendsten Methoden für die sensomotorische Analyse zu sein. Es wird deshalb ein hierarchischer Ansatz gewählt, der auf den unteren Stufen Fuzzy-Methoden für die Klassifikation von Standardpositionen und Hidden Markov-Modelle für die Erkennung von Positionsübergängen und von Bewegungsmustern, die Unsicherheit ausdrücken, verwendet. Auf den höheren Ebenen werden diese abgeleiteten semantischen Basiskonzepte dann wissensbasiert interpretiert, um den konkreten Unterstützungsbedarf abzuleiten. Die detaillierte Beschreibung dieses Ansatzes erfolgt in den nächsten beiden Kapiteln.

6 Erkennen von Standardebenen

In diesem Kapitel wird die verwendete Methodik der sensomotorischen Analyse zur Erkennung von Standardebenen im Detail vorgestellt. Das Erkennen von Standardpositionen und deren Beurteilung ist das erste wichtige zu lösende Problem für ein Trainingssystem der Echokardiographie, da das richtige Einstellen von Standardebenen eine notwendige Voraussetzung für die Durchführung einer echokardiographischen Untersuchung ist. Um flexible Toleranzbereiche für die Standardebenen zu modellieren, die vor allem in der parasternal kurzen Achse sehr nahe beieinanderliegen können, bieten sich hier Fuzzy-Methoden an.

Bevor die verwendeten Methoden vorgestellt werden, soll kurz das zugrundeliegende Konzept für die sensomotorische Analyse vorgestellt werden.

6.1 Konzept der sensomotorischen Analyse von Standardebenen

In Abschnitt 3.4.2 wurde an ein Trainingssystem für Echokardiographie in bezug auf die Einstellung von Standardebenen die Anforderung gestellt, das langsame Annähern an eine Position zu fördern, wie es von einem erfahrenen Arzt vorgenommen wird. Dazu muß das System zunächst erkennen, welche Standardebene eingestellt werden soll, und wie gut diese in bezug auf die Schallkopfposition und -orientierung bereits angenähert ist.

In 4.3 wurde hierfür ein geeignetes Ähnlichkeitsmaß gefordert, das hier basierend auf Fuzzy-Mengen definiert werden soll. Diese bieten sich an, da flexible Toleranzbereiche benötigt werden, die angeben, wie stark eine eingestellte Ebene von der "optimalen" abweichen darf. Außerdem können unterschiedliche Standardebenen sehr nahe beieinanderliegen, weshalb sie nicht scharf voneinander abzugrenzen sind.

Neben der Orientierung und Position einer Schallebene muß die Erfassung der Leitstrukturen überprüft werden (vgl. 3.4.2, 4.3), d.h. es muß überprüft werden, ob die Strukturen in der Schallebene liegen, bzw. wie weit sie davon entfernt liegen. Um die Bewertung der Leitstrukturen mit der der Orientierung integrieren zu können, wird auch hierfür eine Fuzzy-Repräsentation gewählt, so daß die Gesamtbewertung aufgrund von Fuzzy-Regeln erfolgt, die die Einzelkriterien aggregieren.

Die Bewertung der Standardebenen erfolgt in einer zweistufigen Klassifikation, bei der zunächst der Aufsetzpunkt überprüft wird, und nur wenn dieser gültig ist, wird die Standardebene klassifiziert. Aus diesem Grund werden die Position und die Orientierung des Schallkopfes getrennt bewertet.

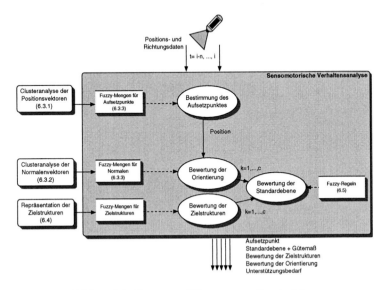

Abbildung 6.1: Konzept zur Erkennung von Standardebenen

Abb. 6.1 zeigt eine Zusammenfassung dieses Konzeptes und den daran orientierten Aufbau des restlichen Kapitels. In Abschnitt 6.2 werden verschiedene *Fuzzy-Clustering-Algorithmen* vorgestellt, die verwendet werden, um die Fuzzy-Repräsentation der Aufsetzpunkte (6.3.1) und der Standardebenenorientierungen (6.3.2) zu bestimmen. Die Ableitung von Fuzzy-Mengen aus den Clusterprototypen wird in Abschnitt 6.3.3 beschrieben.

Die Repräsentation der Zielstrukturen wird in Abschnitt 6.4 vorgestellt, und die resultierenden Fuzzy-Regeln zur Erkennung von Standardebenen werden schließlich in 6.5 präsentiert.

6.2 Fuzzy-Clusteranalyse

Fuzzy-Clustering-Algorithmen bestimmen eine unscharfe Partitionierung einer gegebenen *Datenmenge* $X \subseteq \mathbb{R}^p$, wobei ein Datum jedem Cluster mit einem Zugehörigkeitsgrad zwischen 0 und 1 zugeteilt wird. Einen guten Überblick über Fuzzy-Clustering geben [10] oder [61].

6.2.1 Fuzzy-c-Means

Das Ziel der meisten Fuzzy-Clustering-Algorithmen ist es, bei vorgegebener Clusteranzahl einen geeigneten *Prototypen* v_i für jedes Cluster i und für jedes Datum $x_k \in X$, $k = 1, \ldots, n$, einen *Zugehörigkeitsgrad* $u_{ik} = u_i(x_k) \in [0, 1]$ zum Cluster i zu bestimmen (siehe [68]). Dazu ist folgende Bewertungsfunktion zu minimieren:

$$J_m(X, U, v) = \sum_{i=1}^{c} \sum_{k=1}^{n} (u_{ik})^m d^2(v_i, x_k), \quad (6.1)$$

unter den Nebenbedingungen

$$\sum_{k=1}^{n} u_{ik} > 0 \quad \text{für alle} \quad i \in \{1, \ldots, c\} \quad (6.2)$$

und

$$\sum_{i=1}^{c} u_{ik} = 1 \quad \text{für alle} \quad k \in \{1, \ldots, n\}, \quad (6.3)$$

wobei c die Anzahl der Cluster ist und $d(v_i, x_k)$ der Abstand zwischen dem Prototypen v_i und Datum x_k. Die $c \times n$-Matrix $U = (u_{ij})$ repräsentiert die Fuzzy-Partition. $m > 1$ heißt *Fuzziness-Index* und wird üblicherweise als 2 gewählt. Für $m \to 1$ gilt $u_{ik} \to 1$ oder $u_{ik} \to 0$, d.h. die Cluster tendieren dazu, scharf zu sein. Je größer man m wählt, desto unschärfer werden die Ergebnisse und umso schlechter werden die Cluster getrennt. Für $m \to \infty$ erhält man $u_{ik} \to 1/c$. Die Bewertungsfunktion (6.1) verwendet die Summe über die quadrierten Abstände der Daten zu den Prototypen, gewichtet mit ihren Zugehörigkeitsgraden. Die Bedingung (6.2) sorgt dafür, daß kein Cluster leer ist, und (6.3) garantiert, daß die Summe der Zugehörigkeitsgrade eines Datums gerade eins ist.

Durch Differenzieren von (6.1) erhält man

$$u_{ik} = \frac{1}{\sum\limits_{j=1}^{c} \left(\frac{d^2(v_i, x_k)}{d^2(v_j, x_k)} \right)^{\frac{1}{m-1}}} \quad (6.4)$$

und

$$v_i = \frac{\sum\limits_{k=1}^{n} (u_{ik})^m x_k}{\sum\limits_{k=1}^{n} (u_{ik})^m} \quad (6.5)$$

Diese Gleichungen dienen zur Aktualisierung der Zugehörigkeitsgrade u_{ik} und der Prototypen v_i in einem Iterationsalgorithmus, solange bis die Differenz der Matrizen (u_{ik}^{neu})

und (u_{ik}^{alt}) unterhalb einer gegebenen Schranke ε liegt. Außerdem sind die Gleichungen in (6.4) eine notwendige Bedingung für die Konvergenz in einem lokalen Minimum von (6.1).

Der *Fuzzy-c-Means (FCM)* verwendet den euklidischen Abstand für d, dadurch neigt er dazu, kreisförmige Cluster nahezu gleicher Größe zu bilden. Eine Verallgemeinerung des Fuzzy-c-Means von Gath und Geva ([51]), die im folgenden als *Gath-Geva-Algorithmus (GG)* bezeichnet wird, verwendet für jedes Cluster ein eigenes Abstandsmaß, so daß ellipsoide Cluster unterschiedlicher Form und Größe erkannt werden können.

6.2.2 Gath-und-Geva Algorithmus

Gath und Geva interpretieren die Daten als Realisierungen von c p-dimensionalen Normalverteilungen, d.h. Cluster i enthält gerade die Realisierungen der i-ten Normalverteilung, wobei angenommen wird, daß zunächst mit der *a-priori-Wahrscheinlichkeit* P_i ($\sum_{i=1}^{c} P_i = 1$) die i-te Normalverteilung gewählt wird und dann ein Zufallsvektor $x \in X$ nach dieser Verteilung erzeugt wird. Um die Verteilungsparameter zu bestimmen, verwenden sie eine „*fuzzifizierte*" *Maximum Likelihood Estimation (FMLE)* (siehe auch [10]). Damit handelt es sich bei der nun folgenden Methode eigentlich auch nicht um eine (saubere) objective-function Methode:

Als Abstandsmaß für (6.4) erhält man

$$d^2(v_i, x_k) = \frac{\sqrt{\det A_i}}{P_i} e^{\frac{1}{2}(x_k - v_i)^\top A_i^{-1}(x_k - v_i)}, \tag{6.6}$$

was umgekehrt proportional zur i-ten Normalverteilung ist, da eine geringe Distanz zum Clusterzentrum v_i eine hohe Wahrscheinlichkeit und damit einen hohen Zugehörigkeitsgrad bedeutet.

Die *Prototypen* des Gath-und-Geva-Algorithmus (GG) bestehen nun aus den Clusterzentren v_i, den Matrizen A_i und zusätzlich noch aus den a-priori-Wahrscheinlichkeiten P_i. Die Clusterzentren sind die (Fuzzy-)Schätzungen der Erwartungswerte und werden wie in (6.4) berechnet. Auch an der Bestimmung der Zugehörigkeitsgrade ändert sich nichts, wobei u_{ik} nun eine Schätzung für die *a-posteriori Wahrscheinlichkeit* ist, daß x_k von der i-ten Normalverteilung erzeugt wurde. Für A_i und P_i ergibt sich:

$$A_i = \frac{\sum_{k=1}^{n} u_{ik}^m (x_k - v_i)(x_k - v_i)^\top}{\sum_{k=1}^{n} u_{ik}^m} = \frac{S_{f_i}}{\sum_{k=1}^{n} u_{ik}^m} \tag{6.7}$$

$$P_i = \frac{\sum_{k=1}^{n} u_{ik}^m}{\sum_{j=1}^{c} \sum_{k=1}^{n} u_{jk}^m} \tag{6.8}$$

Dabei sind die A_i (Fuzzy-)Schätzungen für die *Kovarianzmatrizen* und P_i die a-priori-Wahrscheinlichkeiten, die nach dem Prinzip „Anzahl der Daten, die zum Cluster i gehören, durch Gesamtzahl der Daten" geschätzt werden.

Der Vorteil des GG liegt nun darin, daß er Cluster sowohl unterschiedlicher Formen als auch unterschiedlicher Größen und Dichten erkennen kann. Durch die Berechnung der c Determinanten und der Inversen von S_{f_i} (*"Fuzzy-Streumatrix"*) in jedem Iterationsschritt ist er allerdings sehr rechenaufwendig und beschränkt sich außerdem bei der Suche nach dem Optimum wegen der Exponentialfunktion im Abstandsmaß auf relativ kleine Umgebungen, weshalb sich die anfänglichen Prototypen bereits in der Nähe ihrer endgültigen Lage befinden sollten. Um die Anzahl der Iterationen zu verringern und um eine gute Initialisierung zu erreichen, ist es deshalb ratsam, zunächst den FCM anzuwenden und die resultierende Matrix als Initialisierung für den GG zu verwenden.

6.2.3 Clustering von Vektoren (Klawonn und Keller)

Für die Clusteranalyse von Vektoren haben Klawonn und Keller ([67]) eine Variante des Fuzzy-c-Means Algorithmus vorgestellt, die auf einem winkelbasierten Abstandsmaß basiert, das das Skalarprodukt zweier Vektoren betrachtet. Dabei wird vorausgesetzt, daß v und x normalisiert sind:

$$d^2(v,x) = 1 - v^T x \qquad (6.9)$$

Die größte Ähnlichkeit ($d = 0$) besteht dann, wenn v und x in dieselbe Richtung zeigen, und die geringste Ähnlichkeit ($d = 2$), wenn sie in die entgegengesetzte Richtung zeigen.

Die neue Bewertungsfunktion sieht dann folgendermaßen aus:

$$J(X,U,v) = \sum_{i=1}^{c}\sum_{k=1}^{n} u_{ik}^m (1 - v_i^T x_k) \qquad (6.10)$$

$$= \sum_{i=1}^{c}\sum_{k=1}^{n} \left(u_{ik}^m - u_{ik}^m \sum_{l=1}^{p} v_{il} x_{kl} \right), \qquad (6.11)$$

wobei v_{il} und x_{kl} die l-te Koordinate des Vektors v_i bzw. x_k bezeichnen. Unter der Nebenbedingung, daß die Prototypvektoren normalisiert sind, d.h.

$$\|v_i\|^2 = \sum_{t=1}^{p} v_{it}^2 = 1 \qquad (6.12)$$

erhält man die Lagrange-Funktion

$$L = \sum_{i=1}^{c}\sum_{k=1}^{n} \left(u_{ik}^m - u_{ik}^m \sum_{l=1}^{p} v_{il} x_{kl} \right) + \sum_{s=1}^{c} \lambda_s \left(\sum_{t=1}^{p} v_{st}^2 - 1 \right) \qquad (6.13)$$

Durch Bilden der partiellen Ableitungen nach v_{il} ergibt sich nach Nullsetzen und mit 6.12 folgende Iterationsformel für die Berechnung der Prototypen:

$$v_{il} = \frac{\sum\limits_{k=1}^{n} u_{ik}^m x_{kl}}{\sqrt{\sum\limits_{t=1}^{p} \left(\sum\limits_{k=1}^{n} u_{ik}^m x_{kt}\right)^2}} \qquad (6.14)$$

Die Berechnung der Zugehörigkeitsgrade ändert sich nicht gegenüber 6.4.

6.3 Fuzzy-Clustering der Positions- und Richtungsdaten

Die Repräsentation von Aufsetzpunkten und Orientierung einer Standardebene basiert auf einer Fuzzy-Clusteranalyse der in Abschnitt 5.1 beschriebenen Experimentdaten. Die Positions- und Richtungsvektoren wurden getrennt geclustert, um eine unabhängige Repräsentation der Aufsetzpunkte (Schallfenster) und der Orientierung der Schallebene in Relation zum Herzmodell (Standardebene) zu erhalten. Dadurch kann in einer zweistufigen Klassifikation erst der Aufsetzpunkt und im zweiten Schritt die Standardebene überprüft werden. Dies ist von Vorteil, da an einem ungültigen Aufsetzpunkt keine Klassifikation der Ebene zu erfolgen braucht.

6.3.1 Clustering der Positionsvektoren

Für die Partitionierung der Positionvektoren wurden die Daten für die Aufsetzpunkte *parasternal* und *apikal* getrennt geclustert. Dazu wurden die Daten in einem Vorverarbeitungsschritt manuell segmentiert. Die Anzahl der Cluster wird durch die Ergebnisse der Feldanalyse vorgegeben (vgl. Kapitel 3). Da die räumliche Ausdehnung der Cluster aufgrund der Begrenzung der Schallfenster relativ klein ist, ist die Annahme kreisförmiger Cluster ausreichend, so daß der Fuzzy-c-Means verwendet wurde.

Für *parasternal* wurden drei Cluster gebildet, die den drei Rippenzwischenräumen *(Intercostalräumen)* entsprechen: dritter, vierter und fünfter Intercostalraum.

Für den *apikalen* Aufsetzpunkt wurden fünf Cluster gebildet, die beschreiben, ob der Aufsetzpunkt *in Ordnung, zu weit oben, zu weit unten, zu weit medial* oder *zu weit lateral* liegt. Die Fehler *zu weit medial* und *zu weit oben* entsprechen einer verkürzten Darstellung des linken Ventrikels (vgl. A.2), was häufig falsch gemacht wird. Deshalb soll nur zwischen diesen beiden und dem normalen Aufsetzpunkt unterschieden werden.

Abb. 6.2 zeigt die Lage der resultierenden Clusterprototypen für die Aufsetzpunkte im globalen Koordinatensystem des Herzmodells.

6.3 Fuzzy-Clustering der Positions- und Richtungsdaten 111

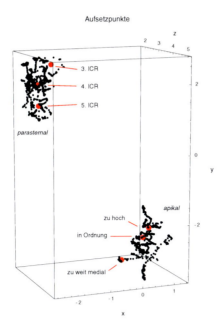

Abbildung 6.2: Abgeleitete Clusterprototypen für die Aufsetzpunkte parasternal und apikal

6.3.2 Clustering der Normalenvektoren

Nachdem der Aufsetzpunkt richtig gewählt wurde, besteht die Hauptschwierigkeit der Einstellung einer Standardebene für den lernenden Arzt in der Ausrichtung der Schallebene durch Rotation des Schallkopfes und Kippen senkrecht zur Schallebene. Diese Orientierung wird durch den Normalenvektor der Ebene vollständig beschrieben. Die Ausrichtung des Schallkopfes innerhalb dieser Ebene durch seitliches Kippen parallel zur Schallebene (Angulation) entspricht der Wahl des sichtbaren Schallsektors, der verhältnismäßig einfach zu wählen ist. So stellt auch der verwendete Simulator den gesamten Anschnitt der Schallebene mit dem Ultraschalldatensatz bzw. Herzmodell dar, wobei der Schallsektor nur durch zwei farbige Linien markiert wird. Daher wird die Wahl des Schallsektors beim Schallen mit dem Simulator durch den Anwender möglicherweise nicht beachtet. Zur Überprüfung der Orientierung einer Standardebene beschränken wir uns deshalb auf die Lage des Normalenvektors.

Für die Clusteranalyse der Normalenvektoren wird ein winkelbasiertes Abstandsmaß benötigt, das den Abstand zweier Vektoren definiert (im Gegensatz zum euklidischen Abstand des FCM). Deshalb wurde eine Variante des Fuzzy-c-Means-Algorithmus von Klawonn und Keller ([67]) verwendet, deren Abstandsmaß das Skalarprodukt zweier Vektoren betrachtet (siehe Abschnitt 6.2.3). Das verwendete Datenmaterial für die Clusteranalyse besteht aus den Normalenvektoren für die Experimentaldaten aus Abschnitt 5.1. Dabei wurden die Daten wiederum manuell segmentiert, so daß insgesamt 2628 Vektoren für die apikalen Standardebenen zur Verfügung standen, 4740 Vektoren für die parasternal lange Achse, die Bifurkation der Pulmonalis und die kurze Achse der Aorta, und schließlich noch einmal 1431 Vektoren für die drei parasternalen kurzen Achsen.

Die Clusteranalyse ergab sechs Cluster für die *apikalen* Trajektorien, von denen vier für die Beschreibung der Standardebenen relevant sind: *apikal Vierkammerblick, apikal Fünfkammerblick, apikal Zweikammerblick, apikal lange Achse*.

Für die *parasternal kurzen Achsen* ergaben sich drei Cluster: *para kurz Ao, para kurz MV, para kurz LV*.

Für die anderen *parasternalen* Trajektorien ergaben sich ebenfalls drei Cluster: *para lang, para kurz Ao, Bifurkation der Pulmonalis*. Die zwei verschiedenen Cluster für die kurze Achse der Aorta werden beide als gültig gewertet, da die Orientierung der Schallebene durch einen leicht variierten Aufsetzpunkt verschieden sein kann.

Aus den berechneten Clusterprototypen werden Fuzzy-Zugehörigkeitsfunktionen abgeleitet, die in Abb. 6.5 dargestellt werden. Die Clustereinteilung wurde durch die Wahl der Clusteranzahl optimiert, indem die Schallebenen der resultierenden Prototypvektoren im Simulator beurteilt wurden.

6.3.3 Ableiten von Fuzzy-Zugehörigkeitsfunktionen

Für jeden Prototyp der berechneten Cluster wird eine Zugehörigkeitsfunktion abgeleitet, die die entsprechende Standardebene repräsentiert. Es wurde eine Näherungslösung gewählt, die die Cluster in Form von Gaußfunktionen approximiert. Die allgemeine Zugehörigkeitsfunktion für Cluster i lautet dann:

$$\mu_i(x) = e^{-a \frac{d^2(v_i, x)}{\sigma_i^2}} \quad (6.15)$$

dabei bezeichnet σ_i^2 die Fuzzy-Schätzung des mittleren Abstandes der Daten zum Prototyp v_i

$$\sigma_i^2 = \frac{\sum_{k=1}^{n} u_{ik}^m d^2(v_i, x_k)}{\sum_{k=1}^{n} u_{ik}^m} \quad (6.16)$$

6.3 Fuzzy-Clustering der Positions- und Richtungsdaten

Der Faktor $a > 0$ wird so gewählt, daß der Zugehörigkeitsgrad für $d^2(v_i, x) = \sigma_i^2$ einen festen Wert α hat. Damit ergibt sich a als:

$$\mu_i(x) = \alpha \iff e^{-a\frac{d^2(v_i,x)}{\sigma_i^2}} = \alpha, \ d^2(v_i, x_k) = \sigma_i^2$$
$$\iff e^{-a} = \alpha$$
$$\iff a = -\ln \alpha$$

Im allgemeinen wurde $\alpha = 0.75$ gewählt.

Abb. 6.3 und 6.4 zeigen je eine zweidimensionale Projektion einer so repräsentierten Zugehörigkeitsfunktion für die Normalencluster. Die Länge des dargestellten Vektors entspricht dem Zugehörigkeitsgrad, wobei der rote Vektor für $\mu(x = v) = 1$ steht. Die Form der Zugehörigkeitsfunktion ändert sich mit den Parametern σ^2 (Abb. 6.3) und α (Abb. 6.4).

Abb. 6.5 zeigt die räumliche Ausdehnung der abgeleiteten Cluster für die apikalen (a) und die parasternalen Schallebenen (b). Die Zugehörigkeitsfunktionen wurden in einzelnen Fällen durch geringfügige Änderung des Parameters σ^2 angepaßt.

Ergebnis

Eine erste Überprüfung der Standardebenenklassifikation aufgrund der Normalenvektoren anhand der Experimentaldaten zeigte, daß nicht alle Standardebenen mit diesem Kriterium klassifiziert werden können. So gab es zahlreiche Fehlklassifikationen für die Ebenen der parasternal kurzen Achsen und für die Unterscheidung zwischen dem Vier- und dem Fünfkammerblick.

Die unzureichende Separierbarkeit für die Ebenen der parasternal kurzen Achse ist darauf zurückzuführen, daß die Ebenen, bzw. die Orientierungen der Ebenen, sehr nahe beieinander liegen. Dadurch kommt es durch eine geringfügige Modifikation des Aufsetzpunktes und eine damit verbundene Anpassung der Orientierung der Schallebene zu Verwechslungen zwischen den Ebenen der Aortenklappe und der Mitralklappe bzw. der Mitralklappe und der Papillarmuskeln. Das gleiche gilt für die Unterscheidung zwischen dem Vier- und Fünfkammerblick. Der Übergang vom apikalen Vier- in den Fünfkammerblick wird durch leichtes Anheben der Schallebene in Richtung Sternum durchgeführt. Eine leichte Verschiebung des Aufsetzpunktes nach oben bzw. unten kann durch Senken bzw. Anheben des Schallkopfes ausgeglichen werden. Aus diesem Grund können die beiden Ebenen allein durch ihre Orientierung nicht unterschieden werden.

Deshalb wird ein zusätzliches Unterscheidungskriterium benötigt, wofür sich die Leitstrukturen der Standardpositionen anbieten. Dieses Konzept wird im nächsten Abschnitt erläutert.

6 Erkennen von Standardebenen

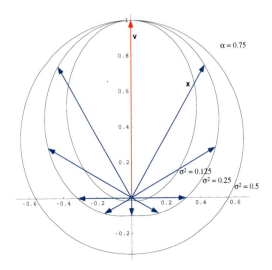

Abbildung 6.3: Zugehörigkeitsfunktion für Normalenvektorin Abhängigkeit von σ^2

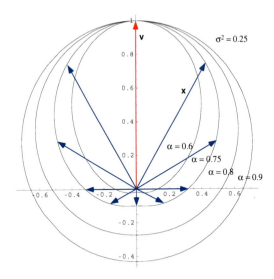

Abbildung 6.4: Zugehörigkeitsfunktion für Normalenvektorin Abhängigkeit von α

6.4 Überprüfen von Zielstrukturen   115

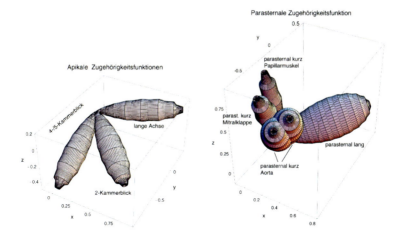

Abbildung 6.5: Normalencluster für die (a) apikalen und (b) parasternalen Schallebenen

6.4 Überprüfen von Zielstrukturen

6.4.1 Repräsentation der Leitstrukturen durch Ellipsoide

Da Standardebenen durch die sichtbaren Zielstrukturen im Ultraschallbild definiert sind, ist deren Anschnittqualität ein Gütemaß für die Schallebene.[1]

Für die parasternal kurzen Achsen sind die relevanten Leitstrukturen in den Abbildungen 6.7 bis 6.9 dargestellt. Abb. 6.6 zeigt, auf welcher Höhe des linken Herzens diese Ebenen liegen.

Bei der Beurteilung der Anschnittqualität ist darauf zu achten, daß die Leitstrukturen, und vor allem die Herzklappen, ihre relative Position zur Schallebene durch die Schlagbewegung des Herzens ändern, während die Schallebene selbst innerhalb eines Herzzyklus nahezu konstant bleibt. Deshalb wurde nach einer Lösung gesucht, die den gesamten Bewegungsraum der Struktur berücksichtigt. Wegen ihrer günstigen geometrischen Eigenschaften wurde eine Beschreibung der Leitstrukturen durch um- bzw. einbeschreibende Ellipsoide gewählt, die jeweils eine Herzklappe oder den linken Ventrikel repräsentieren. Abb. 6.7 bis 6.8 zeigen rot dargestellt die verwendeten Ellipsoide für die parasternal

---

[1] In unserem Fall kann diese Anschnittqualität im Herzmodell überprüft werden, da das Modell und der 3D-Ultraschalldatensatz miteinander registriert sind.

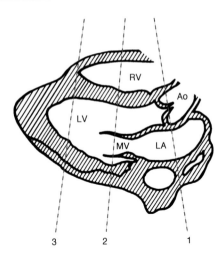

Abbildung 6.6: Leitstrukturen der parasternal langen Achse des linken Ventrikels (linker Ventrikel LV, linker Vorhof LA, rechter Ventrikel RV, Aortenwurzel Ao) und Höhe der Ebenen der kurzen Achse: 1) Höhe der Aorta, 2) Höhe der Mitralklappe, 3) Höhe der Papillarmuskeln

kurzen Achsen in Höhe der Aorta und der Mitralklappe. In Abb. 6.9 sieht man, wie ein Ellipsoid definiert werden kann, das die Spitzen der Papillarmuskeln umschreibt.

Die Bestimmung der Lage und Ausdehnung eines Ellipsoids geschah durch eine Eigenwertzerlegung der Matrix der *zentralen Momente* ([37]) aller Punkte $\mathcal{P}_i = (x_i, y_i, z_i)^T$, die das Drahtgittermodell der entsprechenden Herzstruktur definieren. Der Mittelpunkt des Ellipsoids liegt im Schwerpunkt dieser Punktmenge.

Die Matrix A der zentralen Momente aller Punkte $\mathcal{P}_i = (x_i, y_i, z_i)^T$ mit dem Schwerpunkt $\mathcal{C} = (\bar{x}, \bar{y}, \bar{z})^T$ ist definiert als:

$$A = \begin{bmatrix} \sum_{i=1}^{n}(x_i - \bar{x})(x_i - \bar{x}) & \sum_{i=1}^{n}(x_i - \bar{x})(y_i - \bar{y}) & \sum_{i=1}^{n}(x_i - \bar{x})(z_i - \bar{z}) \\ \sum_{i=1}^{n}(y_i - \bar{y})(x_i - \bar{x}) & \sum_{i=1}^{n}(y_i - \bar{y})(y_i - \bar{y}) & \sum_{i=1}^{n}(y_i - \bar{y})(z_i - \bar{z}) \\ \sum_{i=1}^{n}(z_i - \bar{z})(x_i - \bar{x}) & \sum_{i=1}^{n}(z_i - \bar{z})(y_i - \bar{y}) & \sum_{i=1}^{n}(z_i - \bar{z})(z_i - \bar{z}) \end{bmatrix} \quad (6.17)$$

Der Schwerpunkt $\mathcal{C} = (\bar{x}, \bar{y}, \bar{z})^T$ läßt sich bestimmen durch:

6.4 Überprüfen von Zielstrukturen

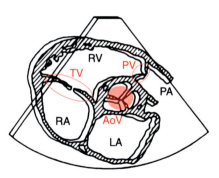

Abbildung 6.7: Leitstrukturen der parasternal kurzen Achse in Höhe der Aorta: Darstellung der Trikuspidal- (TV), Pulmonal- (PV) und Aortenklappe (AoV) durch Ellipsoide

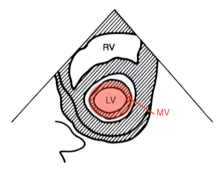

Abbildung 6.8: Leitstrukturen der parasternal kurzen Achse in Höhe der Mitralklappe: Darstellung der Mitralklappe (MV) durch ein Ellipsoid

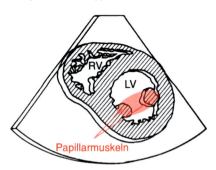

Abbildung 6.9: Leitstrukturen der parasternal kurzen Achse in Höhe der Papillarmuskeln: Repräsentation der Spitzen der Papillarmuskeln durch ein Ellipsoid

$$C = \frac{1}{n} \begin{pmatrix} \sum_{i=1}^{n} x_i \\ \sum_{i=1}^{n} y_i \\ \sum_{i=1}^{n} z_i \end{pmatrix} \qquad (6.18)$$

Mit Hilfe der *Eigenwert-Zerlegung*[2] können wir diese Matrix A in Eigenvektoren und Eigenwerte zerlegen. Es gilt:

$$A = USV' \qquad (6.19)$$

Wobei U die Matrix der Eigenvektoren und S die Diagonalmatrix der Eigenwerte darstellt:

$$U = \begin{bmatrix} e_{1_x} & e_{2_x} & e_{3_x} \\ e_{1_y} & e_{2_y} & e_{3_y} \\ e_{1_z} & e_{2_z} & e_{3_z} \end{bmatrix}$$

$$S = \begin{bmatrix} \sigma_1 & & \\ & \sigma_2 & \\ & & \sigma_3 \end{bmatrix} \qquad \sigma_1 \geq \sigma_2 \geq \sigma_3 \geq 0$$

Die Eigenvektoren zeigen in Richtung der "Hauptachsen" der Punktmenge, und die Eigenwerte geben die Länge dieser Achsen an. Dabei liegen die Eigenvektoren und Eigenwerte sortiert vor, wobei σ_1 der größte Eigenwert ist.

Die Eigenvektoren e_1, e_2 und e_3 bilden die Achsen des Ellipsoids, deren Halbachsenlängen den Wurzeln der Eigenwerte σ_1, σ_2 und σ_3 entsprechen, multipliziert mit dem Normierungsfaktor $1/n$.

Dieser Ansatz wurde im Rahmen einer Diplomarbeit [70] beschrieben und realisiert. Abb. 6.10 zeigt das Drahtgittermodell für die Segel der Mitralklappe, und Abb. 6.11 zeigt das resultierende Ellipsoid.

---

[2]Im Englischen *Singular Value Decomposition* oder kurz *SVD*.

6.4 Überprüfen von Zielstrukturen

Abbildung 6.10: Drahtgittermodelle der beiden Mitralklappensegel [70]

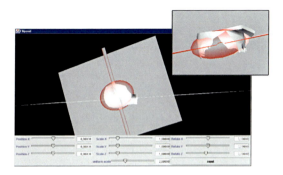

Abbildung 6.11: Resultierendes Ellipsoid für die Mitralklappe [70]

6.4.2 Schnittfläche als Gütekriterium

Für die parasternal kurzen Achsen in Höhe der Aorten- und der Mitralklappe kann die Anschnittqualität dieser beiden Klappen durch die Größe der Schnittfläche von Schallebene und Ellipsoid beurteilt werden. Als Gütemaß dient der Quotient aus der berechneten Schnittfläche und der maximal möglichen Schnittfläche (Fläche in der 2D-Projektion der beiden längsten Ellipsoidachsen)[3]:

$$q_{ellipsoid} = \frac{A_{schnitt}}{\pi \cdot \max_1(a,b,c) \cdot \max_2(a,b,c)}; \quad 0 \leq q_{ellipsoid} \leq 1 \quad (6.20)$$

---
[3]Die Fläche einer Ellipse mit den Hauptachsenlängen a und b wird nach der Formel $A = \pi\,a\,b$ berechnet. Die Funktion $\max_n(a_1, a_2, \cdots, a_m)$ ist eine erweiterte Maximumsfunktion und berechnet die n-größte Zahl aus ihren Argumenten. Die Parameter a, b und c geben die Längen der Hauptachsen des Ellipsoids an.

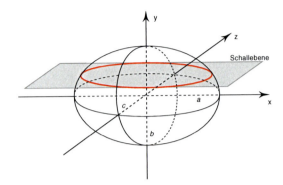

Abbildung 6.12: Schnitt zwischen einem Ellipsoid und der Schallebene [70]

Abbildung 6.12 zeigt die Schnittkurve der Schallebene mit einem Ellipsoid. Für die kurze Achse der Mitralis ist diese Schnittfläche maximal, wenn sie in der Ebene der maximalen Ausdehnung des Ellipsoids liegt. Dies ist genau dann der Fall, wenn der Klappenring im Ultraschallbild mit maximalem Durchmesser dargestellt wird.

Die Berechnung der Schnittfläche erfolgt durch ein Näherungsverfahren, indem zunächst die Schnittkurve durch hinreichend viele Schnittpunkte angenähert wird und dann aus dem resultierenden Polygonzug die Fläche bestimmt wird (siehe [70]):

$$A_{polygon} = \left| \frac{1}{2} \sum_{i=1}^{n-1}(x_i - x_{i+1})(y_i + y_{i+1}) \right| = \left| \frac{1}{2} \sum_{i=1}^{n-1}(x_i \, y_{i+1} - x_{i+1} \, y_i) \right| \quad (6.21)$$

6.4.3 Gütemaß für den Anschnitt von Herzklappen parallel zur Blutflußrichtung

Die Schnittebenen der Längsachse des Herzens, wie die parasternal lange Achse und die Standardebenen des apikalen Schallfensters (apikaler Vierkammerblick, Fünfkammerblick, Zweikammerblick und die lange Achse des linken Ventrikels) schneiden die Herzklappen senkrecht zur Klappenebene, d.h. parallel zur Blutflußrichtung. Hier wird die Güte der Einstellung dadurch bestimmt, ob der Klappenring mittig angeschnitten ist, so daß der Abstand der beiden Schnittpunkte der Ebene mit dem Klappenring maximiert wird.

6.4 Überprüfen von Zielstrukturen

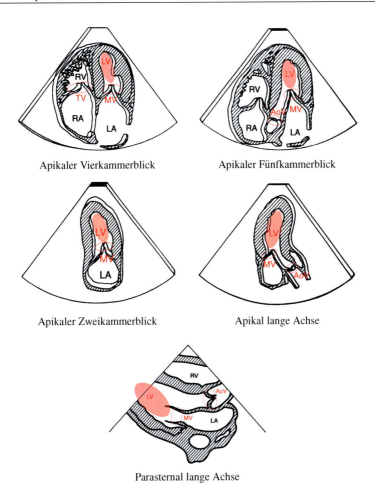

Abbildung 6.13: Leitstrukturen der langen Achsen

Der Klappenring läßt sich durch eine Ellipse beschreiben, die man aus dem zuvor bestimmten Ellipsoid durch Weglassen der z-Koordinate erhält. Das Verhältnis des Abstandes der beiden Schnittpunkte p und q zum maximal möglichen Abstand ist das Gütemaß für den Anschnitt der Herzklappe.

Abb. 6.13 zeigt die Leitstrukturen der apikalen Schallebenen und der parasternal langen Achse, wobei die Herzklappen durch Elllipsen repräsentiert werden. Der linke Ventrikel wird durch ein Rotationsellipsoid modelliert, dessen Schnittfläche mit der Schallebene ein Maß für die Längenmaximierung des linken Ventrikels im Ultraschallbild ist.

6.4.4 Abstand zu Landmarks als Gütemaß

Eine andere Möglichkeit, Gütemaße für einzelne Landmarks zu bestimmen, besteht darin, den Abstand der Schallebene zu den Landmarks zu betrachten. So könnte man für die parasternal kurze Achse des linken Ventrikels in Höhe der Papillarmuskeln ebenfalls manuell ein Ellipsoid definieren, das die Spitzen der Papillarmuskeln umschreibt. Eine einfachere Lösung ist jedoch, den Abstand der Ebene zum Apex des LV zu bewerten, der mit Hilfe der *Hesseschen Normalenform* berechnet wird. Die *Hessesche Normalenform* einer Ebene E ist definiert als:

$$\vec{n}^\circ * (\vec{x} - \vec{q}) = 0, \quad |\vec{n}^\circ| = 1, \quad \vec{n} * \vec{q} \geq 0, \tag{6.22}$$

wobei $\vec{n}^\circ$ der normierte Normalenvektor der Ebene ist, der vom Ursprung in Richtung der Ebene zeigt, und $\vec{q}$ ein Punkt in der Ebene E. E besteht aus allen Punkten, deren Ortsvektor $\vec{x}$ dieser Gleichung genügt.

Für den Abstand $d(P, E)$ eines Punktes P zur Ebene E gilt damit (vgl. Abb. 6.14):

$$d(P, E) = |\vec{n}^\circ * (\vec{x} - \vec{q})|. \tag{6.23}$$

Auf diese Weise können Fuzzy-Mengen definiert werden, die den Abstand des Apex P_{Apex} zur Schallebene E beschreiben und zusätzlich als Kriterium für die Klassifikation herangezogen werden (siehe Abb. 6.15).

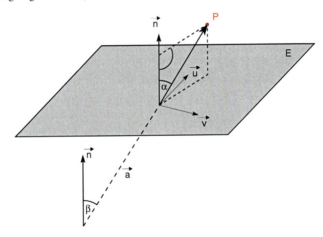

Abbildung 6.14: Abstand eines Punktes P zur Ebene E nach der Hesseschen Normalenform

6.4 Überprüfen von Zielstrukturen

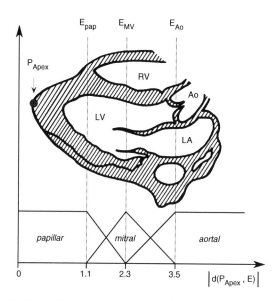

Abbildung 6.15: Abstand der Ebenen der parasternal kurzen Achse zum Apex, modelliert durch Fuzzy-Mengen

6.4.5 Hilfestellung zur Einstellung einer Herzklappe

Für eine mögliche Hilfestellung zu einer schlecht eingestellten Herzklappe muß unterschieden werden, ob die Schallebene oberhalb oder unterhalb des Klappenmittelpunktes liegt. Für die parasternal kurze Achse der Aorta gilt z.B. daß das sogenannte "Klappenmittelecho" in Form eines "Mercedes-Sterns" nicht sichtbar ist, falls der Schallkopf zu hoch aufgesetzt ist. Liegt die Ebene dagegen zu tief, ist die Mitralklappe mit im Bild.

Analog zu der oben beschriebenen Abstandsberechnung durch die Hessesche Normalenform läßt sich bestimmen, ob die Ebene ober- oder unterhalb des Ellipsoidmittelpunktes der entsprechenden Herzklappe liegt:

Wird die Schallebene E zuvor in das lokale Koordinatensystem des Ellipsoids transformiert, ergibt sich für den Abstand $d(E', O)$ der transformierten Ebene zum Mittelpunkt O durch Gleichsetzen der Ebenengleichung mit der Ellipsoidachse $\vec{n^\circ}$ in z-Richtung:

$$E' : \alpha x + \beta y + \gamma z + \delta = 0$$

$$\vec{n^\circ} : \begin{pmatrix} x \\ y \\ z \end{pmatrix} = \begin{pmatrix} 0 \\ 0 \\ 0 \end{pmatrix} + d \begin{pmatrix} 0 \\ 0 \\ 1 \end{pmatrix}$$

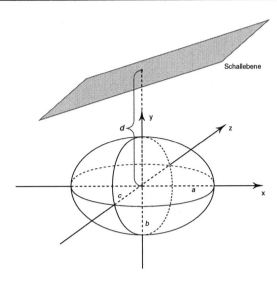

Abbildung 6.16: Abstandsberechnung der Schallebene zum Mittelpunkt eines Ellipsoids

$$d(E', O) = -\frac{\delta}{\gamma}$$

Eine Fuzzy-Partitionierung des Abstandes erlaubt die Beurteilung, ob die Ebene *zu tief*, *richtig* oder *zu hoch* liegt.

6.5 Kombination der Kriterien durch Fuzzy-Regeln

Damit das Trainingssystem die Einstellung einer Standardebene erkennen und beurteilen kann, müssen die Kriterien *Orientierung* und *Erfassung der Zielstrukturen* geeignet kombiniert werden. Dies geschieht mit Hilfe von Fuzzy-Regeln, die den Zugehörigkeitsgrad einer Ebene $E = (n, q)$ zum Normalencluster μ_{O_i}(vgl. Gleichung 6.15) und einen Zugehörigkeitsgrad μ_{Z_i} für die jeweiligen Zielstrukturen aggregieren:

$$\mu_{Ebene_i}(E) = 0.5 * \mu_{O_i}(n) + 0.5 * \mu_{Z_i}(n, q), \qquad (6.24)$$

wobei $\mu_{Z_i}(n, q)$ den Zugehörigkeitsgrad der Ebene E zu den Zielstrukturen der i-ten Standardebene angibt:

$$\mu_{Z_i}(n, q) = \min_{j \in Z_i} \mu_j(n, q)$$

6.5 Kombination der Kriterien durch Fuzzy-Regeln

mit

$Z_i \subset \{AreaAo, AreaMV, AreaTV, AreaLV,$
$ApexDistanceAo, ApexDistanceMV, ApexDistancePapillar,$
$RingAo, RingMV, RingTV, RingPV\}$

Für einige Standardebenen sind keine Zielstrukturen bzw. nur eine oder zwei definiert. In diesen Fällen wird der Zugehörigkeitsgrad zum Normalencluster höher bzw. alleine bewertet.

Die Aufsetzpunkte des Schallkopfes werden in einem vorhergehenden Schritt überprüft und gehen nicht mit in die Bewertung der Schallebene ein. Damit ergeben sich folgende Fuzzy-Regeln für die Erkennung der Standardebenen:

Parasternal kurze Achsen

R_1 : if   [PositionPara]   and   normalAo   and
                AreaAo   and not   AreaMV   and
                RingPV
       then para kurz Aorta

R_2 : if   [PositionPara]   and   normalMV   and
                AreaMV   and   ApexDistanceMV
       then para kurz MV

R_3 : if   [PositionPara]   and   normalPapillar   and
                ApexDistancePapillar
       then para kurz Papillarmuskeln

Parasternal lange Achse

R_4 : if   [PositionPara]   and   normalParaLang   and
                RingAo   and   RingMV   and   AreaLV
       then para lang

Bifurkation Pulmonalis

R_5 : if   [PositionPara]   and   normalPulmonalis
       then Bifurkation Pulmonalis

Apikale Standardebenen

R_6 : **if** *[PositionApical]* **and** *normalA4C* **and**
RingMV **and** *RingTV* **and not**
RingAo **and** *AreaLV*
then *apikal 4-Kammer*

R_7 : **if** *[PositionApical]* **and** *normalA2C* **and**
RingMV **and not** *RingAo* **and not**
RingTV **and** *AreaLV*
then *apikal 2-Kammer*

R_8 : **if** *[PositionApical]* **and** *normalA5C* **and**
RingAo **and** *RingMV*
then *apikal 5-Kammer*

R_9 : **if** *[PositionApical]* **and** *normalApicalLang* **and**
RingAo **and** *RingMV* **and** *AreaLV*
then *apikal lang*

Eine Schallebene E wird als die Standardebene klassifiziert, die den höchsten Zugehörigkeitsgrad erhält, sofern dieser Wert größer als 0.6 ist. Wird keine gültige Standardebene identifiziert, wird die als maximal bewertete Standardebene als *wahrscheinlich* gesuchte Ebene klassifiziert, falls ihr Zugehörigkeitsgrad größer als 0.3 ist. Liegen alle Zugehörigkeitsgrade unterhalb dieser Schwelle, läßt sich keine zuverlässige Aussage machen, und die Standardebene bleibt undefiniert.

6.6 Diskussion

Das Auffinden und richtige Einstellen von Standardpositionen ist die Grundvoraussetzung einer echokardiographischen Untersuchung. Die Erkennung und Bewertung von Standardebenen ist deshalb die erste wichtige Aufgabe der sensomotorischen Analyse. Durch ein geeignetes Ähnlichkeitsmaß kann die Güte einer Ebene bewertet werden, um so adaptive Hilfestellungen anbieten zu können, die das langsame Annähern an eine Position fördern.

Hierzu wurde ein Fuzzy-Regelansatz entwickelt, der flexible Toleranzbereiche für die verschiedenen Standardebenen des apikalen und parasternalen Schallfensters definiert, die angeben, wie stark eine eingestellte Ebene von der optimalen abweichen darf. Auch können unterschiedliche Standardebenen sehr nahe beieinander liegen, weshalb sie nicht immer scharf voneinander abzugrenzen sind. So wird eine Ebene nur als gültige Standardebene klassifiziert, wenn diese einen Zugehörigkeitsgrad größer als 0.6 erhält. Bis zu einem Grad von 0.3 gilt sie als wahrscheinlich, was für ein Trainingssystem sinnvoll ist, um zu überprüfen, warum die entsprechende Ebene nicht richtig eingestellt wurde. Unterhalb dieser Grenze läßt sich keine zuverlässige Aussage mehr treffen.

6.6 Diskussion

Die Fuzzy-Regeln kombinieren die Gütekriterien *Orientierung der Ebene* und *Erfassung der Leitstrukturen*. Die Orientierung wird durch ein skalarproduktbasiertes Abstandsmaß überprüft, das die Zugehörigkeit zu einem Normalencluster der entsprechenden Standardebene bestimmt. Diese Zugehörigkeitsfunktionen wurden aus Experimentaldaten abgeleitet, indem diese zuerst durch eine Variante des Fuzzy-c-Means-Algorithmus mit einem winkelbasierten Abstandsmaß partitioniert und die Prototypen anschließend durch Gaußfunktionen approximiert wurden.

Da einige Standardebenen (parasternal kurze Achsen, Vier- und Fünfkammerblick) sehr nahe beieinander liegen, wird als zusätzliches Gütemaß die Erfassung der Leitstrukturen bewertet, um eine besserer Separierbarkeit zu erreichen. Dies sind im wesentlichen die Herzklappen, die entweder parallel zur Blutflußrichtung oder senkrecht dazu angeschnitten werden müssen, wobei der Anschnitt des Klappenringes oder der Klappenöffnungsfläche im Ultraschallbild maximiert werden muß. Da sich die Herzklappen während des Herzzyklus bewegen, während der Schallebene konstant bleibt, soll der gesamte Bewegungsraum der Klappen berücksichtigt werden. Hierfür bieten sich umschreibende Ellipsoide an, deren Schnittläche mit der Schallebene als Gütemaß für den Anschnitt betrachtet werden kann. Die Bestimmung der Lage und Ausdehnung der Ellipsoide geschah durch eine Eigenwertzerlegung der Matrix der zentralen Momente der Drahtgittermodellknoten einer Herzklappe. Zusätzlich wird ein einbeschreibendes Ellipsoid für den linken Ventrikel bestimmt, dessen Längsausdehnung ein Kriterium für die langen Achsen ist. Für die parasternal kurze Achse in Höhe der Papillarmuskeln wird außerdem der Abstand zum Apex betrachtet.

Die Zugehörigkeitsgrade der einzelnen Leitstrukturen werden durch eine Minimumsfunktion aggregiert und anschließend mit der Bewertung der Orientierung gemittelt, um die endgültige Bewertung der Standardebene zu erhalten. Bei einer schlecht eingestellten Standardebene können dieselben Zugehörigkeitsfunktionen einzelner Leitstrukturen verwendet werden, um Regeln zu definieren, die die Ursachen für die schlechte Qualität feststellen. Dies ist sinnvoll, um geeignete Hilfestellungen geben zu können.

7 Erkennen von Bewegungsmustern

Der zweite Teil der sensomotorischen Verhaltensanalyse dient der Erkennung von Bewegungsmustern. Ziel ist die Beurteilung der Auge-Hand-Steuerung des Ultraschallkopfes im Hinblick auf mögliche Unsicherheiten des lernenden Arztes. Für die Modellierung der Bewegungsmuster werden Hidden-Markov-Modelle verwendet, die als doppelt stochastischer Prozeß sowohl tolerant gegenüber verrauschten Sensordaten sind, als auch gegenüber nichtdeterministischen Bewegungsabläufen. Abschnitt 7.1 gibt einen Überblick über das zugrundeliegende Konzept und den Aufbau des Kapitels.

7.1 Überblick über die Analyse von Bewegungsmustern

Die Auge-Hand-Steuerung, d.h. die Steuerung des Schallkopfes unter Sichtkontrolle im Ultraschallbild, ist wohl die größte Schwierigkeit für den lernenden Arzt, der noch kein vollständiges mentales Modell des Herzens ausgebildet hat. Sie ist die Voraussetzung für das Auffinden von Standardebenen.

Um die Orientierung zu erleichtern, können für Übergänge zwischen bestimmten Standardebenen Bewegungsmuster angegeben werden, die diese Übergänge umschreiben und es dem lernenden Arzt ermöglichen, von einer Standardebene in die nächste zu gelangen (vgl. Abschnitt 5.1). Die auf diese Weise grob eingestellte Standardebene wird anschließend durch leichte Schallkopfbewegungen feineingestellt *(Annäherungsfächeln)*. Dieses Annäherungsfächeln muß vom Fächeln eines Anfängers unterschieden werden, der die Orientierung verloren hat und den Schallkopf unkontrolliert steuert (vgl. Feldanalyse 3.4.2). Das Ziel der Analyse von Bewegungsmustern ist es daher zu unterscheiden zwischen:

- Übergängen zwischen Standardebenen,
- Annäherungsfächeln,
- Unsicherheitsfächeln,

- Stillstand,
- Abfächeln einer Region.

Anhand dieser abgeleiteten Muster können dann im Kontext der eingestellten Standardebene mögliche Unsicherheiten abgeleitet und in entsprechende Hilfestellungen umgesetzt werden.

Diese verschiedenen Bewegungsmuster werden durch kontinuierliche Hidden-Markov-Modelle (vgl. 5.2.5) repräsentiert, die im Gegensatz zu einem regelbasierten Ansatz nichtdeterministische Bewegungsabläufe modellieren können und zugleich tolerant gegenüber verrauschten Sensordaten sind.

Die Schallkopfbewegungen werden anhand der Eulerwinkel zwischen aufeinanderfolgenden Timestamps bewertet. In Abschnitt 7.2 wird daher zunächst auf die Besonderheiten *kontinuierlicher Hidden-Markov-Modelle* eingegangen, die im Gegensatz zu den Ausgabeverteilungen diskreter Markovmodelle Wahrscheinlichkeitsdichtefunktionen verwenden.

Abschnitt 7.3 geht zum Vergleich auf einen alternativen regelbasierten Ansatz ein, der kurz vorgestellt wird, bevor dann in Abschnitt 7.4 die Modellierung mit Hidden-Markov-Modellen beschrieben wird.

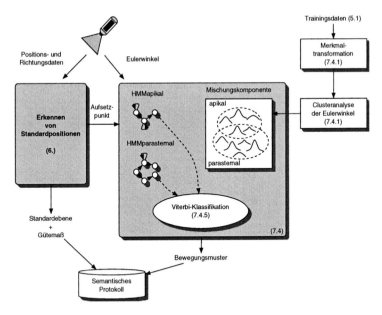

Abbildung 7.1: Konzept zur Erkennung von Bewegungsmustern

Nach einer geeigneten Merkmalstransformation wird mit Hilfe einer Fuzzy-Clusteranalyse (vgl. 6.2) ein Pool von Dichtefunktionen bestimmt, der für die Definition der Mischverteilungsdichten der einzelnen Markovmodelle verwendet wird (7.4.1). Das verwendete Datenmaterial entstammt dem Experiment aus Abschnitt 5.1. Es werden Markovmodelle für *Standardübergänge* (7.4.2), *zielgerichtetes Fächeln* (7.4.3) und *Unsicherheitsmuster* (7.4.4) vorgestellt. In Abschnitt 7.4.5 schließlich, werden diese Modelle zu einem apikalen und einem parasternalen Modell integriert, und die Klassifikation der Bewegungsmuster wird beschrieben. Abb. 7.1 zeigt das beschriebene Konzept noch einmal im Überblick.

7.2 Kontinuierliche und semikontinuierliche Hidden-Markov-Modelle

Da die Eulerwinkel kontinuierliche Vektoren sind und keine diskreten Symbole, werden für die Modellierung der Schallkopftrajektorien *kontinuierliche Hidden-Markov-Modelle* verwendet (vgl. Abschnitt 5.2.5).

7.2.1 Kontinuierliche Emissionswahrscheinlichkeitsdichten

Statt einer Sequenz $O = \{O_t\}$ liegt nun eine Sequenz $\mathbf{X} = \{\mathbf{x}_t\}$, $t = 1, \ldots, T$, $\mathbf{X} \subseteq \mathbb{R}^p$ vor.

Anstelle der diskreten Emissionswahrscheinlichkeitsverteilungen (Ausgabeverteilungen) wird für jeden Zustand S_j eine kontinuierliche Dichtefunktion $\mathbf{b}_j(\mathbf{x})$ definiert. Üblicherweise werden Mischverteilungen, bestehend aus mehreren Gaußverteilungen, gewählt, um nahezu jede beliebige Dichtefunktion annähern zu können:

$$\begin{aligned} \mathbf{b}_j(\mathbf{x}) &= \sum_{k=1}^{L} c_{jk} \frac{1}{\sqrt{(2\pi)^p |\Sigma_{jk}|}} e^{-\frac{1}{2}(x-\mu_{jk})^T \Sigma_{jk}^{-1}(\mathbf{x}-\mu_{jk})} \\ &= \sum_{k=1}^{L} c_{jk} \, \mathcal{N}(\mathbf{x}_t, \mu_{jk}, \Sigma_{jk}), \quad \sum_{k=1}^{L} c_{jk} = 1, \end{aligned} \qquad (7.1)$$

wobei μ_{jk} für den Erwartungswert und Σ_{jk} für die Kovarianzmatrix der k-ten Komponente der Mischverteilung für den Zustand j stehen.

Semikontinuierliche Markovmodelle

Eine Zwischenform zwischen den diskreten und kontinuierlichen Hidden-Markov-Modellen bilden die *semikontinuierlichen Markovmodelle* (siehe z.B. [111]), bei denen die

Mischverteilungsdichten aller Zustände aus denselben Gaußkomponenten zusammengesetzt sind. Die Linearkombination

$$b_j(\mathbf{x}) = \sum_{k=1}^{L} c_{jk} \mathcal{N}(\mathbf{x}_t, \mu_k, \Sigma_k), \quad \sum_{k=1}^{L} c_{jk} = 1, \quad (7.2)$$

unterscheidet sich deshalb von (7.1) nur durch die Indizierung der Mischungskomponenten. Wegen der Nutzung des gemeinsamen Mischungsmaterials werden diese Modelle auch als *"tied-mixture models"* bezeichnet. Sie nutzen die Approximationsfähigkeit kontinuierlicher Markovmodelle, indem sie keine scharfe Einteilung der Daten in "Cluster" vornehmen, wie es bei der Verwendung der diskreten Modelle durch eine vorausgehende Vektorquantisierung geschieht. Andererseits können die Gewichte c_{jk} als Ausgabewahrscheinlichkeiten eines diskreten Markovmodells aufgefaßt werden, d.h. der Vektorquantisierer ist in das semikontinuierliche HMM integriert.

Der Vorteil liegt in der wesentlich geringeren Parameteranzahl gegenüber den kontinuierlichen Modellen, die beim Trainieren der Modelle von entscheidender Bedeutung ist.

Nachfolgend werden drei Algorithmen beschrieben, die die drei Fragen aus Abschnitt 5.2.5 lösen: Der Forward-Backward-Algorithmus bestimmt die *Produktionswahrscheinlichkeit* $P(\mathbf{X}|\lambda)$, der *Viterbi-Algorithmus* liefert die wahrscheinlichste Zustandsfolge $Q^* = q_1^* q_2^* \ldots q_T^*$ für ein gegebenes Modell λ und eine gegebene Merkmalvektorfolge $\mathbf{X}$. Der *Baum-Welch-Algorithmus* schließlich dient der Maximum-Likelihood-Schätzung der Modellparameter, wobei die Parameter für eine gegebene Folge $\mathbf{X}$ so angepaßt werden, daß $P(\mathbf{X}|\lambda)$ (lokal) maximiert wird.

7.2.2 Forward-Backward Algorithmus

Der *Forward-Backward-Algorithmus* [6], [8] löst das Evaluierungsproblem: Wie groß ist die *Produktionswahrscheinlichkeit* für die Beobachtungsfolge $\mathbf{X} = \mathbf{x}_1 \mathbf{x}_2 \ldots \mathbf{x}_T$ bei gegebenem Modell λ, d.h. $P(\mathbf{X}|\lambda)$? Der direkteste Weg wäre die Berechnung durch Aufsummieren der Wahrscheinlichkeiten über alle möglichen Zustandsfolgen $Q = q_1 q_2 \ldots q_T$ der Länge T:

$$P(\mathbf{X}|\lambda) = \sum_Q P(\mathbf{X}, Q|\lambda) = \sum_Q P(\mathbf{X}|Q, \lambda) P(Q|\lambda) \quad (7.3)$$

Da für ein HMM angenommen wird, daß die Beobachtungssymbole nur vom jeweils aktuellen Zustand abhängen, erhalten wir

$$P(\mathbf{X}|Q, \lambda) = \prod_{t=1}^{T} P(\mathbf{x}_t|q_t, \lambda) = \prod_{t=1}^{T} b_{q_t}(\mathbf{x}_t)$$

Ebenso ist für ein HMM erster Ordnung die Wahrscheinlichkeit einer Zustandsfolge Q gegeben durch

$$P(Q|\lambda) = \pi_{q_1} a_{q_1 q_2} a_{q_2 q_3} \ldots a_{q_{T-1} q_T} = \pi_{q_1} \prod_{t=2}^{T} a_{q_{t-1} q_t},$$

7.2 Kontinuierliche und semikontinuierliche Hidden-Markov-Modelle

so daß (7.3) geschrieben werden kann als

$$P(\mathbf{X}|\lambda) = \sum_Q \pi_{q_1} \mathbf{b}_{q_1}(\mathbf{x}_1) \prod_{t=2}^{T} a_{q_{t-1}q_t} \mathbf{b}_{q_t}(\mathbf{x}_t). \tag{7.4}$$

Durch einen Rechenaufwand von etwa $2T$ Operationen für N^T Zustandsfolgen ist die Lösung von (7.4) für $P(\mathbf{X}|\lambda)$ mit insgesamt $2TN^T$ Operationen praktisch nicht brauchbar. Eine effizientere Lösung ist der *Forward-Backward-Algorithmus*.

Die *Vorwärtsvariable* $\alpha_t(i)$ ist definiert als die Wahrscheinlichkeit der Teilbeobachtungsfolge bis zum Zeitpunkt t, wobei der letzte Merkmalsvektor im Zustand i ausgegeben wurde und das Modell λ gegeben ist:

$$\alpha_t(i) = P(\mathbf{x}_1 \ldots \mathbf{x}_t, q_t = i|\lambda) \tag{7.5}$$

$\alpha_t(i)$ kann durch folgenden Induktionsalgorithmus berechnet werden:

Initialisierung

$$\alpha_1(i) = \pi_i \mathbf{b}_i(\mathbf{x}_1), \quad 1 \leq i \leq N.$$

Induktion

$$\alpha_{t+1}(j) = \left[\sum_{i=1}^{N} \alpha_t(i) a_{ij}\right] \mathbf{b}_j(\mathbf{x}_{t+1}), \quad 1 \leq t \leq T-1, \tag{7.6}$$

$$1 \leq j \leq N \tag{7.7}$$

Terminierung

$$P(\mathbf{X}|\lambda) = \sum_{i=1}^{N} \alpha_T(i).$$

Die Berechnung von $\alpha_{t+1}(j)$ im Induktionsschritt (7.6) berücksichtigt alle möglichen Zustandsübergänge zum Zustand j vom Zeitpunkt t zum Zeitpunkt $t+1$, sowie die Beobachtung $\mathbf{x}_{t+1}$ zum Zeitpunkt $t+1$. Abb. 7.2 illustriert den Induktionsschritt.

Dieser Vorwärtsteil des Forward-Backward-Algorithmus benötigt nur $O(N^2 T)$ Berechnungen, da für die Bestimmung von $\alpha_{t+1}(j)$, $1 \leq j \leq N$, nur jeweils N frühere Werte $\alpha_t(i)$ berücksichtigt werden müssen.

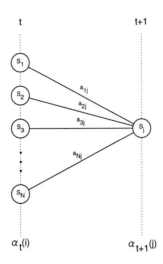

Abbildung 7.2: Illustration der nötigen Berechnungsschritte für die Bestimmung der Vorwärtsvariablen $\alpha_{t+1}(j)$, nach [92].

Der Rückwärtsteil des Forward-Backward-Algorithmus wird zwar nicht für die Berechnung von $P(\mathbf{X}|\lambda)$ benötigt, aber da er analog definiert ist und für das Trainieren von Hidden-Markov-Modellen benötigt wird, soll er hier beschrieben werden.

Die *Rückwärtsvariable* $\beta_t(i)$ ist definiert als die Wahrscheinlichkeit der Teilbeobachtungsfolge $\mathbf{x}_{t+1}\ldots\mathbf{x}_T$, bei gegebenem Modell λ und Zustand i zum Zeitpunkt t.

$$\beta_t(i) = P(\mathbf{x}_{t+1}\ldots\mathbf{x}_T|q_t = i, \lambda) \tag{7.8}$$

Initialisierung

$$\beta_T(i) = 1, \quad 1 \leq i \leq N \tag{7.9}$$

Induktion

$$\beta_t(i) = \sum_{j=1}^{N} a_{ij}\mathbf{b}_j(\mathbf{x}_{t+1})\beta_{t+1}(j) \quad T-1 \geq t \geq 1, \tag{7.10}$$

$$1 \leq j \leq N \tag{7.11}$$

(7.9) weist $\beta_T(i)$ willkürlich den Wert 1 für alle i zu, so daß $P(\mathbf{X}|\lambda) = \sum_{i=1}^{N} \alpha_t(i)\beta_t(i)$, $t = 1, \ldots, T$ gilt.

7.2 Kontinuierliche und semikontinuierliche Hidden-Markov-Modelle

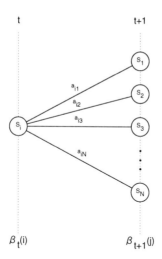

Abbildung 7.3: Induktionsschritt des *Backward-Algorithmus*, nach [92].

Gleichung (7.10) ist ähnlich dem Induktionsschritt des Vorwärtsalgorithmus definiert, nur daß die Propagierung am Ende der Beobachtungsfolge beginnt (siehe Abb. 7.3). Bei der Implementierung des Forward-Backward-Algorithmus muß beachtet werden, daß die $\alpha_t(i)$ und $\beta_t(i)$ bei wachsendem T sehr schnell gegen Null gehen. Durch eine geeignete Skalierung oder Logarithmierung läßt sich ein Underflow vermeiden, was aber zur Folge hat, daß nur $\log P(\mathbf{X}|\lambda)$ berechnet werden kann ([92]).

7.2.3 Viterbi-Algorithmus

Der *Viterbi-Algorithmus* [128], [50] löst das Dekodierungsproblem: Was ist die "optimale" Zustandsfolge $Q^* = q_1^* q_2^* \ldots q_T^*$ des Modells λ für die gegebene Beobachtungsfolge $\mathbf{X}$, so daß Q^* die Wahrscheinlichkeit $P(Q|\mathbf{X}, \lambda)$ maximiert? Nach der Bayeschen Regel gilt:

$$P(Q|\mathbf{X}, \lambda) = \frac{P(Q, \mathbf{X}|\lambda)}{P(\mathbf{X}|\lambda)},$$

so daß die Maximierung von $P(Q|\mathbf{X}, \lambda)$ äquivalent zur Maximierung von $P(Q, \mathbf{X}|\lambda)$ ist. Wir definieren daher die Größe

$$\delta_t(i) = \max_{q_1 q_2 \ldots q_{t-1}} P(q_1 q_2 \ldots q_t = i, \mathbf{x}_1 \mathbf{x}_2 \ldots \mathbf{x}_t | \lambda)$$

als die höchste Wahrscheinlichkeit *(Score)* für einen einzigen Pfad zur Zeit t für die ersten t Beobachtungen, der im Zustand i endet.

Durch Induktion gilt:
$$\delta_{t+1}(j) = [\max_i \delta_t(i) a_{ij}] \, b_j(\mathbf{x}_{t+1}) \qquad (7.12)$$

(7.12) bildet die Basis des Viterbi-Algorithmus. Um die Zustandsfolge Q^* zu erhalten, müssen wir uns das Argument i, das (7.12) maximiert hat, für jeden Zeitpunkt t und jedes j merken, wofür das Array $\psi_t(j)$ dient. Der Viterbi-Algorithmus lautet dann wie folgt:

Initialisierung
$$\delta_1(i) = \pi_i \, b_i(\mathbf{x}_1), \qquad 1 \leq i \leq N$$
$$\psi_1(i) = 0$$

Induktion
$$\delta_t(j) = \max_{1 \leq i \leq N} [\delta_{t-1}(i) \, a_{ij}] \, b_j(\mathbf{x}_t) \qquad 2 \leq t \leq T$$
$$1 \leq j \leq N$$
$$\psi_t(j) = \arg \max_{1 \leq i \leq N} [\delta_{t-1}(i) \, a_{ij}], \qquad 2 \leq t \leq T \qquad (7.13)$$
$$1 \leq j \leq N$$

Terminierung
$$P^* = \max_{1 \leq i \leq N} [\delta_T(i)]$$
$$q_T^* = \arg \max_{1 \leq i \leq N} [\delta_T(i)]. \qquad (7.14)$$

Rückverfolgung
$$q_t^* = \psi_{t+1}(q_{t+1}^*), \qquad t = T-1, T-2, \ldots, 1 \qquad (7.15)$$

Der Viterbi-Algorithmus ist dem Forward-Backward-Algorithmus sehr ähnlich, bis auf den Rückverfolgungsschritt. Der Hauptunterschied besteht in der Maximierung in (7.13) über die vorigen Zustände, im Gegensatz zur Summation des Forward-Algorithmus (7.6). Dadurch ist er schneller als der Forward-Algorithmus[1] und wird häufig auch für die Abschätzung von $P(\mathbf{X}|\lambda)$ verwendet[2]. Da der wahrscheinlichste Zustand oft sehr viel wahrscheinlicher ist als der nächstwahrscheinliche, ist dies oft auch eine brauchbare Näherung.

Als ein Dynamic Programming-Ansatz entspricht der Viterbi-Algorithmus weitgehend dem Dynamic-Time-Warping Algorithmus aus Abschnitt 5.2.4, der allerdings keine Übergangswahrscheinlichkeiten berücksichtigt. Außerdem wird die Abstandsberechnung zwischen Test- und Referenzmuster hier durch die Emissionswahrscheinlichkeit ersetzt.

---

[1] D.h. er betrachtet nur den "besten" Pfad, während der Forward-Algorithmus alle möglichen Pfade betrachtet.

[2] Dies gilt insbesondere für die Vermeidung eines Underflows in der Implementierung, da der Viterbi-Algorithmus in der Logarithmus-Domäne implementiert werden kann und dann nur Additionen benötigt.

7.2.4 Baum-Welch-Algorithmus

Der *Baum-Welch-Algorithmus* [7, 8] löst das Estimation-Problem durch eine Maximum-Likelihood-Estimation der Modellparameter (A, B, π) des HMMs λ, indem die Likelihood der Beobachtungsfolge X durch geeignete Anpassung der Parameter optimiert wird. Dies geschieht mit Hilfe einer iterativen Prozedur, der Baum-Welch-Methode oder auch Expectation-Maximization-Methode.

Für die Beschreibung der Schätzprozedur werden noch zwei Hilfsvariablen benötigt:

$$\gamma_t(i) = P(q_t = i | X, \lambda) \qquad (7.16)$$

als die Wahrscheinlichkeit, bei gegebener Beobachtungsfolge X und gegebenem Modell λ zur Zeit t im Zustand i zu sein. (7.16) kann mit den Vorwärts- und Rückwärtsvariablen wie folgt ausgedrückt werden:

$$\gamma_t(i) = \frac{\alpha_t(i)\beta_t(i)}{P(X|\lambda)} = \frac{\alpha_t(i)\beta_t(i)}{\sum_{i=1}^{N} \alpha_t(i)\beta_t(i)}, \qquad (7.17)$$

da $\alpha_t(i)$ für die Teilbeobachtungsfolge $x_1 x_2 \ldots x_t$ und Zustand i zur Zeit t steht, während $\beta_t(i)$ die Folge $x_{t+1} \ldots x_T$ und Zustand i zur Zeit t repräsentiert. Durch den Normierungsfaktor $P(X|\lambda) = \sum_{i=1}^{n} \alpha_t(i)\beta_t(i)$ gilt:

$$\sum_{i=1}^{N} \gamma_t(i) = 1.$$

Außerdem benötigen wir die Wahrscheinlichkeit für einen Zustandsübergang vom Zustand i zur Zeit t zum Zustand j zur Zeit $t + 1$:

$$\begin{aligned}
\xi_t(i,j) &= P(q_t = i, q_{t+1} = j | X, \lambda) \\
&= \frac{\alpha_t(i)\, a_{ij}\, b_j(x_{t+1})\, \beta_{t+1}(j)}{P(X|\lambda)} \\
&= \frac{\alpha_t(i)\, a_{ij}\, b_j(x_{t+1})\, \beta_{t+1}(j)}{\sum_{i=1}^{N}\sum_{j=1}^{N} \alpha_t(i)\, a_{ij}\, b_j(x_{t+1})\, \beta_{t+1}(j)}
\end{aligned}$$

Durch Aufsummieren dieser Variablen über die Zeit t erhält man eine Größe, die die erwartete Anzahl der Zustandsübergänge vom Zustand i aus, bzw. vom Zustand i zum Zustand j schätzt:

$$\sum_{t=1}^{T-1} \gamma_t(i) = E\,[\text{\# Zustandsübergänge von } i\,] \qquad (7.18)$$

$$\sum_{t=1}^{T-1} \xi_t(i,j) = E\,[\text{\# Zustandsübergänge von } i \text{ nach } j\,] \qquad (7.19)$$

Damit können die Schätzformeln für die HMM-Parameter der semikontinuierlichen Markovmodelle folgendermaßen definiert werden:

$$\bar{\pi}_i = E\left[\# \text{ Zustand } i \text{ zur Zeit } t=1\right]$$
$$= \gamma_1(i)$$

$$\bar{a}_{ij} = \frac{E\left[\# \text{ Zustandsübergänge von } i \text{ nach } j\right]}{E\left[\# \text{ Zustandsübergänge von } i\right]}$$
$$= \frac{\sum_{t=1}^{T-1} \xi_t(i,j)}{\sum_{t=1}^{T-1} \gamma_t(i)}$$

$$\bar{c}_{jk} = \frac{\sum_{t=1}^{T} \gamma_t(j,k)}{\sum_{t=1}^{T} \gamma_t(j)}$$

$$\bar{\mu}_k = \frac{\sum_{t=1}^{T} \sum_{j=1}^{N} \gamma_t(j,k) \mathbf{x}_t}{\sum_{t=1}^{T} \sum_{j=1}^{N} \gamma_t(j,k)}$$

$$\bar{\Sigma}_k = \frac{\sum_{t=1}^{T} \sum_{j=1}^{N} \gamma_t(j,k)(\mathbf{x}_t - \mu_k)(\mathbf{x}_t - \mu_k)^T}{\sum_{t=1}^{T} \sum_{j=1}^{N} \gamma_t(j,k)}$$

Dabei bezeichnet $\gamma_t(j,k)$ die Wahrscheinlichkeit, zur Zeit t im Zustand j zu sein, wobei die k-te Mischverteilungskomponente für das gegebene $\mathbf{x}_t$ verantwortlich ist. Es gilt:

$$\gamma_t(j,k) = \left[\frac{\alpha_t(j)\beta_t(j)}{\sum_{j=1}^{N} \alpha_t(j)\beta_t(j)}\right] \left[\frac{c_{jk}\mathcal{N}(\mathbf{x}_t, \mu_k, \Sigma_k)}{\sum_{m=1}^{L} c_{jm}\mathcal{N}(\mathbf{x}_t, \mu_m, \Sigma_m)}\right] \quad (7.20)$$

Baum et al. haben gezeigt, daß für $\bar{\lambda} = (\bar{A}, \bar{B}, \bar{\pi})$, berechnet mit $\lambda = (A, B, \pi)$, entweder gilt:

- $\lambda = \bar{\lambda}$, d.h. λ definiert einen kritischen Punkt der Likelihood-Funktion, oder
- $P(\mathbf{X}|\bar{\lambda}) > P(\mathbf{X}|\lambda)$

Durch iteratives Ersetzen von λ durch $\bar{\lambda}$ und Wiederholen der Reestimation-Prozedur kann $P(\mathbf{X}|\lambda)$ bis zu einem lokalen Maximum verbessert werden.

7.3 Regelbasiertes Erkennen von Positionsübergängen

7.3.1 Segmentierung

Um einen Positionsübergang von einer Standardebene zur nächsten beurteilen zu können, ist es nötig, den Beginn und das Ende eines Positionsüberganges festzustellen. In Abschnitt 5.1.1 wurde bereits gezeigt, daß die Winkel der Schallkopfbewegungen im Bereich von Standardpositionen nahe Null sind (vgl. Abb. 5.7). Gilt dies für ein genügend großes Zeitfenster und ist der Zugehörigkeitsgrad für mindestens eins der Normalencluster größer als ein Grenzwert δ, dann kann man davon ausgehen, daß eine Standardebene eingestellt ist.

Das Verlassen bzw. Erreichen einer Standardposition äußert sich demnach in einer Beschleunigung bzw. Verlangsamung der Winkelbewegungen. Um ruckartige Bewegungen abzufangen, wird ein Moving-Average über die einzelnen Eulerwinkel betrachtet.

7.3.2 Beurteilung der Übergänge mit Fuzzy-Konzepten

Beginnend mit dem Verlassen einer Standardposition werden die Winkel der nach vorne/hinten gerichteten Bewegungen des Schallkopfes, der nach links bzw. rechts gerichteten Bewegungen und der Rotation nach links bzw. rechts aufsummiert. Ausgehend von der Startposition können so Aussagen über ausgeführte Bewegungsarten und deren absolute Winkelgrößen getroffen werden. Ähnlich dem Ansatz in [46] (vgl. Abschnitt 5.2.3) können so Fuzzy-Konzepte wie z.B. "Geradlinigkeit" der Bewegung abgeleitet werden:

$$\text{qualFB} = \frac{\text{sumForward} + \text{sumBackward}}{|\text{sumForward}| + |\text{sumBackward}|} \stackrel{!}{\approx} 1,$$

wobei

$$\text{sumForward} = \sum_{t:\theta_x(t)>0} \theta_x$$

$$\text{sumBackward} = \sum_{t:\theta_x(t)<0} \theta_x$$

$$\text{sumFB} = \text{sumForward} + \text{sumBackward}$$

qualFB gibt das Verhältnis der Vorwärtsbewegung relativ zur Ausgangsposition zur Gesamtlänge der nach vorne bzw. hinten gerichteten Bewegungen an und ist ein Maß für die Zielgerichtetheit einer Bewegung.

Vergleich der Winkelsumme mit Standardtrajektorie

Am Ende einer Trajektorie können die Winkelsummen mit denen einer Normtrajektorie verglichen werden. Diese Normsummen wurden bestimmt durch Mittelung über die Experimenttrajektorien (vgl. Abschnitt 5.1). Für das Beispiel der nach vorne bzw. hinten gerichteten Bewegungen ergibt sich damit:

$$\text{diffFB} = \text{normFB} - \text{sumFB}.$$

Mit Hilfe von Fuzzy-Regeln läßt sich die Trajektorie beurteilen:

if diffFB is *near zero* then *"Trajektorie o.k."*

if diffFB is *positive small* then *"etwas zu weit nach vorne gekippt"*

if diffFB is *positive* then *"zu weit nach vorne gekippt"*

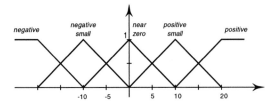

Abbildung 7.4: Fuzzy-Mengen für die Beurteilung eines Positionsüberganges

Abb. 7.4 zeigt eine mögliche Fuzzy-Partition für die Beurteilung eines Positionsüberganges.

Bei einem längeren Stillstand außerhalb einer Standardposition kann durch lineare Interpolation überprüft werden, ob die aktuelle Position auf dem Weg zur Zielposition liegt. In diesem Fall gilt:

$$\text{sumFB} = t_1 \, \text{normFB}, \qquad 0 \leq t_1 \leq 1$$
$$\text{sumLR} = t_2 \, \text{normLR}, \qquad 0 \leq t_2 \leq 1$$
$$\text{sumRot} = t_3 \, \text{normRot}, \qquad 0 \leq t_3 \leq 1$$

Liegen t_1, t_2 oder t_3 außerhalb des Intervalls $[0, 1]$, stimmt die entsprechende Bewegung nicht mit der Normtrajektorie überein. Dies kann durch die Fuzzy-Mengen in Abb. 7.5 ausgedrückt werden.

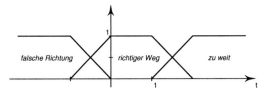

Abbildung 7.5: Fuzzy-Mengen für die Beurteilung einer Teiltrajektorie

7.3.3 Grenzen des regelbasierten Ansatzes

Mit diesem regelbasierten Ansatz können nur deterministische Trajektorien erkannt und überprüft werden, deren Ablauf sich "gut" mit Regeln umschreiben läßt. Problematisch bleibt jedoch:

- Wie erkennt man einen Abriß der Trajektorienverfolgung? Was passiert, wenn Start- und Zielposition keine definierte Trajektorie beschreiben?

- Wie kann man "Unsicherheitsfächeln" von zielgerichtetem Fächeln oder "Annäherungsfächeln" unterscheiden?

7.4 Modellierung von Bewegungsmustern mit Hidden-Markov-Modellen

Um nichtdeterministische Bewegungsfolgen zu modellieren, die sowohl Schwankungen zeitlicher Dauer, als auch größenabhängigen Schwankungen unterliegen, wird ein HMM-Ansatz gewählt (vgl. 5.2.5). Nach einer geeigneten Vortransformation der sensomotorischen Daten, die als Folge von Eulerwinkeln vorliegen, werden diese zunächst mit Hilfe einer Fuzzy-Clusteranalyse partitioniert. Aus den erhaltenen Clustern werden anschließend die Emissionswahrscheinlichkeitsdichten für kontinuierliche Markovmodelle abgeleitet.

7.4.1 Merkmalstransformation und Fuzzy-Clusteranalyse

Da die Anzahl der zu schätzenden Parameter für kontinuierliche Hidden-Markov-Modelle sehr hoch ist, ist es ratsam, diese durch eine "gute" Initialisierung einzuschränken. Dies ist insbesondere wichtig, wenn die Anzahl der Trainingsdaten begrenzt ist.

Deshalb wurde eine Fuzzy-Clusteranalyse der Eulerwinkel durchgeführt, die als Grundlage für die Definition der Dichtefunktionen dient. Zunächst wurden die Daten vortransformiert, um eine breitere Streuung zu erreichen und um sehr schmale, und hohe Dichtefunktionen zu vermeiden.

Vortransformation der Daten

Um feine Bewegungen, bei denen die Winkelgrößen der Eulerwinkel, um 0.005...0.01 herum liegen, differenzieren zu können, müssen die sehr dicht beieinanderliegenden Werte entzerrt werden. Dies geschieht mit Hilfe einer logarithmischen Transformation, die den Bereich um 0 herum breiter streut, während sie höhere Werte staucht. Abb. 7.6 zeigt die entsprechende Funktion, die wie folgt definiert ist:

$$f(x) = \begin{cases} -\left(\ln\frac{\delta}{x}\right)^2 & : \quad x \leq -\delta \\ x & : \quad -\delta < x < \delta \\ \left(\ln\frac{x}{\delta}\right)^2 & : \quad x \geq \delta \end{cases} \qquad (7.21)$$

Dabei ist δ eine Schranke für die Logarithmusfunktion, die auf 0.0001 gesetzt ist. Abb. 7.7 zeigt an einem Beispiel, wie die Experimentaldaten aus 5.1 für den Übergang vom 4-Kammer- in den 5-Kammerblick vor und nach der Transformation aussehen. Ebenfalls wird an diesem Beispiel deutlich, daß die häufig gemachte Einschränkung der Parameteranzahl durch Verwendung diagonaler Kovarianzmatrizen nicht in jedem Fall haltbar

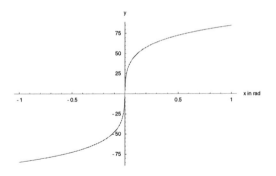

Abbildung 7.6: Logarithmische Transformation der Eulerwinkel

ist. Da die Bewegung für diesen Übergang einem gleichzeitigen Kippen des Schallkopfes nach hinten und rechts entspricht, sind die Winkel für "Kippen" und "Angulation" in diesem Beispiel korreliert.

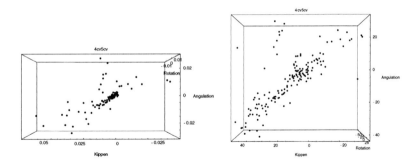

Abbildung 7.7: Datentransformation am Beispiel des Überganges vom 4- in den 5-Kammerblick. Links: Die untransformierten Daten liegen sehr eng beieinander, rechts: Die Daten werden auseinandergezogen.

Fuzzy-Clusteranalyse der Experimentdaten

Als Grundlage für die Bestimmung geeigneter Dichtefunktionen der Markovmodelle werden die Experimentaldaten aus Abschnitt 5.1 verwendet, die nach den verschiedenen Positionsübergängen segmentiert wurden. Zusätzlich wurden Beispieltrajektorien für die Bewegungsmuster "Unsicherheitsfächeln" und "Abfächeln einer Region" aufgezeichnet. Nach der beschriebenen Vortransformation der Daten wurde für jedes Bewegungsmuster

7.4 Modellierung von Bewegungsmustern mit Hidden-Markov-Modellen

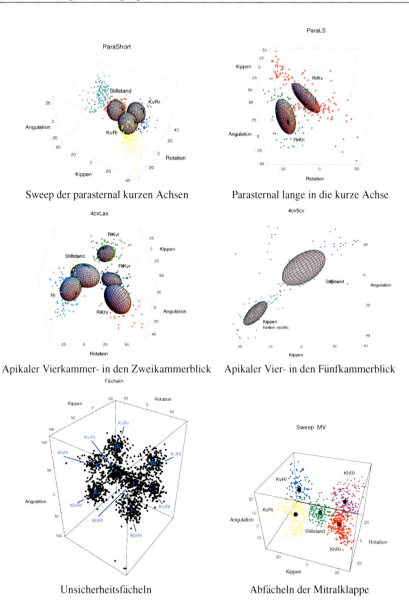

Abbildung 7.8: Abgeleitete Cluster für die verschiedenen Bewegungsmuster

eine Fuzzy-Clusteranalyse (vgl. Abschnitt 6.2) durchgeführt, um geeignete Mischungskomponenten zu bestimmen. Hierbei wurden die Ergebnisse verschiedener Durchgänge mit dem Fuzzy-c-Means und dem Gath&Geva-Algorithmus optisch und anhand der Clusterdichte miteinander verglichen, um die beste Clusteranzahl und den am besten geeigneten Algorithmus auszuwählen. Dabei wurde der Gath&Geva-Algorithmus in der Regel dann verwendet, wenn es sich um längliche Cluster handelte, die Korrelationen zwischen verschiedenen Bewegungsrichtungen beschreiben. Abb. 7.8 zeigt die resultierenden Cluster als Ellipsoide oder als Punktwolke, wobei die Mittelpunkte der Ellipsoide den Mittelpunkten der Clusterprototypen und die Halbachsenlängen den Standardabweichungen in Richtung der Hauptachsen entsprechen. Die Cluster für Mischbewegungen wurden durch Abkürzungen benannt, wie z.B. KvlRr für *Kippen vorne links, Rotation rechts*.

Die abgeleiteten Kovarianzmatrizen und Mittelwerte definieren gaußförmige Dichtefunktionen, die als Mischungsmaterial für die Hidden-Markov-Modelle dienen. Die entsprechenden Parameter sind im Anhang B aufgeführt.

7.4.2 Modellierung von Standardübergängen mit Hidden-Markov-Modellen

Im folgenden werden die resultierenden Markovmodelle für die Standardübergänge vorgestellt. Die Mischverteilungsdichten ergeben sich als Linearkombination der abgeleiteten Fuzzy-Cluster, während sich die Anzahl der Zustände nach der Anzahl der Cluster richtet. Die Linearkombinationen der Dichtefunktionen für die einzelnen Zustände werden im Anhang B.2, die Mittelwerte und Kovarianzmatrizen der Dichtefunktionen werden im Anhang B.1 dargestellt.

Die Topologie der einzelnen Modelle wurde außerdem durch die Feldanalyse mitbestimmt, da die ungefähren Bewegungsmuster für bestimmte Übergänge sowohl in den Lehrbüchern beschrieben, als auch aus den Experimentaldaten abgeleitet werden konnten (vgl. Abschnitt 5.1). Die Zustandsübergangswahrscheinlichkeiten wurden heuristisch geschätzt, was nachfolgend beschrieben wird.

Heuristische HMM-Modellierung Die Anzahl der Komponenten der Mischverteilungen bzw. der Zustände ergibt sich aus der Anzahl der abgeleiteten Cluster, während die Einträge der Zustandsübergangsmatrix A und der Anfangsverteilung π aus den Beispieltrajektorien abgeleitet werden können. Dazu werden die einzelnen Muster zunächst den Clustern (Zuständen) zugeordnet. Die Wahrscheinlichkeiten a_{ij}, im selben Zustand zu bleiben, ergeben sich dann nach [56] als

$$a_{ii} = \frac{\bar{t}}{dt + \bar{t}},$$

7.4 Modellierung von Bewegungsmustern mit Hidden-Markov-Modellen

wobei dt die Abtastperiode ist und $\bar{t}$ die durchschnittliche Zeit in diesem Zustand. Die verbleibende Wahrscheinlichkeit $1 - a_{ii}$ wird auf die anderen Zustände aufgeteilt:

$$a_{ij} = (1 - a_{ii}) \frac{\text{\# Zustandsübergänge von } i \text{ nach } j}{\text{\# Zustandsübergänge von } i}$$

Die Anfangswahrscheinlichkeiten werden geschätzt als

$$\pi_i = \frac{\text{\# Zustand } i \text{ ist Anfangszustand}}{\text{\# Beobachtungsfolgen}}$$

Sweep zwischen den parasternal kurzen Achsen

Dieses Modell (Abb. 7.9) beschreibt den Übergang zwischen den parasternal kurzen Achsen in Höhe der Aortenklappe, der Mitralklappe und der Papillarmuskeln. Wie schon das Beispiel in 5.1 zeigte, sind diese Übergänge nicht deterministisch, so daß Teilabschnitte einer Trajektorie wiederholt werden können, um sich eine Region wie z.B. den Ansatz der Sehnenfäden noch einmal genauer anzusehen.

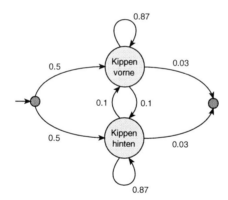

Abbildung 7.9: Hidden-Markov-Modell für den Sweep zwischen den parasternal kurzen Achsen

Übergang der parasternal langen in die kurze Achse

Der Übergang von der parasternal langen in die kurze Achse erfolgt durch eine Rotation des Schallkopfes im Uhrzeigersinn um etwa 90 Grad, so daß für dieses Modell nur ein Zustand für die Rotation vorgesehen wird (siehe Abb. 7.10).

Übergang vom apikalen Vier- in den Zweikammerblick und in die lange Achse

Das Bewegungsmuster für den Übergang vom apikalen Vierkammerblick in den Zweikammerblick entspricht einer Rotation nach links um etwa 60 Grad. Wird der Schallkopf etwa um weitere 25 Grad nach links rotiert, gelangt man in die lange Achse. Es wird daher für beide Übergänge ein Modell verwendet, das einen Zustand für die Rotation nach links enthält (Abb. 7.11).

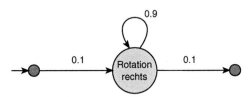

Abbildung 7.10: Hidden-Markov-Modell für den Übergang von der parasternal langen in die kurze Achse

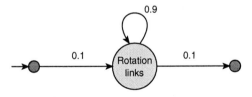

Abbildung 7.11: Hidden-Markov-Modell für den Übergang vom apikalen Vierkammerblick in den Zweikammerblick und weiter in die lange Achse apikal

Übergang vom apikalen Vier- in den Fünfkammerblick

Der Übergang vom apikalen Vier- in den Fünfkammerblick entspricht einem Anheben des Schallsektors in Richtung Sternum. D.h. der Schallkopf wird leicht nach rechts hinten gekippt. Diese Mischbewegung wird durch einen Zustand modelliert (Abb. 7.12), dessen Ausgabedichtefunktion nicht durch eine diagonale Kovarianzmatrix beschrieben werden kann, da die Bewegungsrichtungen für Kippen und Angulation korreliert sind (vgl. Abbildungen 7.7 und 7.8).

7.4 Modellierung von Bewegungsmustern mit Hidden-Markov-Modellen

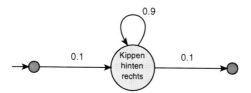

Abbildung 7.12: Hidden-Markov-Modell für den Übergang vom apikalen Vierkammerblick in den Fünfkammerblick

7.4.3 Erkennen von zielgerichtetem Fächeln

Unter *zielgerichtetem Fächeln* soll hier das *Annäherungsfächeln* verstanden werden, durch das sich ein erfahrener Arzt einer Standardebene annähert. Es äußert sich wie das *Abfächeln* einer bestimmten Region in langsameren Bewegungen (d.h. die Mittelwerte der Gaußkurven sind kleiner) gegenüber den Standardübergängen. Außerdem sind verschiedene Bewegungsrichtungen möglich, wobei die Bewegung jedoch in längere Phasen in jeweils einer Richtung unterteilt werden kann.

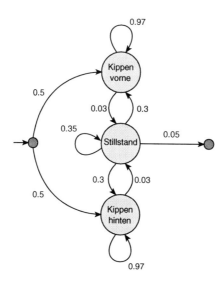

Abbildung 7.13: Hidden-Markov-Modell für das Abfächeln einer Herzklappe

Abfächeln der einer bestimmten Region (Mitralklappe)

Für das Abfächeln einer Region wurde als Beispiel die Mitralklappe gewählt. Hierfür wurden sechs Beispieltrajektorien aufgezeichnet. Ausgehend vom apikalen Vierkammerblick wird der Schallsektor senkrecht zur Schallebene zuerst langsam in die eine, dann in die andere Richtung gekippt, wobei gleichzeitig eine geringe Rotation stattfinden kann (Abb. 7.13).

Annäherungsfächeln

Das Modell für das Annäherungsfächeln wurde heuristisch geschätzt, unter der Annahme, daß es sich um langsame, gleichmäßige Bewegungen handelt, wobei sich Phasen verschiedener Richtungen abwechseln. Dabei wird angenommen, daß keine Mischbewegungen vorliegen (Abb. 7.14).

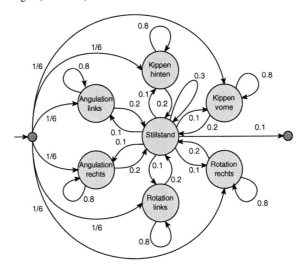

Abbildung 7.14: Hidden-Markov-Modell für das Annäherungsfächeln

7.4.4 Erkennen von Orientierungslosigkeit

Mögliche Anzeichen für einen Orientierungsverlust sind unkontrollierte Schallkopfbewegungen oder ein übermäßig langer Stillstand außerhalb einer Standardebene. Das unkontrollierte *(Unsicherheits-)Fächeln* unterscheidet sich vom zielgerichteten Fächeln durch ungleichmäßige und evtl. abrupte Bewegungen, die keinen glatten Übergang zwischen unterschiedlichen Bewegungsrichtungen aufweisen.

7.4 Modellierung von Bewegungsmustern mit Hidden-Markov-Modellen

HMM für Stillstand

Ein Stillstand wird durch einen Zustand beschrieben, der die verschiedenen Stillstandscluster der unterschiedlichen Übergänge kombiniert. Er dient zusätzlich der Segmentierung zwischen verschiedenen Übergängen und beschreibt somit auch die Phase, in der eine Standardebene eingestellt ist (Abb. 7.15).

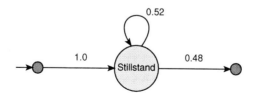

Abbildung 7.15: Hidden-Markov-Modell für Stillstand

HMM für Unsicherheitsfächeln

Die Grundlage für dieses Modell bildeten acht Trajektorien, die das ziellose Fächeln eines Anfängers simulieren. Die abgeleiteten Cluster beschreiben Mischbewegungen, die alle drei Bewegungsarten miteinander kombinieren, so daß sich insgesamt acht Zustände ergeben (Abb. 7.16).

7.4.5 Integration der Einzelmodelle und Klassifikation

Die Markovmodelle werden zu zwei Gesamtmodellen integriert. Ein Modell enthält die parasternalen Übergänge und eines die apikalen. In Abhängigkeit des Aufsetzpunktes wird dann eine Viterbi-Klassifikation für das entsprechende Modell durchgeführt, die die Eulerwinkel der letzten 50 Timestamps betrachtet. Die Bezeichnung der Zustände wurde eindeutig gewählt, so daß vom Zustandspfad des Viterbi-Algorithmus auf das jeweilige Teilmarkovmodell geschlossen werden kann, zu dem dieser Zustand gehört. Dadurch kann die Folge in Phasen unterteilt werden, die den einzelnen Teilmodellen und damit Bewegungsmustern zugeordnet sind. Abb. 7.17 und Abb. 7.18 zeigen die resultierenden Hidden-Markov-Modelle für den apikalen bzw. parasternalen Aufsetzpunkt.

Den gemachten Beobachtungen zu Folge geht ein Standardübergang in der Regel von einem Stillstand aus und wird gefolgt von einem Annäherungsfächeln, bevor die nächste Standardebene und damit der nächste Stillstand erreicht wird. Verliert der lernende Arzt während eines Positionsüberganges die Orientierung, wird stattdessen zum Unsicherheitsfächeln gewechselt. Das Abfächeln einer Region (z.B einer Herzklappe) geht ebenso von einem Stillstand aus. Zusätzlich wird für undefinierte Bewegungen ein NIL-Zustand definiert, der alle Dichtefunktionen des Pools mittelt.

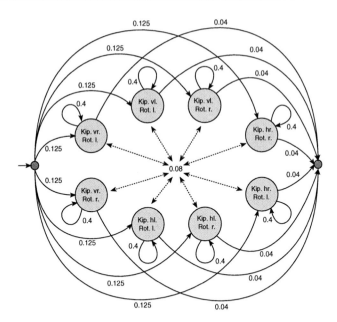

Abbildung 7.16: Hidden-Markov-Modell für Unsicherheitsfächeln

7.5 Diskussion

Die Auge-Hand-Steuerung des Schallkopfes ist die wohl größte Schwierigkeit für den lernenden Arzt, der noch kein vollständiges mentales Modell des Herzens ausgebildet hat. Da sie die Voraussetzung für das Auffinden von Standardebenen ist, besteht das Ziel der Erkennung von Bewegungsmustern in der Aufdeckung möglicher Unsicherheiten des lernenden Arztes, um ihm Hilfestellungen anbieten zu können.

Hierzu muß unterschieden werden zwischen

- zielgerichteten, schnellen Bewegungen, die *Übergänge zwischen Standardebenen* beschreiben und durch Bewegungsmuster wie z.B. "Rotation um 90 Grad nach rechts" charakterisiert werden können,

- zielgerichteten, langsamen Bewegungen zum *Abfächeln einer Region* oder zur Feineinstellung einer Standardebene *(Annäherungsfächeln)*, bei denen sich Phasen unterschiedlicher Bewegungsrichtungen abwechseln können,

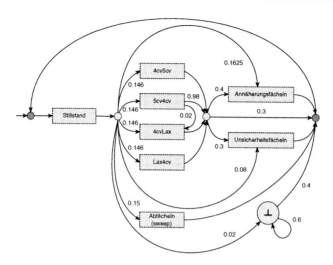

Abbildung 7.17: Gesamt-Hidden-Markov-Modell für den apikalen Aufsetzpunkt

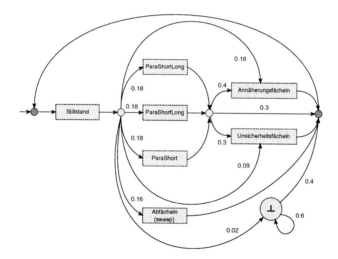

Abbildung 7.18: Gesamt-Hidden-Markov-Modell für den parasternalen Aufsetzpunkt

- unkontrollierten Schallkopfbewegungen *(Unsicherheitsfächeln)* oder einem übermäßig langen *Stillstand*, die auftreten, wenn der lernende Arzt die Orientierung verloren hat. Das Unsicherheitsfächeln unterscheidet sich vom zielgerichteten Fächeln durch ungleichmäßige oder abrupte Bewegungen, die keinen glatten Übergang zwischen unterschiedlichen Bewegungsrichtungen aufweisen.

Für die Beurteilung der Schallkopfbewegungen wurden die Eulerwinkel zwischen aufeinanderfolgenden Timestamps betrachtet, die aus den Transformationsdaten des Flock-of-Birds-Sensors bestimmt wurden. Diese Daten wurden logarithmisch vortransformiert, um die sehr kleinen Werte feiner Bewegungen zu entzerren. Zur Unterscheidung der oben genannten Bewegungsmuster wurden Hidden-Markov-Modelle aufgestellt, die im Gegensatz zu einem regelbasierten Ansatz geeignet sind, nichtdeterministische Bewegungsabläufe zu modellieren und zugleich tolerant gegenüber verrauschten Sensordaten sind.

Um den kontinuierlichen Eulerwinkeln gerecht zu werden, wurden (semi-)kontinuierliche HMMs verwendet, für deren Definition in einem ersten Schritt eine Fuzzy-Clusteranalyse von Experimentdaten durchgeführt wurde, um einen geeigneten Pool von Dichtefunktionen zu bestimmen. In Abhängigkeit der entsprechenden Bewegungsmuster wurde dafür der Fuzzy-c-Means oder der Gath&Geva-Algorithmus verwendet, wobei der Gath&Geva-Algorithmus nach normalverteilten Clustern sucht, die Korrelationen zwischen verschiedenen Bewegungsrichtungen enthalten können. Der Fuzzy-c-Means dagegen beschreibt nahezu kugelförmige Cluster.

Aus den erhaltenen Clustern wurden Dichtefunktionen abgeleitet, um die Mischverteilungsdichten der einzelnen Zustände zu bestimmen. Die Anzahl der Zustände wurde durch die Anzahl der Cluster für ein Bewegungsmuster bzw. durch die empirischen Erkenntnisse der Feldanalyse festgelegt. Anschließend wurden die erhaltenen Basismodelle zu je einem Gesamtmodell für den apikalen und den parasternalen Aufsetzpunkt integriert.

Die Erkennung der Bewegungsmuster geschieht durch eine Viterbi-Klassifikation des aktivierten Gesamtmodells, wobei die Eulerwinkel der letzten 50 Timestamps betrachtet werden. Aus der Bezeichnung der Zustände kann auf das zugehörige Teilmodell geschlossen werden, und die einzelnen Phasen können den entsprechenden Bewegungsmustern zugeordnet werden.

8 Evaluationsergebnisse

In den beiden vorigen Kapiteln wurden Realisierungsansätze für die Analyse des sensomotorischen Verhaltens vorgestellt, um die Einstellungen von Standardebenen und die Auge-Hand-Steuerung des Schallkopfes zu beurteilen. Die Standardebenen werden mit Hilfe eines Fuzzy-Regelansatzes überprüft, der die Orientierung und die Erfassung der Leitstrukturen bewertet. Diese Konzepte sind auch geeignet, um die Ursachen einer schlechten Einstellung abzuleiten, die Hinweise auf Fehlkonzepte und damit auf das mentale Modell des Lernenden geben.

Für die Überprüfung der Schallkopfbewegungen wurde ein auf Hidden-Markov-Modellen basierender Ansatz entwickelt, um zwischen Unsicherheitsmustern wie "Fächeln", zielgerichteten Positionsübergängen oder einem "Annäherungsfächeln" zu unterscheiden. Diese Bewegungsmuster sollen Aufschluß darüber geben, ob der lernende Arzt "auf dem richtigen Weg" ist oder ob er die Orientierung verloren hat.

Diese Ansätze sollen nun evaluiert werden. Die Bewertung der Standardebenen wird zunächst anhand einer Fallstudie beurteilt, wobei exemplarisch gezeigt wird, wie die Ursachen einer schlechten Einstellung erkannt werden und wie entsprechende Hilfestellungen aussehen würden. Dann folgt eine objektive Evaluation, die überprüft, ob die Bewertungen der Standardebenen durch das Trainingssystem medizinisch plausibel sind. Schließlich wird an mehreren Beispielen gezeigt, ob die Hidden-Markov-Modelle Unsicherheitsmuster von "normalen" Bewegungen unterscheiden können.

8.1 Fallstudie zur Beurteilung der Standardebenen

Für die Evaluation der Standardebenenbeurteilung des semantischen Protokolls wurde ein umfassendes Experiment durch einen erfahrenen Arzt aufgezeichnet, das die Grundlage für die Bewertung bildete. Dabei wurden bewußt Fehleinstellungen vorgenommen, um zu prüfen, ob diese vom System zurückgewiesen werden. Gute Einstellungen müssen dagegen erkannt werden.

Im Anschluß an die Aufzeichnung wurde das semantische Protokoll nach den subjektiven Gesichtspunkten des Arztes annotiert. Dabei wurde berücksichtigt, inwieweit die Bewertung des Systems angemessen erscheint, welche Fehler die Ursache einer schlechten Einstellung waren und wie diese durch eine Hilfestellung korrigiert werden können.

Bevor das resultierende semantische Protokoll in Ausschnitten vorgestellt und erläutert wird, soll der Aufbau des Protokolls allgemein beschrieben werden.

8.1.1 Semantisches Protokoll

Von links nach rechts beinhaltet das *semantische Protokoll* (vgl. Abb. 8.1):

- die bewertete Zeitspanne in ms
- den Aufsetzpunkt des Schallkopfes und seine Bewertung
- den Status der Bewegung
    - STANDSTILL: Stillstand. Nur in diesem Status wird die Einstellung einer Standardebene beurteilt.
    - LEAVING: Verlassen einer Standardebene.
    - MOVING: Bewegung des Schallkopfes.
    - CONTINUE: Fortführen der Bewegung nach einem Stillstand außerhalb einer Standardebene.
- die erkannte Standardebene mit ihrem Zugehörigkeitsgrad (vgl. 6.24). Die Bewertung erfolgt nur, wenn ein gültiger Aufsetzpunkt erkannt wurde.
- den Zugehörigkeitsgrad zum entsprechenden Normalencluster
- die Zugehörigkeitsgrade für die relevanten Zielstrukturen
- die Differenzeulerwinkel zur "optimalen" Einstellung der Standardebene

Eine Standardebene wird ab dem Zugehörigkeitsgrad 0.6 als gültig gewertet, d.h. der Name der entsprechenden Ebene wird in der Spalte "Standardebene" des semantischen Protokolls dargestellt. Liegt keine gültige Einstellung vor, wird überprüft, ob die Ebene mit dem maximalen Zugehörigkeitsgrad höher als 0.3 bewertet wurde. In diesem Fall wird angenommen, daß der lernende Arzt versucht hat, diese Ebene einzustellen, so daß sie in eckigen Klammern angezeigt wird. Liegt der Wert unterhalb 0.3, wird keine Standardebene erkannt.

Die Bewertungen der Zielstrukturen und die Differenzeulerwinkel geben direkte Anhaltspunkte für die Ursachen einer schlecht eingestellten bzw. nicht gefundenen Standardebene. So kann dem lernenden Arzt die Definition der Leitstrukturen nicht bekannt sein, oder er hat ihnen noch keine entsprechenden visuellen Erwartungsmuster zugeordnet. Eine andere Fehlerquelle ist die Auge-Hand-Steuerung, d.h. er weiß zwar, wie das Bild aussehen muß, ihm fehlt aber der Zusammenhang zwischen der räumlichen Orientierung und den sichtbaren Strukturen. Aus dem semantischen Protokoll kann ein derartiger Unterstützungsbedarf abgeleitet werden, um dem lernenden Arzt geeignete Hilfestellungen anbieten zu können. Dies soll im folgenden an mehreren Beispielen demonstriert werden.

8.1 Fallstudie zur Beurteilung der Standardebenen

TimeStamp	Aufsetzpunkt	Wert	Status	Standardebene	Wert	Normale	Ao Ring	MV Ring	LängeLV	Kippen	Angulation	Rotation
12410	parasternal 4.ICR	0.80	MOVING									
12610	parasternal 4.ICR	0.79	STANDSTILL	[para lang]	0.38	0.36	0.69	0.98	0.39	0.91	31.05	35.47
12810-18040	parasternal 4.ICR	0.79	MOVING									
18240	parasternal 4.ICR	0.78	STANDSTILL	[para lang]	0.51	0.54	0.87	0.49	0.76	5.17	23.82	22.72
18440	parasternal 4.ICR	0.78	CONTINUE									
18640	parasternal 4.ICR	0.78	MOVING									
18840	parasternal 4.ICR	0.78	MOVING									
19040-23470	parasternal 4.ICR	0.78	STANDSTILL	para lang	0.66	0.59	0.90	0.84	0.74	0.82	22.91	23.68
23670-23670	parasternal 4.ICR	0.77	MOVING									
25670-27880	parasternal 4.ICR	0.77	STANDSTILL	[para lang]	0.49	0.69	0.29	0.95	0.41	-7.24	22.17	23.63
28080-29480	parasternal 4.ICR	0.75	MOVING									
29680-31690	parasternal 4.ICR	0.75	STANDSTILL	para lang	0.65	0.92	0.38	0.97	0.80	-5.06	24.35	12.32
31890	parasternal 4.ICR	0.75	LEAVING									
32090-32700	parasternal 4.ICR	0.75	STANDSTILL	para lang	0.66	0.93	0.38	0.97	0.83	-4.97	24.55	11.17
32900	parasternal 4.ICR	0.75	LEAVING									
33100	parasternal 4.ICR	0.75	MOVING									
33300-37100	parasternal 4.ICR	0.75	STANDSTILL	para lang	0.69	0.94	0.44	0.96	0.88	-4.39	25.09	10.08
37300-38900	parasternal 4.ICR	0.72	MOVING									
39100-43510	parasternal 4.ICR	0.72	STANDSTILL	[para lang]	0.50	0.76	0.23	0.93	0.94	-5.81	29.98	-7.18
43710-45120	parasternal 4.ICR	0.71	MOVING									
45320-49740	parasternal 4.ICR	0.71	STANDSTILL	[para lang]	0.39	0.79	0.00	0.83	0.84	-14.05	29.59	-6.68
49940-52760	parasternal 4.ICR	0.76	MOVING									
52960	parasternal 4.ICR	0.76	STANDSTILL	[para lang]	0.57	0.81	0.34	0.96	0.58	-5.77	24.85	19.25
53160-54970	parasternal 4.ICR	0.77	MOVING									
55170-56370	parasternal 4.ICR	0.77	STANDSTILL	para lang	0.71	0.72	0.70	0.97	0.69	0.67	34.05	21.35
56570	parasternal 4.ICR	0.78	LEAVING									
56770	parasternal 4.ICR	0.78	MOVING									
56970	parasternal 4.ICR	0.78	MOVING									
57170-57370	parasternal 4.ICR	0.78	STANDSTILL	para lang	0.68	0.70	0.70	0.97	0.67	1.64	36.73	22.31
57570	parasternal 4.ICR	0.77	LEAVING									

Abbildung 8.1: Ausschnitt des semantischen Protokolls für die parasternallange Achse

8.1.2 Parasternal lange Achse

Abb. 8.1 zeigt einen Ausschnitt des semantischen Protokolls für die parasternal lange Achse. Die Beurteilung entspricht dabei den Annotationen des Experten. Die Kriterien zur Beurteilung dieser Standardebene waren: der Normalenvektor, der Durchmesser des Aortenklappenringes, der Durchmesser des Mitralklappenringes und die Darstellung der Längsachse des linken Ventrikels (vgl. Abschnitt 6.5).

12610, 25670-27880 Der lernende Arzt sucht die lange Achse, findet sie aber nicht, was sich darin äußert, daß der linke Ventrikel nicht in seiner Längsachse dargestellt wird (siehe Abb. 8.2.a). Das Trainingssystem erkennt, daß die lange Achse eingestellt werden sollte, sie aber nicht getroffen wurde (eckige Klammern, Zugehörigkeitsgrad 0.38 bzw. 0.49). Die schlechte Einstellung der Längsachse des linken Ventrikels äußert sich in dem Wert für das entsprechende Ellipsoid, das sehr schlecht angeschnitten wird, mit Werten von 0.39 bzw. 0.41. Abb. 8.2.b zeigt den Anschnitt des Ellipsoids. Die Ursache für diese schlechte Einstellung kann entweder darin bestehen, daß der lernende Arzt nicht weiß, wie die Leitstrukturen der Standardebene genau definiert sind (hier: Anschnitt des linken Ventrikel in der Längsausdehnung maximieren), oder er hat Probleme mit der Auge-Hand-Steuerung, d.h. er weiß nicht, wie er die Feineinstellung erreichen kann.

 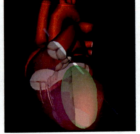 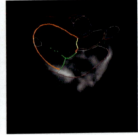

Abbildung 8.2: a) Ungültige lange Achse: Der linke Ventrikel ist nicht in seiner Längsachse dargestellt, b) Anschnitt des LV-Ellipsoids, c) Highlighting der Leitstrukturen

Die Regeln zur Hilfestellung würden z.B. lauten:

R_1 : **if** *ProbablePlane (para lang)* **and** *poor (AreaLV)*
     then *"Längsachse des LV optimieren"*

R_2 : **if** *ProbablePlane (para lang)* **and** *positive (eulRotation)*
     then *"Schallkopf nach rechts rotieren"*

Regel 1 weist darauf hin, daß die Längsachse des linken Ventrikels optimiert werden muß, während Regel 2 durch Vergleich der Eulerwinkel zur "optimalen" Standardebene genauer angeben kann, in welche Richtung die Ebene korrigiert werden muß (vgl. Beurteilung von Standardübergängen in 7.3.2). Als Hilfestellung kann ein zweiter Schallspachtel eingeblendet werden, der den Übergang zur optimalen Standardposition visualisiert. Sinnvoller wäre zunächst aber wohl die Unterstützung bei der Annäherung der Ebene durch ein gezieltes Highlighting der relevanten Leitstrukturen, das direkt die Auge-Hand-Steuerung unterstützt und im Sinne der "sprechenden Situationen" am geeignetsten ist (vgl. Abschnitt 4.3.5). Abbildung 8.2.c zeigt, wie dieses Highlighting aussehen würde: Der linke Ventrikel, der optimiert werden muß, ist rot dargestellt, während die anderen Leitstrukturen, Mitralklappe und Aortenklappe, gelb bzw. grün dargestellt sind.

39100-43510, 45320-49740 Die Aortenklappe ist schlecht eingestellt (siehe Abb. 8.3.a). Im Protokoll äußert sich dies durch den niedrigen Wert 0.23 bzw. 0.0 für den Aortenklappenring (Abb. 8.3.b). Hier liegen die möglichen Fehlerursachen ebenfalls in der Unkenntnis der Leitstrukturen (Das Aortenklappenmittelecho soll zu sehen sein) oder in der Auge-Hand-Steuerung. Die Einstellung kann durch eine leichte Rotation nach links (vgl. Eulerwinkel Rotation -7.18) verbessert werden (Abb. 8.3.c):

8.1 Fallstudie zur Beurteilung der Standardebenen

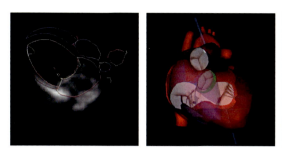
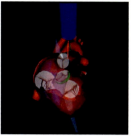

Abbildung 8.3: a) Ungültige Lange Achse: Die Aortenklappe ist sehr schlecht eingestellt, b) Anschnitt der Aortenklappe, c) Zweiter Schallspachtel zeigt, wohin der Schallkopf rotiert werden muß

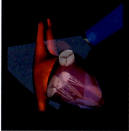

Abbildung 8.4: a) und b) Parasternal lange Achse, die aus dem Schallsektor herausfällt

R_3 : **if**   *ProbablePlane (para lang)* **and** *negative small (eulRotation)*
       then *"Schallkopf leicht nach links rotieren"*

R_4 : **if**   *ProbablePlane (para lang)* **and** *poor (RingAo)*
       then *"Aortenklappenmittelecho nicht zu sehen"*

55170-56370, 57170-57370   Die Ebene ist aus dem Schallsektor herausgekippt. Hier wurde erneut nicht beachtet, daß der linke Ventrikel möglichst in seiner maximalen Ausdehnung dargestellt werden sollte. Der Schallkopf muß seitlich gekippt werden, um die Leitstrukturen in das sichtbare Fenster zu bringen. Da der Simulator die Strukturen jedoch trotzdem anzeigt (siehe Abb. 8.4), kann dieser Fehler hier nicht plausibel verdeutlicht werden. Eine Möglichkeit, ihn festzustellen, ist die Beurteilung des Differenzeulerwinkels für die Angulation im Vergleich zur optimalen Schallebene (hier: 35.05 bzw. 36.73). Die Regel dazu könnte lauten:

R_5 : **if** *StandardPlane (para lang)* **and** *positive (eulAngulation)*
then *"Schallkopf leicht nach rechts kippen"*

8.1.3 Parasternal kurze Achse in Höhe der Aortenklappe

Abb. 8.5 zeigt einen Ausschnitt des semantischen Protokolls für die parasternal kurze Achse in Höhe der Aortenklappe. Diese Standardebene wird in Abschnitt 6.5 zusätzlich zum Normalenvektor durch die Zielstrukturen *Aortenklappenöffnungsfläche*, *Ring der Pulmonalklappe* und *Ausschluß der Mitralklappe* definiert.

TimeStamp Aufsetzpunkt	Wert	Status	Standardebene	Wert Normale	PV Ring	Ao Fläche	MV Fläche	ApexDist Ao	AoV Bewertung	Kippen	Angulation	Rota
118850 parasternal 4.ICR	0.72	MOVING										
118850-122470 parasternal 4.ICR	0.72	STANDSTILL	undefined	0.30	1.00	0.00	0.00	0.78	zu hoch 1	14.32	0.14	1
122670-126280 parasternal 4.ICR	0.81	MOVING										
126480 parasternal 4.ICR	0.81	STANDSTILL	undefined	0.45	1.00	0.00	0.00	1.00	zu hoch 1	13.90	-0.09	
126680-130100 parasternal 4.ICR	0.82	MOVING										
130310-130710 parasternal 4.ICR	0.83	STANDSTILL	para kurz Ao	0.90	0.85	1.00	0.95	0.04	0.81	in Ordnung 0.878	-1.88	2.59
130910 parasternal 4.ICR	0.83	LEAVING										
131110 parasternal 4.ICR	0.83	MOVING										
131310 parasternal 4.ICR	0.83	MOVING										
131510-137150 parasternal 4.ICR	0.83	STANDSTILL	para kurz Ao	0.83	0.83	1.00	0.84	0.00	0.86	in Ordnung 0.702	-0.63	2.78
137350-139360 parasternal 4.ICR	0.83	MOVING										
139560-139970 parasternal 4.ICR	0.83	STANDSTILL	para kurz Ao b	0.89	0.92	1.00	0.86	0.06	1.00	in Ordnung 0.747	-2.70	1.78
140170-141170 parasternal 4.ICR	0.82	MOVING										
141370-144370 parasternal 4.ICR	0.82	STANDSTILL	[para kurz Ao b]	0.49	0.99	1.00	0.00	0.00	1.00	zu hoch 1	5.58	0.29
144580-144990 parasternal 4.ICR	0.82	MOVING										
145190 parasternal 4.ICR	0.82	STANDSTILL	[para kurz Ao b]	0.48	0.97	1.00	0.00	0.00	1.00	zu hoch 1	6.80	0.74
145390 parasternal 4.ICR	0.82	STANDSTILL	[para kurz Ao b]	0.48	0.97	1.00	0.00	0.00	1.00	zu hoch 1	6.71	0.95
145590-150400 parasternal 4.ICR	0.83	MOVING										
150600 parasternal 4.ICR	0.83	STANDSTILL	para kurz Ao b	0.85	0.95	1.00	0.75	0.00	1.00	in Ordnung 0.6175	-0.35	-1.07
150800-152800 parasternal 4.ICR	0.84	MOVING										
153000 parasternal 4.ICR	0.84	STANDSTILL	para kurz Ao	0.87	0.95	1.00	0.98	0.21	0.79	in Ordnung 0.9203	-3.76	0.33
153200 parasternal 4.ICR	0.84	LEAVING										

Abbildung 8.5: Ausschnitt des semantischen Protokolls für die parasternal kurze Achse in Höhe der Aortenklappe

118850-122470, 141370-144370 Der lernende Arzt hat den Schallkopf zu weit oben aufgesetzt, bzw. die Schallebene zu weit nach oben gekippt, so daß die Ebene zu hoch liegt und die Aorta nicht im Ultraschallbild zu sehen ist (Schnitt mit Aortenklappenellipsoid ist 0.0). Abb. 8.6 zeigt das entsprechende Ultraschallbild und die Lage der Ebene relativ zum Herzmodell und zum Aortenklappenellipsoid. Hier sind ihm vermutlich die Leitstrukturen nicht bekannt: Die Aortenklappe muß in Form eines "Mercedessterns" sichtbar sein. Dieses visuelle Erwartungsmuster wäre auch für den Anfänger unmittelbar erkennbar. Eine andere Ursache wäre, daß er nicht weiß, wie er die Schallkopfposition ändern muß, um die gewünschte Einstellung zu erreichen.

8.1 Fallstudie zur Beurteilung der Standardebenen

Eine mögliche Hilfestellung wäre daher : "Schallebene zu hoch: Leichtes Kippen der Schallebene nach apikal". Überprüft werden könnte dies vom Trainingssystem durch den Abstand der Ebene zum Mittelpunkt des Aortenklappenellipsoids (vgl. Abschnitt 6.4.5), der durch Fuzzy-Mengen in "zu weit oben", "in Ordnung" oder "zu tief" eingeteilt wird (hier: "zu hoch"), oder den Eulerwinkel zur optimalen Ebene für orthogonales Kippen. Das zweite Kriterium ist allerdings abhängig vom Aufsetzpunkt und daher weniger geeignet als das erste. Die Regeln zur Hilfestellung würden z.B. lauten:

R_1 : if   *ProbablePlane (para kurz Ao)* **and**
            near Zero (AreaAo)
    then   *"AoV nicht als Mecerdestern sichtbar"*

R_2 : if   *ProbablePlane (para kurz Ao)* **and**
            near Zero (AreaAo)   **and**   *zu weit oben (Ao)*
    then   *"Schallebene zu hoch: leicht nach apikal kippen"*

R_3 : if   *ProbablePlane (para kurz Ao)* **and**
            near Zero (AreaAo)   **and**   *positive (eulKippen)*
    then   *"Schallebene nach apikal kippen"*

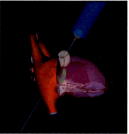

Abbildung 8.6: a) und b) Ungültige parasternal kurze Achse in Höhe der Aortenklappe: Die Schallebene liegt zu hoch, so daß die Aortenklappe nicht angeschnitten wird.

Als Hilfestellung kann hier wieder ein zweiter Schallspachtel eingeblendet werden, der den Übergang zur optimalen Standardposition visualisiert.

150600   Die Aortenklappe erscheint nicht rund im Bild, sie wird schräg angeschnitten (siehe Abb. 8.7.a und 8.7.b). Im Protokoll äußert sich dies durch den vergleichsweise niedrigen Wert 0.75 für das Aortenklappenellipsoid. Die Einstellung kann durch eine leichte Rotation nach links (vgl. Eulerwinkel Rotation -11.49) verbessert werden:

160 8 Evaluationsergebnisse

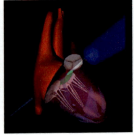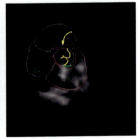

Abbildung 8.7: a) Schlechte kurze Achse der Aorta: Die Aorta erscheint nicht rund im Bild. b) Anschnitt des Aortenklappenellipsoids, c) Highlighting der Leitstrukturen

R_4 : **if**   *StandardPlane (para kurz Ao)*   **and**   *poor (AreaAo)*   **and**
            negative (eulRotation)
       then   *"Ao nicht rund im Bild: Schallkopf nach links rotieren"*

153000   Die Mitralklappe ist im Bild zu sehen (Wert 0.21 für MV Fläche im Protokoll). Eventuell weiß der lernende Arzt nicht, daß sie nicht sichtbar sein sollte, weshalb er darauf hingewiesen wird. Abb. 8.8 zeigt das Ultraschallbild und die Lage der Ebene relativ zum Ellipsoid der Mitralklappe.

R_5 : **if**   *StandardPlane (para kurz Ao)*   **and**   *positive (AreaMV)*
       then   *"Mitralklappe sollte nicht zu sehen sein"*

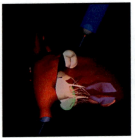

Abbildung 8.8: a) Schlechte kurze Achse der Aorta: Die Mitralklappe ist im Bild. b) Anschnitt des MV-Ellipsoids, c) Highlighting der Leitstrukturen

8.1.4 Ergebnisse der Fallstudie

Die vorliegenden Beispiele zeigen, wie aus dem semantischen Protokoll Hinweise auf Fehlvorstellungen oder Orientierungsschwierigkeiten des lernenden Arztes bezüglich der Standardebeneneinstellung abgeleitet und auf entsprechende Hilfestellungen abgebildet werden können. So kann bei einer schlechten bzw. verfehlten Einstellung einer Standardebene (0.3 < Zugehörigkeitsgrad < 0.6) anhand der Fuzzy-Konzepte für die einzelnen Leitstrukturen und der Eulerwinkel relativ zur "optimalen" Standardebene genau erfaßt werden, worin die Ursache dafür besteht. Dies erlaubt ein wesentlich gezielteres Feedback, als es durch eine Klassifikation der Form "in Ordnung" / "schlecht" möglich wäre.

Die Feineinstellung einer Standardebene und die Auge-Hand-Steuerung läßt sich so am besten durch ein farblich kodiertes, adaptives Highlighting der Leitstrukturen vermitteln, wobei richtig angschnittene Strukturen grün und schlecht angeschnittene Strukturen rot kodiert werden. Während der Annäherung ändert sich die Farbe dann von rot nach grün. Diese Art von Feedback unterstützt das schrittweise Annähern an eine Standardposition, indem die visuelle Erfassung der Strukturen im Ultraschallbild im Sinne von *sprechenden Situationen* durch ein visuelles Feedback unterstützt wird.

Liegen räumliche Orientierungsschwierigkeiten vor, sollte dagegen die Relation (bzw. der richtige Weg) zur Zielposition anhand des 3D-Herzmodelles verdeutlicht werden, was durch die Einblendung eines zweiten Schallspachtels und die Demonstration der richtigen Bewegung dorthin geschehen kann. Fehlende Kenntnisse der Leitstrukturen bzw. die Definition einer Standardebene sind schließlich am besten durch Multimedia-Tutoring-Module vermittelbar, wie sie z.B. der *EchoExplorer* (vgl. Abschnitt 2.2.1) anbietet.

Durch die Wahl des am besten geeigneten Feedbacks aufgrund der Bewertung der aktuellen Situation bzw. des mentalen Zustands des Lernenden anhand des semantischen Protokolls wird so ein *situiertes Lernen* gemäß dem *Cognitive-Apprenticeship-Ansatz* unterstützt.

8.2 Objektive Evaluation der Standardebenenbewertung

Zusätzlich zu der bereits beschriebenen Fallstudie wurde eine Evaluation der Standardebenenbewertung des Systems durch Dr. M. Weidenbach durchgeführt, um die medizinische Eignung des beschriebenen Erkennungsansatzes zu überprüfen. Hierzu wurden sechs verschiedene Standardebenen mehrfach eingestellt, um anschließend die Systembewertungen durch einen weiteren, unabhängigen Experten zu überprüfen. Ziel der Evaluation ist die Aufklärung folgender Fragen:

1. Sind die vom System als "richtig" erkannten Standardeinstellungen auch objektiv (vom Experten) als richtig einzustufen?

2. Sind die vom System als "falsch" eingestuften Ebenen wirklich keine gültigen Standardebenen?

3. Werden alle richtigen Einstellungen des Anwenders vom System auch als richtig erkannt?

4. Werden die vom Anwender falsch eingestellten Ebenen auch als ungültige Ebenen gewertet?

5. Sind die Ergebnisse, die im Herzmodell erreicht werden (Orientierung an den Modellkonturen anstelle eines Ultraschalldatensatzes), auch auf registrierte Datensätze anwendbar?

Diese Fragen sollen durch die vorgenommenen Auswertungen beantwortet werden.

8.2.1 Evaluation richtiger Einstellungen eines Experten

In diesem Experiment soll Frage 3 von oben beantwortet werden: *Werden alle richtigen Einstellungen des Anwenders vom System auch als richtig erkannt?* Hierzu wurden 3 Standardebenen jeweils einmal mit zwei verschiedenen Ultraschalldatensätzen eingestellt, und zweimal mit Orientierung am Herzmodell. Zwei weitere Standardebenen wurden nur am Herzmodell eingestellt. Diese Einstellungen wurden durch beide Experten unabhängig voneinander bewertet (vgl. Tabelle 8.1).

Bis auf die *kurze Achse in Höhe der Papillarmuskeln* werden alle Einstellungen richtig erkannt, was sich in einer Erkennungsrate von 96% von 31 bewerteten Ebenen zeigt. Diese Standardebene wurde einmal für den ersten Datensatz (Bewertung 0.44) und einmal für den zweiten Datensatz (Wert: undefined) nicht identifiziert. Aufgrund der geringen Anzahl der Testdaten können hier aber noch keine Schlußfolgerungen über die Ursachen der Fehlklassifikationen getroffen werden. Für alle anderen Standardebenen wird die obige Frage jedoch voll erfüllt.

8.2.2 Evaluation falscher Einstellungen eines Experten

Umgekehrt zur vorigen Frage soll nun geklärt werden, ob die vom Anwender falsch eingestellten Ebenen auch als ungültige Ebenen gewertet werden (Frage 4). Hierzu wurden 5 verschiedene Standardebenen jeweils zweimal anhand des Herzmodells eingestellt und wieder von beiden Experten ausgewertet (siehe Tabelle 8.2).

Von den 20 bewerteten Einstellungen wurden diesmal 95.5% richtig erkannt. 3 Einstellungen wurden von den Experten als falsch positiv bewertet: zweimal die *parasternal kurze Achse in Höhe der Aorta* (Bewertung 0.36 durch das System) und einmal die *kurze Achse in Höhe der Papillarmuskeln* (Bewertung 0.32 durch das System). Da ein Wert größer als 0.3 aber nur besagt, daß diese Ebene wahrscheinlich eingestellt werden sollte, sie aber

8.2 Objektive Evaluation der Standardebenenbewertung

Einstellung			Systembewertung	Beurteilung der Systembewertung durch Experten						Gesamtbewertung
Ebene	Datensatz	Versuch		richtig positiv [1]		richtig positiv [2]		falsch negativ [3]		Erkennungsrate in Prozent
				Experte1	Experte2	Experte1	Experte2	Experte1	Experte2	
apikaler Vierkammerblick	Set1		0.88	x	x					
	Set2		0.78	x	x					
	Modell	1	0.81	x	x					
		2	0.86	x	x					
	Summe	8		4	4					100,00%
apikaler Fünfkammerblick	Set1		0.71	x	x					
	Set2		0.82	x	x					
	Modell	1	0.88	x	x					
		2	0.83	x	x					
	Summe	8		4	4					100,00%
apikal lange Achse	Modell	1	0.73	x	x					
		2	0.87	x	x					
	Summe	4		2	2					100,00%
parasternal kurze Achse Aorta	Modell	1	0.83	x	x					
		2	0.85	x	x					
	Summe	4		2	2					100,00%
parasternal kurze Achse Papillarmuskel-ebene	Set1		[ps pap] 0.44		x	x				
	Set2		undefined	-				x	-	
	Modell	1	0.61	x	x					
		2	0.64	x	x					
	Summe	7		3	2	1		1	0	81.43%
Gesamtsumme		31		15	14	1	0	1	0	99,00%

[1] vom Experten vorgegebene Standardebenen werden vom System als Standardebenen erkannt
[2] vom Experten vorgegebene Standardebenen werden vom System als schlecht eingestufte Standardebenen erkannt (mit Faktor 0.7 als richtig positiv bewertet)
[3] vom Experten vorgegebene Standardebenen werden vom System nicht als Standardebenen erkannt

Tabelle 8.1: Evaluation: Systembewertungen der vorgegebenen Standardebenen eines Experten

nicht als Standardebene erkannt wird, ist die Einstufung nicht ganz zutreffend. Die Gesamtleistung der Erkennung falscher Standardebenen ist (zumindest für diese niedrige Anzahl an Testmustern) sehr zufriedenstellend. Eventuell ist die geometrische Struktur des Ellipsoids für die Aortenklappe in der Bewertung toleranter, als es durch die Beurteilung der sichtbaren Strukturen im Ultraschallbild der Fall wäre. Hier könnte aber durch eine Verkleinerung des Ellipsoids eine verbesserte bzw. strengere Bewertung erreicht werden.

8.2.3 Evaluation der Standardebeneneinstellung nach Vorgabe des Systems

Für diese Auswertung wurden zwei lange Trajektorien mit Orientierung am Herzmodell aufgezeichnet, wobei die Einstellungen unter Beobachtung der angezeigten Standardebenenklassifikation und -bewertung erfolgten. Diese Einstellungen wurden erneut durch beide Experten bewertet, um folgende Fragen zu beantworten:

- Sind die vom System als "richtig" erkannten Standardeinstellungen auch vom Experten als richtig einzustufen (Frage 1)?

- Sind die vom System als "falsch" eingestuften Ebenen auch wirklich keine Standardebenen (Frage 2)?

Einstellung			Systembewertung		Beurteilung der Systembewertung durch Experten						Gesamtbewertung
Ebene	Datensatz	Versuch			richtig negativ [4]		richtig negativ [5]		falsch positiv [6]		Erkennungsrate in Prozent
					Experte1	Experte2	Experte1	Experte2	Experte1	Experte2	
apikaler Vierkammerblick	Modell falsch	1	[a2ka]	0.52	x	x					
		2	undefined		x	x					
	Summe	4			1	1	1	1			100,00%
apikaler Fünfkammerblick	Modell falsch	1	undefined		x	x					
		2	undefined		x	x					
	Summe	4			2	2					100,00%
apikal lange Achse	Modell falsch	1	undefined		x	x					
		2	undefined		x	x					
	Summe	4			2	2					100,00%
parasternal kurze Achse Aorta	Modell falsch	1	[ps MV]	0.47	x	x					
		2	[ps Ao]	0.36					x	x	
	Summe	4			1	1			1	1	85,00%
parasternal kurze Achse Papillarmuskel-ebene	Modell falsch	1	[ps pap]	0.32			x			x	
		2	[ps pap]	0.5			x	x			
	Summe	4					2	1		1	92,50%
Gesamtsumme		20			6	6	3	2	1	2	95,50%

[4] vom Experten eingestellte Nicht-Standardebenen werden vom System als keine Standardebene erkannt
[5] vom Experten mäßig gut eingestellte Standardebenen werden vom System als mäßig gut erkannt
[6] vom Experten eingestellte Nicht-Standardebenen werden vom System als mäßige Standardebenen interpretiert (mit Faktor 0.7 als richtig negativ bewertet)

Tabelle 8.2: Evaluation: Systembewertungen der falsch vorgegebenen Standardebenen eines Experten

- Sind die Ergebnisse, die im Herzmodell erreicht werden, auch auf registrierte Datensätze anwendbar (Frage 5)?

Experte 1

Durch den ersten Experten wurden insgesamt 86 Einstellungen bewertet, davon 66 am Herzmodell und jeweils 10 für zwei verschiedene Datensätze (siehe Tabelle 8.3). Die Gesamterkennungsleistung ist mit 93.02% sehr zufriedenstellend. Dabei ist kein wesentlicher Unterschied zwischen dem Herzmodell oder den Datensätzen feststellbar (92.73% gegenüber jeweils 94%). Dies läßt darauf schließen, daß die Ergebnisse auf registrierte Datensätze übertragbar sind, wobei diese Aussage aufgrund der relativ niedrigen Zahl von je 10 Einstellungen vorsichtig formuliert werden muß (Frage 5).

Da keine Bewertungen als falsch positiv eingestuft wurden, sind in diesem Fall die vom System als richtig erkannten Ebenen auch vom Experten als richtig einzustufen (Frage 1).

Insgesamt 3 Einstellungen der 86 (3.5%) wurden vom System zurückgewiesen, obwohl sie vom Experten als gültige Einstellungen bewertet wurden. Dieser Wert ist aber akzeptabel, so daß angenommen werden kann, daß die vom System als falsch eingestuften Ebenen wirklich keine Standardebenen sind (Frage2).

Experte 2

Der zweite Experte hat insgesamt 64 Einstellungen bewertet, wovon 43 am Herzmodell und 10 bzw. 11 für zwei Datensätze beurteilt wurden (siehe Tabelle 8.4).

8.2 Objektive Evaluation der Standardebenenbewertung

Einstellung			Beurteilung der Systembewertung durch Experte 1					Gesamtbewertung
Ebene	Datensatz	Anzahl Versuche	richtig positiv [1]	richtig positiv [2]	falsch positiv [3]	richtig negativ [4]	falsch negativ [5]	Erkennungsrate in Prozent
apikaler Vierkammerblick	Set1	2	2	0	0			100.00%
	Set2	2	2	0	0			100.00%
	Modell	9	7	2	0			93.33%
	Summe	13	11	2	0			95.38%
apikaler Fünfkammerblick	Set1	2	1	1	0			85.00%
	Set2	2	2	0	0			100.00%
	Modell	10	9	1	0			97.00%
	Summe	14	12	2	0			95.71%
apikal lange Achse	Set1	2	2	0	0			100.00%
	Set2	2	1	1	0			85.00%
	Modell	10	9	1	0			97.00%
	Summe	14	12	2	0			95.71%
parasternal kurze Achse Aorta	Set1	1	1	0	0			100.00%
	Set2	2	1	1	0			85.00%
	Modell	8	7	1	0			96.25%
	Summe	11	9	2	0			94.55%
Bifurkation Pulmonalis	Modell	2	2	0	0			100.00%
	Summe	2	2	0	0			100.00%
parasternal kurze Achse Papillarmuskelebene	Set1	3	2	1	0			90.00%
	Set2	2	2	0	0			100.00%
	Modell	8	7	1	0			96.25%
	Summe	13	11	2	0			95.38%
undefinierte Ebenen	Modell	3				3		
	Summe	3				3		
mäßige Ebenen	Modell	16				16	0	
	Summe	16				16	0	100.00%
Set1		10	8	2	0			94.00%
Set2		10	8	2	0			94.00%
Modell		66	41	6	0	16	3	92.73%
Gesamtsumme		86	57	10	0	16	3	93.02%

[1] vom System vorgegebene Standardebenen sind wirklich Standardebenen
[2] vom System vorgegebene Standardebenen sind nur mäßig gute Standardebenen (mit Faktor 0.7 als richtig positiv gewertet)
[3] vom System vorgegebene Standardebenen sind keine Standardebenen, bzw. schlecht eingestellt
[4] vom System negativ bewertete Ebenen sind wirklich schlecht eingestellte bzw. gar keine Standardebenen
[5] vom System nicht bzw. als mäßig erkannte Ebenen sind valide Standardebenen

Tabelle 8.3: Evaluation: Bewertungen der vorgegebenen Standardebenen des Systems durch Experte 1

Die Klassifikationsrate ist mit 83.59% niedriger als beim ersten Experten, wobei das schlechte Ergebnis maßgeblich durch die Bewertungen für den zweiten Datensatz (3 von 10 als falsch positiv klassifiziert) und durch die Modellbewertungen für die *parasternal kurze Achse der Papillarmuskeln* (67.67%) beeinflußt wurde. Diese Ebene hat auch für den zweiten Datensatz mit nur 35% am schlechtesten abgeschnitten. Aufgrund der bereits in 8.2.1 gemachten Beobachtungen ist daher anzunehmen, daß diese Ebene noch nicht gut genug repräsentiert wird. Eventuell sollte deshalb doch, wie für die anderen Leitstrukturen auch, ein Ellipsoid definiert werden, das die Papillarmuskeln umschreibt, statt den Abstand zum Apex zu messen.

Für die Bewertung der *parasternal kurzen Achse der Aorta*, die für die Datensätze ebenfalls zweimal falsch positiv klassifiziert wurde, gilt hier wieder dieselbe Bemerkung wie in Abschnitt 8.2.2: Durch eine Verkleinerung des Ellipsoids könnte eine strengere Bewertung erreicht werden, was jedoch nicht unbedingt sinnvoll sein muß, da dies auch eine größere Abhängigkeit in Bezug auf die Registrierung des Datensatzes bedeuten würde. Insgesamt wurden hier ca. 9% der Bewertungen als falsch positiv eingestuft, wobei die Hälfte davon auf den zweiten Datensatz entfällt. Eventuell liegt hier eine schlechte Registrierung vor, so daß die Ergebnisse des Herzmodells in diesem Fall nicht übertragbar sind. Es fällt auf, daß die falsch positiven Bewertungen ausschließlich durch den zweiten Experten angegeben wurden. In Bezug auf diese interindividuelle Streuung der beiden Experten ist die Gesamterkennungsleistung des Systems sehr positiv zu bewerten.

Einstellung			Beurteilung der Systembewertung durch Experte 2					Gesamtbewertung
Ebene	Datensatz	Anzahl Versuche	richtig positiv [1]	richtig positiv [2]	falsch positiv [3]	richtig negativ [4]	falsch negativ [5]	Erkennungsrate in Prozent
apikaler Vierkammerblick	Set1	2	2	0	0			100.00%
	Set2	2	2	0	0			100.00%
	Modell	6	4	2	0			90.00%
	Summe	10	8	2	0			94.00%
apikaler Fünfkammerblick	Set1	2	2	0	0			100.00%
	Set2	2	1	0	1			50.00%
	Modell	9	8	1	0			96.67%
	Summe	13	11	1	1			90.00%
apikal lange Achse	Set1	3	3	0	0			100.00%
	Set2	2	2	0	0			100.00%
	Modell	6	5	1	0			95.00%
	Summe	11	10	1	0			97.27%
parasternal kurze Achse Aorta	Set1	2	1	0	1			50.00%
	Set2	2	1	0	1			50.00%
	Modell	3	3	0	0			100.00%
	Summe	7	5	0	2			71.43%
Bifurkation Pulmonalis	Modell	1	1	0	0			100.00%
	Summe	1	1	0	0			100.00%
parasternal kurze Achse Papillarmuskelebene	Set1	2	2	0	0			100.00%
	Set2	2	0	1	1			35.00%
	Modell	6	4	0	2			66.67%
	Summe	10	6	1	3			67.00%
undefinierte Ebenen	Modell	3				3	0	
	Summe	3				3	0	
mäßige Ebenen	Modell	9				6	3	66.67%
	Summe	9				6	3	66.67%
Set1		11	10	0	1	0	0	90.91%
Set2		10	6	1	3	0	0	67.00%
Modell		43	25	4	2	9	3	85.58%
Gesamtsumme		64	41	5	6	9	3	83.59%

[1] vom System vorgegebene Standardebenen sind wirklich Standardebenen
[2] vom System vorgegebene Standardebenen sind nur mäßig gute Standardebenen (mit Faktor 0.7 als richtig positiv gewertet)
[3] vom System vorgegebene Standardebenen sind keine Standardebenen, bzw. schlecht eingestellt
[4] vom System negativ bewertete Ebenen sind wirklich schlecht eingestellte bzw. gar keine Standardebenen
[5] vom System nicht bzw. als mäßig erkannte Ebenen sind valide Standardebenen

Tabelle 8.4: Evaluation: Bewertungen der vorgegebenen Standardebenen des Systems durch Experte 2

8.2.4 Evaluationsergebnisse der Standardebenenbewertung

Insgesamt sind die Evaluationsergebnisse sehr zufriedenstellend, so daß die eingangs gestellten Fragen 3 und 4 positiv beantwortet werden können, d.h. die vom Experten vorgegebenen gültigen bzw. ungültigen Ebenen werden auch als solche vom System erkannt. Die erste Frage "Sind die vom System als 'richtig' erkannten Standardeinstellungen auch vom Experten als richtig einzustufen?" kann im großen und ganzen auch positiv beantwortet werden. Der umgekehrte Fall (Frage 2) läßt sich dagegen nicht eindeutig beantworten, da sich hier die Expertenmeinungen widersprechen und nicht genügend Daten für eine Beurteilung vorliegen.

Die für das Herzmodell erreichten Ergebnisse sind vermutlich auch auf registrierte Datensätze anwendbar (vgl. Tabelle 8.3), wobei dies aber von der Güte der Registrierung abhängig zu machen ist. So fallen die Ergebnisse des zweiten Experten aus der letzten Beurteilung für den zweiten Datensatz sehr viel schlechter aus als für den ersten, was evtl. auf die Registrierung zurückzuführen ist.

Außerdem wurde deutlich, daß die parasternal kurze Achse in Höhe der Papillarmuskeln noch nicht zufriedenstellend erkannt wird, was an der Repräsentation der Leitstrukturen durch den Abstand zum Apex liegen kann. Besser wäre vermutlich ebenfalls eine Ellipsoiddarstellung, die von der Orientierung der Schallebene unabhängig ist.

8.3 Ergebnisse zur Erkennung von Bewegungsmustern

Die Ergebnisse der Viterbi-Klassifikation zur Identifizierung von Bewegungsmustern sollen an drei Beispielen exemplarisch gezeigt werden, wobei zunächst eine normale Trajektorie für den parasternalen und den apikalen Aufsetzpunkt betrachtet wird. Das zweite Beispiel für Unsicherheitsmuster zeigt einen Abschnitt einer neu aufgezeichneten Trajektorie eines Anfängers, und das letzte Beispiel schließlich zeigt ein Abfächeln der Mitralklappe aus den in 7.4. beschriebenen Daten.

8.3.1 Beispiel Standardtrajektorie

Dieses Beispiel zeigt einen Ausschnitt einer der simulierten Untersuchungen aus Abschnitt 5.1, die ein erfahrener Arzt durchgeführt hat, ohne sich dabei besonders zu bemühen. Abbildung 8.9 stellt das semantische Protokoll dar, das für die Bewertung der Bewegungsmuster, zusätzlich zum bisherigen semantischen Protokoll, die Eulerwinkel zwischen aufeinanderfolgenden Timestamps für orthogonales Kippen *(FB)*, Rotation *(Rot)* und Angulation *(LR)* enthält. Außerdem wird die Bewegung durch ein *Bewegungsmuster* klassifiziert, das die Richtung und Stärke der Bewegung angibt. Es folgen der Aufsetzpunkt und die klassifizierte Standardebene, wie sie in Abschnitt 8.1 erläutert wurden. Die letzte Spalte beinhaltet das Ergebnis der Viterbi-Klassifikation der Hidden-Markov-Modelle.

Parasternal

7570-8800 Der Untersucher befindet sich in einem *Stillstand*. Offensichtlich wollte er eine parasternal lange Achse einstellen, hat diese aber nicht richtig getroffen.

TimeStamp	FB	Rot	LR	Bewegungsmuster	Aufsetzpunkt	Status	Standardebene	Wert	HMM
7570	0	0	0	Stillstand	parasternal 4.ICR	STANDSTILL	[para lang]	0.4995	Stillstand
7770	-0.0013	0.0007	0.0002	Stillstand	parasternal 4.ICR	STANDSTILL	[para lang]	0.4951	Stillstand
7970	0.0008	0.0005	0.0011	Stillstand	parasternal 4.ICR	STANDSTILL	[para lang]	0.4963	Stillstand
8200	-0.001	-0.0004	0.0013	Stillstand	parasternal 4.ICR	STANDSTILL	[para lang]	0.4943	Stillstand
8400	-0.0001	-0.0038	0.0006	Stillstand	parasternal 4.ICR	STANDSTILL	[para lang]	0.5032	Stillstand
8600	-0.0005	0.0004	0	Stillstand	parasternal 4.ICR	STANDSTILL	[para lang]	0.501	Stillstand
8800	-0.002	0	0.0011	Stillstand	parasternal 4.ICR	STANDSTILL	[para lang]	0.4968	Stillstand
9000	-0.0112	-0.0051	0.0042	K. v/l min + R.r min	parasternal 4.ICR	STANDSTILL	[para lang]	0.4918	Sweep_v
9200	-0.011	-0.0082	0.003	K. v/l min + R.r min	parasternal 4.ICR	CONTINUE			Sweep_v
9400	-0.007	-0.0107	0.006	K. v/l min + R.r min	parasternal 4.ICR	MOVING			Sweep_v
9600	-0.001	-0.0019	0.0017	K. v/l min + R.r min	parasternal 4.ICR	MOVING			Sweep_v
9800	0.0006	-0.0022	0.0018	Rotation rechts minimal	parasternal 4.ICR	STANDSTILL	[para lang]	0.5036	Sweep_v
10000	-0.0005	-0.0015	0.0012	Rotation rechts minimal	parasternal 4.ICR	STANDSTILL	[para lang]	0.5046	Sweep_v
10200	0.0006	-0.0007	0.0013	Rotation rechts minimal	parasternal 4.ICR	STANDSTILL	[para lang]	0.5069	Sweep_v
10400	-0.0448	-0.2452	0.0285	Rotation rechts stark	parasternal 4.ICR	CONTINUE			ParaShort_Kv
10600	0.0017	-0.212	-0.0107	Rotation rechts stark	parasternal 4.ICR	MOVING			ParaLongShort
10800	0.0576	0.005	0.0053	Rotation rechts stark	parasternal 4.ICR	MOVING			ParaShort_Kh
11010	-0.0517	-0.2457	0.0894	Rotation rechts stark	parasternal 4.ICR	MOVING			Fächeln_Kvl_Rr
11210	-0.0122	-0.0935	0.0462	Rotation rechts stark	parasternal 4.ICR	MOVING			Fächeln_Kvl_Rr
11420	0.0145	0.0039	0.0225	Rotation rechts stark	parasternal 4.ICR	MOVING			Fächeln_Khl_Rl
11730	0.0031	0.2339	-0.0542	Rotation links mittel	parasternal 4.ICR	MOVING			Fächeln_Khr_Rl
11930	-0.0071	0.1334	0.0047	Rotation links stark	parasternal 4.ICR	MOVING			Fächeln_Kvl_Rl
12130	0.027	0.0902	0.0117	Rotation links stark	parasternal 4.ICR	MOVING			Fächeln_Khl_Rl
12330	-0.0025	-0.0034	-0.0011	Rotation links stark	parasternal 4.ICR	MOVING			Stillstand
12530	-0.0012	0.0008	0.0002	Rotation links mittel	parasternal 4.ICR	MOVING			Stillstand
12730	-0.0002	0.0067	-0.0005	Kippen vorne minimal	parasternal 4.ICR	STANDSTILL	para lang	0.8792	Stillstand
12930	-0.0028	0.0112	-0.0064	Rotation links minimal	parasternal 4.ICR	LEAVING			ParaShort_Kv
13130	-0.0008	0.0196	-0.0111	Rotation links minimal	parasternal 4.ICR	MOVING			Annäherungsfächeln_Rl
13330	-0.0008	0.0123	-0.0207	Rotation links mittel	parasternal 4.ICR	MOVING			Annäherungsfächeln_Rl
13540	-0.0146	0.0106	-0.0042	Rotation links mittel	parasternal 4.ICR	MOVING			Annäherungsfächeln_Rl
13850	-0.0294	0.0098	0.0044	K. v/r leicht + R.l leicht	parasternal 4.ICR	MOVING			Annäherungsfächeln_Rl
14050	-0.0032	0.0043	0.0004	K. v/r leicht + R.l leicht	parasternal 4.ICR	MOVING			Annäherungsfächeln_Rl
14250	-0.0019	0.002	-0.0005	K. v/l min + R.l min	parasternal 4.ICR	MOVING			Annäherungsfächeln_Rl
14450	-0.003	0.0016	-0.0007	Kippen vorne minimal	parasternal 4.ICR	STANDSTILL	para lang	0.6705	Annäherungsfächeln_Rl
14650	-0.0095	-0.1248	0.019	Rotation rechts mittel	parasternal 4.ICR	LEAVING			ParaShort_Kv
14850	0.0257	-0.1695	0.0427	Rotation rechts stark	parasternal 4.ICR	MOVING			ParaLongShort
15050	-0.0171	-0.1087	-0.0163	Rotation rechts stark	parasternal 4.ICR	MOVING			ParaLongShort
15250	0.0278	-0.0956	0.0277	Rotation rechts stark	parasternal 4.ICR	MOVING			ParaLongShort
15450	0.0129	-0.0548	0.0126	Rotation rechts stark	parasternal 4.ICR	MOVING			ParaLongShort
15650	0.0186	-0.1546	0.0054	Rotation rechts stark	parasternal 4.ICR	MOVING			ParaLongShort
15850	-0.0006	-0.1883	-0.0091	Rotation rechts stark	parasternal 4.ICR	MOVING			ParaLongShort
16050	-0.008	-0.1508	-0.0019	Rotation rechts stark	parasternal 4.ICR	MOVING			ParaLongShort
16250	-0.0043	-0.0871	-0.0042	Rotation rechts stark	parasternal 4.ICR	MOVING			ParaLongShort
16450	0.0023	-0.1626	-0.0256	Rotation rechts stark	parasternal 4.ICR	MOVING			ParaLongShort
16650	-0.0045	-0.1106	0.0561	Rotation rechts stark	parasternal 4.ICR	MOVING			ParaLongShort
16850	0.0437	-0.0927	0.0069	Rotation rechts stark	parasternal 4.ICR	MOVING			ParaLongShort
17050	0.0131	-0.0049	0.0285	Rotation rechts stark	parasternal 4.ICR	MOVING			ParaLongShort
17250	0.0432	-0.0554	0.0018	K. h/l mittel + R.r mittel	parasternal 4.ICR	MOVING			ParaLongShort
17450	0.066	-0.0954	-0.0013	K. h/l mittel + R.r mittel	parasternal 4.ICR	MOVING			ParaLongShort
17650	0.0497	-0.0637	0.0128	K. h/l mittel + R.r mittel	parasternal 4.ICR	MOVING			ParaLongShort
17850	0.0087	-0.0036	0.0088	K. h/l mittel + R.r mittel	parasternal 4.ICR	MOVING			ParaLongShort
18050	0.0136	-0.0023	0.0001	Kippen hinten mittel	parasternal 4.ICR	MOVING			Annäherungsfächeln_Kh
18250	0.0419	-0.0162	0.0015	K. h/r min + R.r leicht	parasternal 4.ICR	MOVING			ParaLongShort
18450	-0.0425	0.0058	-0.0255	K. h/r min + R.r min	parasternal 4.ICR	MOVING			ParaLongShort
18650	-0.0583	-0.0327	-0.0014	Kippen vorne mittel	parasternal 4.ICR	MOVING			ParaLongShort
18850	-0.0813	-0.0375	-0.0009	Kippen vorne mittel	parasternal 4.ICR	MOVING			ParaLongShort
19050	-0.0453	0.0104	-0.0215	Kippen vorne mittel	parasternal 4.ICR	MOVING			ParaLongShort
19250	-0.0458	0.024	-0.0148	Kippen vorne mittel	parasternal 4.ICR	MOVING			Fächeln_Kvr_Rl
19450	-0.0346	0.014	-0.0136	Kippen vorne mittel	parasternal 4.ICR	MOVING			Fächeln_Kvr_Rr
19650	-0.0295	-0.0045	-0.0075	Kippen vorne mittel	parasternal 4.ICR	MOVING			Fächeln_Kvr_Rr
19850	-0.0245	0.0011	-0.006	Kippen vorne mittel	parasternal 4.ICR	MOVING			Stillstand
20050	-0.0277	-0.004	-0.0059	Kippen vorne leicht	parasternal 4.ICR	MOVING			ParaShort_Kv
20250	-0.0252	-0.0055	-0.0054	Kippen vorne leicht	parasternal 4.ICR	MOVING			ParaShort_Kv
20450	-0.0286	0.0093	-0.0092	Kippen vorne leicht	parasternal 4.ICR	MOVING			ParaShort_Kv
20650	-0.0316	0.006	-0.0139	Kippen vorne leicht	parasternal 4.ICR	MOVING			ParaShort_Kv
20850	-0.0224	0.008	-0.0073	Kippen vorne leicht	parasternal 4.ICR	MOVING			ParaShort_Kv
21050	-0.0263	0.0056	-0.0056	Kippen vorne leicht	parasternal 4.ICR	MOVING			ParaShort_Kv
21250	-0.0218	-0.0005	-0.0078	Kippen vorne leicht	parasternal 4.ICR	MOVING			ParaShort_Kv
21450	-0.0151	-0.0036	-0.0072	Kippen vorne leicht	parasternal 4.ICR	MOVING			ParaShort_Kv
21650	-0.0233	0.0052	-0.0105	Kippen vorne leicht	parasternal 4.ICR	MOVING			ParaShort_Kv
21850	-0.0275	0.0023	-0.0103	Kippen vorne leicht	parasternal 4.ICR	MOVING			ParaShort_Kv
22050	-0.0319	0.004	0.0038	K. v/r leicht + R.l leicht	parasternal 4.ICR	MOVING			ParaShort_Kv
22250	-0.0404	-0.0012	-0.0002	Kippen vorne leicht	parasternal 4.ICR	MOVING			ParaShort_Kv
22450	-0.014	-0.0018	0.0008	Kippen vorne leicht	parasternal 4.ICR	MOVING			ParaShort_Kv
22650	-0.0016	0.0011	-0.0036	Kippen vorne leicht	parasternal 4.ICR	MOVING			ParaShort_Kv
22850	0.0202	0.0136	0.0089	Rotation links minimal	parasternal 4.ICR	STANDSTILL	para kurz Ao b	0.7594	ParaShort_Kh

Abbildung 8.9: Ausschnitt des semantischen Protokolles mit Klassifikation der Bewegungsmuster für den parasternalen Aufsetzpunkt (Teil 1)

8.3 Ergebnisse zur Erkennung von Bewegungsmustern

TimeStamp	FB	Rot	LR	Bewegungsmuster	Aufsetzpunkt	Status	Standardebene	Wert	HMM
23050	0.0273	0.0496	0.0051	Rotation links mittel	parasternal 4.ICR	LEAVING			Fächeln_Khl_Rl
23250	-0.0003	0.0134	0.0038	Rotation links mittel	parasternal 4.ICR	MOVING			ParaShortLong
23450	0.0101	0.0335	0.006	Rotation links mittel	parasternal 4.ICR	MOVING			Fächeln_Khl_Rl
23650	0.0173	0.0277	0.0151	Rotation links mittel	parasternal 4.ICR	MOVING			Fächeln_Khl_Rl
23850	0.0175	-0.0537	-0.0204	K. v/l leicht + R.l min	parasternal 4.ICR	MOVING			Fächeln_Khl_Rr
24050	0.0366	-0.1105	0.0209	Rotation rechts mittel	parasternal 4.ICR	MOVING			Fächeln_Khl_Rr
24250	0.0243	-0.0608	0.0117	Rotation rechts stark	parasternal 4.ICR	MOVING			Fächeln_Khl_Rr
24450	0.0076	-0.0286	-0.0003	Rotation rechts stark	parasternal 4.ICR	MOVING			Fächeln_Khl_Rr
24650	-0.0035	-0.0257	-0.0015	Rotation rechts mittel	parasternal 4.ICR	MOVING			Fächeln_Kvr_Rr
24850	-0.0111	-0.0161	-0.004	Rotation rechts leicht	parasternal 4.ICR	MOVING			Fächeln_Kvr_Rr
25050	-0.0227	-0.0087	-0.0046	K. h/r min + R.r leicht	parasternal 4.ICR	MOVING			Fächeln_Kvr_Rr
25250	-0.0272	-0.0017	-0.0092	Kippen vorne mittel	parasternal 4.ICR	MOVING			Fächeln_Kvr_Rr
25450	-0.0179	0.0015	-0.0009	Kippen vorne leicht	parasternal 4.ICR	MOVING			ParaShort_Kv
25650	0	0	0	K. v/l min + R.r min	parasternal 4.ICR	MOVING			ParaShort_Kv
25850	-0.0025	-0.0027	-0.0009	Kippen vorne minimal	parasternal 4.ICR	MOVING			ParaShort_Kv
26050	-0.0009	-0.0001	0.0005	Stillstand	parasternal 4.ICR	STANDSTILL	para kurz Ao b	0.6225	ParaShort_Kv
26250	0.0096	0.0022	0.0002	Kippen hinten minimal	parasternal 4.ICR	STANDSTILL	[para kurz Ao b]	0.5999	ParaShort_Kh
26450	0.0012	-0.0302	0.0037	K. h/r min + R.r leicht	parasternal 4.ICR	LEAVING			ParaShort_Kh
26650	0.0142	-0.0826	-0.0004	Rotation rechts mittel	parasternal 4.ICR	MOVING			ParaLongShort
26850	0.0061	-0.0362	-0.0015	Rotation rechts mittel	parasternal 4.ICR	MOVING			Annäherungsfächeln_Rr
27050	0.0047	-0.0537	-0.0043	Rotation rechts mittel	parasternal 4.ICR	MOVING			Annäherungsfächeln_Rr
27250	-0.0044	-0.0316	0.0069	Rotation rechts mittel	parasternal 4.ICR	MOVING			Annäherungsfächeln_Rr
27450	0.0037	-0.0148	0.0027	Rotation rechts leicht	parasternal 4.ICR	MOVING			Annäherungsfächeln_Rr
27650	0.0015	-0.0101	0.0014	Rotation rechts leicht	parasternal 4.ICR	MOVING			Annäherungsfächeln_Rr
27850	0.0051	-0.0228	-0.0024	Rotation rechts leicht	parasternal 4.ICR	MOVING			Annäherungsfächeln_Rr
28050	0.0044	-0.0207	-0.0056	Rotation rechts leicht	parasternal 4.ICR	MOVING			Annäherungsfächeln_Rr
28250	0.008	0.0672	0.0046	Rotation links mittel	parasternal 4.ICR	MOVING			Annäherungsfächeln_Rl
28450	-0.0045	0.1321	0.0024	Rotation links mittel	parasternal 4.ICR	MOVING			Annäherungsfächeln_Rl
28650	-0.0046	0.0988	-0.0049	Rotation links stark	parasternal 4.ICR	MOVING			Annäherungsfächeln_Rl
28850	0.0065	0.1005	0.0069	Rotation links stark	parasternal 4.ICR	MOVING			Annäherungsfächeln_Rl
29050	0.0105	0.1019	0.0069	Rotation links stark	parasternal 4.ICR	MOVING			Annäherungsfächeln_Rl
29250	0.0171	0.0565	0.0003	Rotation links mittel	parasternal 4.ICR	MOVING			Annäherungsfächeln_Rl
29450	0.0264	0.0316	0.0067	Rotation links mittel	parasternal 4.ICR	MOVING			Annäherungsfächeln_Rl
29650	0.0328	0.017	0.0421	Rotation links leicht	parasternal 4.ICR	MOVING			Fächeln_Khl_Rl
29850	0.0416	0.0288	0.0318	Kippen hinten mittel	parasternal 4.ICR	MOVING			Fächeln_Khl_Rl
30050	0.0246	-0.0413	0.0228	Kippen hinten stark	parasternal 4.ICR	MOVING			Fächeln_Khl_Rr
30250	0.0327	-0.0335	0.0302	Kippen hinten stark	parasternal 4.ICR	MOVING			Fächeln_Khl_Rr
30450	0.0147	-0.0163	0.0098	Rotation rechts mittel	parasternal 4.ICR	MOVING			Fächeln_Khl_Rr
30650	0.0111	-0.0039	0.0082	Kippen hinten mittel	parasternal 4.ICR	MOVING			Fächeln_Khl_Rr
30850	0.0216	0.0106	0.008	K. h min + R.r min	parasternal 4.ICR	MOVING			Fächeln_Khl_Rr
31050	0.0194	0.0208	-0.0044	K. h/l min + R.l min	parasternal 4.ICR	MOVING			Fächeln_Khr_Rl
31250	-0.0197	0.0091	-0.008	Rotation links minimal	parasternal 4.ICR	MOVING			Fächeln_Khr_Rl
31450	-0.0539	0.0097	0.008	K. v/r leicht + R.l leicht	parasternal 4.ICR	MOVING			Fächeln_Kvl_Rl
31650	-0.0362	0.0108	0.0082	K. v/r leicht + R.l leicht	parasternal 4.ICR	MOVING			Fächeln_Kvl_Rl
31850	-0.0384	0.0244	0.0101	Kippen vorne mittel	parasternal 4.ICR	MOVING			Fächeln_Kvl_Rl
32050	-0.0195	0.0137	0.0051	Kippen vorne mittel	parasternal 4.ICR	MOVING			Fächeln_Kvl_Rl
32260	-0.0198	0.0122	-0.0005	K. v/r leicht + R.l leicht	parasternal 4.ICR	MOVING			Fächeln_Kvl_Rl
32560	-0.0386	-0.0053	-0.0192	K. v/r leicht + R.l leicht	parasternal 4.ICR	MOVING			Fächeln_Kvl_Rl
32760	-0.0255	-0.0012	-0.0072	Kippen vorne mittel	parasternal 4.ICR	MOVING			Fächeln_Kvr_Rr
32960	-0.0398	0.0025	-0.0088	Kippen vorne mittel	parasternal 4.ICR	MOVING			ParaShort_Kv
33160	-0.0183	-0.0003	-0.0078	Kippen vorne mittel	parasternal 4.ICR	MOVING			ParaShort_Kv
33360	0.0009	-0.0031	0.0001	Kippen vorne leicht	parasternal 4.ICR	MOVING			ParaShort_Kv
33560	0.0051	0.001	-0.0006	Kippen vorne minimal	parasternal 4.ICR	STANDSTILL	para kurz Ao	0.8439	ParaShort_Kh
33760	0.0018	0.0056	0.0013	Kippen hinten minimal	parasternal 4.ICR	STANDSTILL	para kurz Ao	0.8518	ParaShort_Kh
33960	0.0001	-0.0015	-0.0009	Kippen hinten minimal	parasternal 4.ICR	STANDSTILL	para kurz Ao	0.8515	ParaShort_Kh
34170	-0.0003	0.0015	0.0023	Rotation links minimal	parasternal 4.ICR	STANDSTILL	para kurz Ao	0.8502	ParaShort_Kh
34480	0.0143	0.0069	0.0026	K. h/l min + R.l min	parasternal 4.ICR	STANDSTILL	para kurz Ao	0.8916	ParaShort_Kh
34680	0.0015	-0.0015	-0.0005	K. h/l min + R.l min	parasternal 4.ICR	LEAVING			ParaShort_Kh
34880	0.0007	-0.0016	0.0006	Kippen hinten minimal	parasternal 4.ICR	MOVING			ParaShort_Kh
35080	0.0006	-0.0004	-0.0005	Stillstand	parasternal 4.ICR	STANDSTILL	para kurz Ao	0.8997	Sweep_h
35290	0.002	0.0006	0.0007	Stillstand	parasternal 4.ICR	STANDSTILL	para kurz Ao	0.9051	Sweep_h
35490	0.0011	-0.0008	0.0005	Stillstand	parasternal 4.ICR	STANDSTILL	para kurz Ao	0.9084	Sweep_h
35690	0.0009	-0.0001	0.001	Kippen hinten minimal	parasternal 4.ICR	STANDSTILL	para kurz Ao	0.9114	Sweep_h
35890	0.0008	-0.0004	-0.0001	Stillstand	parasternal 4.ICR	STANDSTILL	para kurz Ao	0.9126	Sweep_h
36090	0.0001	-0.0012	0.0003	Stillstand	parasternal 4.ICR	STANDSTILL	para kurz Ao	0.9137	Sweep_h
36290	-0.0004	-0.0014	-0.0009	Stillstand	parasternal 4.ICR	STANDSTILL	para kurz Ao	0.9104	Sweep_h
36490	-0.0003	-0.0012	-0.0004	Stillstand	parasternal 4.ICR	STANDSTILL	para kurz Ao	0.9104	Sweep_h
36690	-0.0001	-0.0008	-0.0001	Stillstand	parasternal 4.ICR	STANDSTILL	para kurz Ao	0.9113	Stillstand
36890	-0.0006	-0.0007	-0.0004	Stillstand	parasternal 4.ICR	STANDSTILL	para kurz Ao	0.9082	Stillstand

Abbildung 8.10: Ausschnitt des semantischen Protokolles mit Klassifikation der Bewegungsmuster für den parasternalen Aufsetzpunkt (Teil 2)

9000-10200 Jetzt versucht er, die Einstellung zunächst durch feine Bewegungen zu optimieren *(Sweep)*. Das Modell steht eigentlich für das langsame Abfächeln einer Region, kann hier aber auch auftreten, da er den Schallkopf langsam kippt, um die optimale Position zu suchen.

10400-12130 Offensichtlich hat er gemerkt, daß sich die Position durch Kippen nicht verbessern läßt, weshalb er es nun mit einer Rotation zuerst nach rechts *(ParaLongShort, Fächeln)* und dann nach links *(Fächeln)* versucht. Es fällt auf, daß die Bewegungsmuster *ParaShort* und *ParaLongShort* erkannt werden. Diese sollten aber nur klassifiziert werden, wenn er sich zuvor in der entsprechenden Ausgangsebene befunden hat, von der dieser Übergang ausgeht. Dies wurde hier noch nicht berücksichtigt. Besser wäre deshalb evtl. eine Bezeichung der Modelle, die nur die Bewegung beschreibt. *Fächeln* soll einen Orientierungsverlust durch unkontrollierte Schallkopfbewegungen beschreiben. Dies wäre der Fall, wenn der Untersucher noch mehrfach die Richtung gewechselt hätte und das Fächeln länger angedauert hätte. Da es aber gerade zwei Sekunden andauert, liegt hier noch kein Orientierungsverlust vor.

12330-12730 Offensichtlich war die Strategie der Rotation erfolgreich, denn nun wird die parasternal lange Achse erkannt.

12930-14450 Hier versucht er wahrscheinlich, die Ebene noch besser einzustellen, was sich durch das Bewegungsmuster *Annäherungsfächeln* äußert. Die Bewegung *Kippen vorne* dieses Teilmodells ist der des Modells *ParaShort* sehr ähnlich, weshalb auch hier der Kontext mitberücksichtigt werden sollte.

14850-19050 Die Standardebene ließ sich vermutlich nicht besser einstellen, deshalb will der Arzt nun in die parasternal kurze Achse wechseln. Es wird der Standardübergang *ParaLongShort* erkannt.

19250-22850 Nachdem er weit genug rotiert hat, versucht er nun durch Kippen senkrecht zur Schallebene, die kurze Achse in Aortenhöhe zu finden *(ParaShort)*. Er erreicht die Ebene kurz, will sie aber weiter verbessern...

23450-25250 Dies versucht er durch Rotation nach links bzw. rechts *(Fächeln)*. Hier gilt das gleiche wie für oben, d.h. das Fächeln im Zusammenhang mit einem Orientierungsverlust würde länger andauern.

25450-33360 Durch einen erneuten Wechsel in eine leichte Kippbewegung *(ParaShort)* wird nun wieder die Standardebene eingestellt, die aber noch nicht besser geworden ist. Durch ein *Annäherungsfächeln* versucht er, sie zu optimieren (bis 29450), wechselt dann aber wieder ins *Fächeln*, um letztendlich doch noch die Ebene zu finden (33560).

33560-36890 Hier erfolgt noch einmal eine Feineinstellung *(ParaShort* und *Sweep)*, die dann in der endgültigen Position (36690) endet.

Apikal

76950-78950 Der Arzt hat den apikalen Vierkammerblick eingestellt *(Stillstand)*, wobei er ihn minimal modifiziert *(Sweep)*.

79150-80550 Nun wechselt er in den Fünfkammerblick, indem er den Schallkopf in Richtung Sternum, d.h. nach hinten rechts kippt. Der Übergang wird mit *4cv5cv* richtig erkannt.

80760-84290 Er behält den Fünfkammerblick bei *(Stillstand)* und fächelt dann minimal die nähere Umgebung ab *(Sweep)*.

84490-88430 Nun will er in den Zweikammerblick wechseln, wobei er nicht erst in den Vierkammerblick zurückgeht, sondern beide Übergänge miteinander verbindet *(4cv5cv* und *4cvLax)*. Zwischendurch wird *Fächeln* erkannt, das hier aufgrund der kurzen Dauer aber toleriert werden muß.

88630-95190 Er nähert sich dem Zweikammerblick an *(Annäherungsfächeln bzw. Sweep)* und erreicht ihn erstmals bei 89830. *Sweep* wird anstelle des Annäherungsfächeln erkannt, da sein Zustand *Kippen nach vorne* im Gegensatz zum Annäherungsfächeln eine leichte Rotation toleriert. Durch weiteres *Annäherungsfächeln* und eine leichte Rotation zurück *(Lax4cv)* wird versucht, die Position zu optimieren.

95390-111500 Durch weitere Rotation nach links *(4cvLax)* wird in die lange Achse gewechselt, wobei er bei 100590 erkennt, daß er etwas zu weit rotiert hat *(Lax4cv)*. Er nähert sich der Ebene langsam an und *(Annäherungsfächeln)* und hat sie bei 109700 endgültig eingestellt *(Stillstand)*.

Diskussion

Die beiden Beispiele zeigen, daß mit Hilfe der Viterbi-Klassifikation die Übergänge zwischen verschiedenen Standardebenen richtig identifiziert werden *(ParaLongShort* für parasternal und *4cv5cv, 4cvLax, 5cv4cv* für apikal). Ebenso wird das Annähern an eine Standardebene durch *Annäherungsfächeln* bzw. *Sweep* erkannt. *Sweep* soll zwar eigentlich das gezielte Abfächeln einer Region beschreiben, kann aber, da es sehr feine und zielgerichtete Bewegungen beschreibt, auch für die Feineinstellung einer Standardebene auftreten. Bei der Feineinstellung der parasternal kurzen Achse der Aorta tritt das Bewegungsmuster *ParaShort* auf, dessen Zustände *Kippen vorne* und *Kippen hinten* denen des Annäherungsfächelns sehr ähnlich sind. Dabei trifft *ParaShort* aber sogar besser zu, da die Annäherung hier durch ein orthogonales Kippen geschieht, das auch für den Übergang zwischen den kurzen Achsen verwendet wird.

Einige Male tritt auch *Fächeln* auf, das das Bewegungsmuster für Unsicherheitsfächeln modelliert. Da es aber jeweils nur sehr kurz andauert und dann in ein Annäherungsfächeln übergeht bzw. zu einer Zielposition führt, liegt hier kein Orientierungsverlust vor.

TimeStamp	FB	Rot	LR	Bewegungsmuster	Aufsetzpunkt	Status	Standardebene	Wert	HMM
76950	-0.0006	-0.0008	-0.0004	Stillstand	apikal	STANDSTILL	apikal 4ka	0.8981	Stillstand
77150	-0.0022	0	0.0017	Kippen vorne minimal	apikal	STANDSTILL	apikal 4ka	0.8959	Stillstand
77350	-0.0022	0.0003	0.0007	Kippen vorne minimal	apikal	STANDSTILL	apikal 4ka	0.8951	Stillstand
77550	-0.0024	-0.0004	0.002	Kippen vorne minimal	apikal	STANDSTILL	apikal 4ka	0.8913	Sweep_Kv
77750	-0.0037	0.0005	0.002	Kippen vorne minimal	apikal	STANDSTILL	apikal 4ka	0.8898	Sweep_Kv
77950	-0.0032	0.0008	0.0009	Kippen vorne minimal	apikal	STANDSTILL	apikal 4ka	0.8864	Sweep_Kv
78150	-0.0011	-0.0002	0.002	Kippen vorne minimal	apikal	STANDSTILL	apikal 4ka	0.884	Sweep_Kv
78350	-0.001	-0.0002	0.0007	Kippen vorne minimal	apikal	STANDSTILL	apikal 4ka	0.8837	Sweep_Kv
78550	0.0015	-0.0009	-0.0003	Stillstand	apikal	STANDSTILL	apikal 4ka	0.8839	Sweep_Kv
78750	0.0007	-0.0012	0.0009	Stillstand	apikal	STANDSTILL	apikal 4ka	0.8838	Sweep_Kv
78950	0.0046	0.0012	-0.0028	Kippen hinten minimal	apikal	STANDSTILL	apikal 4ka	0.8903	Sweep_Kh
79150	0.0355	0.0056	-0.0292	K. h/r min + R.r min	apikal	LEAVING			4cv5cv
79350	0.0358	-0.0007	-0.0252	K. h/r mittel	apikal	MOVING			4cv5cv
79550	0.0245	-0.0031	-0.0194	K. h/r mittel	apikal	MOVING			4cv5cv
79750	0.013	-0.0033	-0.0104	K. h/r mittel	apikal	MOVING			4cv5cv
79950	0.0093	0.0008	-0.0049	K. h/r min + R.r min	apikal	MOVING			4cv5cv
80150	0.0151	-0.0051	-0.0078	K. h/r min + R.r min	apikal	MOVING			4cv5cv
80350	0.0044	-0.0012	-0.0015	K. h/r min + R.r min	apikal	MOVING			4cv5cv
80550	0.0016	0.0004	-0.0002	K. h/r min + R.r min	apikal	MOVING			4cv5cv
80760	0.0001	0.0006	-0.0014	Kippen hinten minimal	apikal	STANDSTILL	apikal 5ka	0.7995	Stillstand
80960	0.0003	0.0017	0.0007	Stillstand	apikal	STANDSTILL	apikal 5ka	0.8014	Stillstand
81160	0	0.0012	0	Stillstand	apikal	STANDSTILL	apikal 5ka	0.8014	Stillstand
81360	0	0.0012	0	Rotation links minimal	apikal	STANDSTILL	apikal 5ka	0.8014	Stillstand
81560	0.0005	-0.0001	-0.0001	Stillstand	apikal	STANDSTILL	apikal 5ka	0.8014	Stillstand
81770	-0.0014	0	0.0018	Stillstand	apikal	STANDSTILL	apikal 5ka	0.8017	Stillstand
82080	-0.0019	-0.0003	0.0019	Stillstand	apikal	STANDSTILL	apikal 5ka	0.8006	Stillstand
82280	-0.0021	0	0.0027	Kippen vorne minimal	apikal	STANDSTILL	apikal 5ka	0.801	Stillstand
82480	-0.0035	-0.0004	0.0027	Kippen vorne minimal	apikal	STANDSTILL	apikal 5ka	0.7996	Sweep_Kv
82680	-0.0012	-0.0004	0.0015	Kippen vorne minimal	apikal	STANDSTILL	apikal 5ka	0.7982	Sweep_Kv
82880	-0.0013	0.0002	0.0005	Kippen vorne minimal	apikal	STANDSTILL	apikal 5ka	0.7959	Sweep_Kv
83080	-0.0012	-0.0004	0.0015	Stillstand	apikal	STANDSTILL	apikal 5ka	0.7961	Sweep_Kv
83280	-0.0013	0.0006	0.0005	Stillstand	apikal	STANDSTILL	apikal 5ka	0.794	Sweep_Kv
83480	-0.0018	-0.0006	0	Kippen vorne minimal	apikal	STANDSTILL	apikal 5ka	0.7949	Sweep_Kv
83680	-0.0014	0	0.0018	Kippen vorne minimal	apikal	STANDSTILL	apikal 5ka	0.7923	Sweep_Kv
83880	-0.0039	-0.0006	0.0009	Kippen vorne minimal	apikal	STANDSTILL	apikal 5ka	0.7894	Sweep_Kv
84080	-0.0017	-0.0006	0.0016	Kippen vorne minimal	apikal	STANDSTILL	apikal 5ka	0.7841	Sweep_Kv
84290	-0.0066	-0.0047	0.0022	K. v/r min + R.r min	apikal	STANDSTILL	apikal 5ka	0.772	Sweep_Kv
84490	-0.0107	-0.0273	-0.0011	K. h/r min + R.r leicht	apikal	LEAVING			Sweep_Kv
84690	-0.0165	0.0171	0.0044	K. v/r min + R.r min	apikal	MOVING			Sweep_Kv
84890	-0.0616	0.0232	-0.0026	K. v/r leicht + R.l leicht	apikal	MOVING			Annäherungscheln_Kv
85090	-0.0188	0.0768	0.0015	Rotation links mittel	apikal	MOVING			4cvLax
85290	-0.0422	0.0116	0.0242	Kippen vorne mittel	apikal	MOVING			4cvLax
85490	-0.0323	-0.0606	0.0178	Kippen vorne mittel	apikal	MOVING			5cv4cv
85690	-0.0067	0.1499	0.0334	Rotation links mittel	apikal	MOVING			5cv4cv
85890	-0.0362	-0.2748	0.0379	Rotation rechts mittel	apikal	MOVING			5cv4cv
86090	-0.0101	0.349	-0.0785	Rotation links stark	apikal	MOVING			Fächeln_Khr_Rl
86290	0.1141	0.3449	-0.0281	Rotation links stark	apikal	MOVING			Fächeln_Khl_Rl
86500	0.0214	0.1251	0.0204	undefined	apikal	MOVING			Fächeln_Khl_Rl
86810	0.0205	0.0898	0.0331	undefined	apikal	MOVING			Fächeln_Khl_Rl
87010	0.0221	0.0416	0.0406	Rotation links stark	apikal	MOVING			Fächeln_Khl_Rl
87210	0.0152	0.0328	0.0237	Rotation links mittel	apikal	MOVING			Fächeln_Khl_Rr
87420	0.0357	-0.0065	0.011	Kippen hinten stark	apikal	MOVING			Fächeln_Khl_Rr
87620	0.0176	-0.0105	-0.0005	Kippen hinten mittel	apikal	MOVING			Fächeln_Kvr_Rl
87830	-0.0788	0.025	-0.018	Kippen vorne mittel	apikal	MOVING			Fächeln_Kvl_Rl
88030	-0.0497	0.0217	0.0039	K. v/r leicht + R.l leicht	apikal	MOVING			4cvLax
88230	-0.0296	0.003	-0.0041	Kippen vorne minimal	apikal	MOVING			4cvLax
88430	-0.0046	-0.0017	-0.002	K. v/r leicht + R.l leicht	apikal	MOVING			4cvLax
88630	-0.0081	-0.0019	-0.0023	K. v/l min + R.r min	apikal	MOVING			Annäherungsfächeln_Kv
88830	-0.0249	-0.0015	0.001	K. v/l min + R.r min	apikal	MOVING			Annäherungsfächeln_Kv
89030	-0.0046	-0.007	0.0011	K. v/l min + R.r min	apikal	MOVING			Annäherungsfächeln_Kv
89230	-0.0018	-0.0122	0.0052	K. v/l min + R.r min	apikal	MOVING			Annäherungsfächeln_Kv
89430	-0.0007	-0.0051	0.001	Rotation rechts minimal	apikal	MOVING			Sweep_Kv
89630	-0.0012	-0.0029	-0.001	Rotation rechts minimal	apikal	MOVING			Sweep_Kv
89830	0.0112	-0.006	0.0016	Rotation rechts minimal	apikal	STANDSTILL	apikal 2ka	0.8224	Sweep_Kv
90030	0.0364	-0.0151	-0.0024	K. h/r min + R.r leicht	apikal	LEAVING			Lax4cv
90230	0.0169	-0.0036	-0.0007	K. h/r min + R.r leicht	apikal	MOVING			Lax4cv
90440	0.012	-0.002	0.0004	K. h/r min + R.r min	apikal	MOVING			Lax4cv
90650	0.0018	-0.0021	-0.0015	K. h/r min + R.r min	apikal	MOVING			Annäherungsfächeln_Kh
90850	0.0011	-0.0004	-0.0015	K. h/r min + R.r min	apikal	STANDSTILL	apikal 2ka	0.7979	Annäherungsfächeln_Kh
91050	-0.0078	0.0032	-0.0016	Kippen minimal	apikal	STANDSTILL	apikal 2ka	0.8038	Annäherungsfächeln_Kh
91250	-0.0146	0.0033	-0.0005	K. v/l min + R.l min	apikal	LEAVING			Annäherungsfächeln_Kv
91450	-0.0038	0.001	0.0006	K. v/l min + R.l min	apikal	MOVING			Annäherungsfächeln_Kv
91650	-0.0057	0.0011	0.0014	K. v/l min + R.l min	apikal	MOVING			Annäherungsfächeln_Kv
91860	-0.0035	0.0009	-0.0008	Kippen vorne minimal	apikal	STANDSTILL	apikal 2ka	0.8131	Annäherungsfächeln_Kv
92060	-0.0023	-0.0014	-0.0002	Kippen vorne minimal	apikal	STANDSTILL	apikal 2ka	0.8131	Annäherungsfächeln_Kv
92260	-0.0014	-0.0002	0.0009	Kippen vorne minimal	apikal	STANDSTILL	apikal 2ka	0.8137	Annäherungsfächeln_Kv
92470	-0.0079	-0.0045	-0.003	Kippen vorne minimal	apikal	STANDSTILL	apikal 2ka	0.8112	Annäherungsfächeln_Kv
92760	-0.0071	0.0042	-0.0023	Kippen vorne minimal	apikal	LEAVING			Annäherungsfächeln_Kv
92970	-0.0063	0.0039	-0.002	Kippen vorne minimal	apikal	MOVING			Annäherungsfächeln_Kv
93170	-0.0027	0.0008	-0.0002	Kippen vorne minimal	apikal	MOVING			Annäherungsfächeln_Kv
93370	-0.0043	0.0009	-0.0014	Kippen vorne minimal	apikal	STANDSTILL	apikal 2ka	0.8109	Annäherungsfächeln_Kv
93570	-0.0234	-0.0152	-0.0104	K. v/l min + R.r min	apikal	LEAVING			Annäherungsfächeln_Kv
93780	-0.0033	0.0055	-0.0021	Kippen vorne minimal	apikal	MOVING			Annäherungsfächeln_Kv

Abbildung 8.11: Ausschnitt des semantischen Protokolles mit Klassifikation der Bewegungsmuster für den apikalen Aufsetzpunkt (Teil 1)

8.3 Ergebnisse zur Erkennung von Bewegungsmustern

TimeStamp	FB	Rot	LR	Bewegungsmuster	Aufsetzpunkt	Status	Standardebene	Wert	HMM
93980	0.0067	-0.0034	0.0022	Kippen vorne minimal	apikal	MOVING			Annäherungsflächeln_Kv
94180	0.0061	-0.0032	-0.0002	Kippen hinten minimal	apikal	STANDSTILL	apikal 2ka	0.7983	Annäherungsflächeln_Kh
94380	0.0029	-0.002	0.0021	K. h min + R.r min	apikal	LEAVING			Annäherungsflächeln_Kh
94590	0.0024	-0.0005	0.0008	Kippen hinten minimal	apikal	STANDSTILL	apikal 2ka	0.8013	Annäherungsflächeln_Kh
94790	0.002	0.0025	0.0009	Kippen hinten minimal	apikal	STANDSTILL	apikal 2ka	0.8031	Annäherungsflächeln_Kh
94990	0.0009	0.0014	0.001	Kippen hinten minimal	apikal	STANDSTILL	apikal 2ka	0.8037	Annäherungsflächeln_Kh
95190	0.0074	0.0094	0.0067	Rotation links minimal	apikal	STANDSTILL	apikal 2ka	0.8103	Annäherungsflächeln_Kh
95390	0.0261	0.0513	0.019	Rotation links mittel	apikal	LEAVING			Annäherungsflächeln_Kh
95590	0.0138	0.0157	0.0043	Rotation links mittel	apikal	MOVING			Fächeln_Khl_Rl
95790	-0.0004	0.0028	0.0007	Rotation links minimal	apikal	MOVING			Annäherungsflächeln_Rl
96000	-0.0077	0.0068	0.0217	K. v/l leicht + R.l min	apikal	MOVING			Annäherungsflächeln_Rl
96310	-0.0079	0.0027	0.007	K. v/l leicht + R.l min	apikal	MOVING			5cv4cv
96510	-0.0024	-0.0004	0.0023	K. v/l leicht + R.l min	apikal	MOVING			Annäherungsflächeln_Al
96710	-0.0133	0.0112	-0.0048	K. v/l min + R.l min	apikal	MOVING			4cvLax
96920	-0.0159	0.14	-0.0299	Rotation links mittel	apikal	MOVING			4cvLax
97160	0.0367	0.3801	-0.0162	Rotation links stark	apikal	MOVING			4cvLax
97360	0.0163	0.0879	-0.0192	Rotation links extrem	apikal	MOVING			4cvLax
97560	-0.0291	0.0727	-0.0215	Rotation links stark	apikal	MOVING			4cvLax
97760	-0.0031	0.0126	-0.0076	Rotation links mittel	apikal	MOVING			4cvLax
97970	0.002	0.0335	-0.0135	Rotation links mittel	apikal	MOVING			4cvLax
98280	0.0113	0.1125	-0.006	Rotation links mittel	apikal	MOVING			4cvLax
98480	-0.0001	0.0714	0.0206	Rotation links stark	apikal	MOVING			4cvLax
98680	0.0034	0.05	-0.0073	Rotation links stark	apikal	MOVING			4cvLax
98880	0.0041	0.0325	-0.0097	Rotation links mittel	apikal	MOVING			4cvLax
99080	0.0047	0.0198	-0.0034	Rotation links mittel	apikal	MOVING			4cvLax
99280	0.001	0.0274	-0.0074	Rotation links leicht	apikal	MOVING			4cvLax
99480	-0.0022	0.0093	-0.0085	Rotation links leicht	apikal	MOVING			4cvLax
99690	-0.0066	-0.001	-0.0046	Rotation links minimal	apikal	MOVING			4cvLax
99990	-0.0072	-0.0056	-0.0029	Kippen hinten minimal	apikal	MOVING			Annäherungsflächeln_Kv
100190	-0.0155	-0.0073	-0.0073	K. v/l min + R.r min	apikal	MOVING			Annäherungsflächeln_Kv
100390	0.0189	-0.0025	0.0262	Rotation rechts minimal	apikal	MOVING			Lax4cv
100590	0.0101	-0.0037	0.0118	K. v/l leicht + R.l min	apikal	MOVING			Lax4cv
100790	0.0135	0.0015	0.0085	K. v/l leicht + R.l min	apikal	MOVING			Lax4cv
100990	0.0083	-0.0003	0.0071	K. v/l leicht + R.l min	apikal	MOVING			Lax4cv
101190	0.0105	0.0026	0.008	K. v/l leicht + R.l min	apikal	MOVING			Annäherungsflächeln_Al
101390	0.0082	0.0027	0.0103	K. v/l leicht + R.l min	apikal	MOVING			Lax4cv
101590	0.0148	-0.0035	0.0157	K. v/l leicht + R.l min	apikal	MOVING			Lax4cv
101790	0.0162	-0.03	0.0466	Kippen hinten stark	apikal	MOVING			Lax4cv
101990	0.0062	-0.012	0.0123	Kippen hinten stark	apikal	MOVING			Lax4cv
102190	0.007	-0.0103	0.0059	Rotation rechts mittel	apikal	MOVING			Lax4cv
102390	-0.0146	-0.0059	-0.0132	Rotation rechts mittel	apikal	MOVING			Lax4cv
102590	-0.0275	0.0074	-0.0223	Kippen vorne minimal	apikal	MOVING			Fächeln_Kvr_Rl
102790	-0.0389	-0.0002	-0.0231	Kippen vorne mittel	apikal	MOVING			Annäherungsflächeln_Kv
103000	-0.0228	0.002	-0.0127	Kippen vorne mittel	apikal	MOVING			Annäherungsflächeln_Kv
103300	-0.0225	0.007	-0.0091	Kippen vorne mittel	apikal	MOVING			4cvLax
103700	-0.0144	-0.0005	-0.0208	Kippen vorne mittel	apikal	MOVING			Annäherungsflächeln_Kv
103900	-0.0048	-0.0029	-0.0033	Kippen vorne stark	apikal	MOVING			Annäherungsflächeln_Ar
104100	-0.0057	-0.0039	-0.0041	Kippen vorne minimal	apikal	MOVING			Annäherungsflächeln_Ar
104300	-0.002	-0.0015	-0.0019	Kippen vorne minimal	apikal	STANDSTILL	apikal lange Achse	0.7168	Annäherungsflächeln_Kv
104500	-0.0013	-0.0025	-0.0015	Kippen vorne minimal	apikal	STANDSTILL	apikal lange Achse	0.7045	Annäherungsflächeln_Kv
104700	-0.0008	-0.0019	-0.0002	Rotation rechts minimal	apikal	STANDSTILL	apikal lange Achse	0.6983	Annäherungsflächeln_Kv
104900	-0.0025	-0.0031	-0.0002	Rotation rechts minimal	apikal	STANDSTILL	apikal lange Achse	0.6743	Annäherungsflächeln_Kv
105100	-0.0052	-0.0049	-0.0025	Kippen vorne minimal	apikal	STANDSTILL	apikal lange Achse	0.6277	Annäherungsflächeln_Kv
105300	-0.0043	-0.0037	-0.0013	Kippen vorne minimal	apikal	STANDSTILL	[apikal lange Achse]	0.5848	Annäherungsflächeln_Kv
105500	-0.0032	-0.0014	-0.0025	Kippen vorne minimal	apikal	STANDSTILL	[apikal lange Achse]	0.5577	Annäherungsflächeln_Kv
105700	-0.003	-0.0014	-0.0017	Kippen vorne minimal	apikal	STANDSTILL	[apikal lange Achse]	0.533	Annäherungsflächeln_Kv
105900	-0.0021	-0.0012	-0.0009	Kippen vorne minimal	apikal	STANDSTILL	[apikal lange Achse]	0.5128	Annäherungsflächeln_Kv
106100	-0.0006	0.0005	0.0009	Kippen vorne minimal	apikal	STANDSTILL	[apikal lange Achse]	0.5125	Annäherungsflächeln_Kv
106300	0.0156	0.0081	0.0147	K. h/l min + R.l min	apikal	LEAVING			Annäherungsflächeln_Al
106500	0.0104	0.023	0.0052	K. v/l leicht + R.l min	apikal	MOVING			Annäherungsflächeln_Kh
106700	0.0125	0.0028	0.0066	K. v/l leicht + R.l min	apikal	MOVING			Annäherungsflächeln_Kh
106900	0.0095	0.0014	0.0062	K. h/l min + R.l min	apikal	MOVING			Annäherungsflächeln_Kh
107100	0.0095	0.001	0.0048	K. h/l min + R.l min	apikal	MOVING			Annäherungsflächeln_Kh
107300	0.0038	0.0003	0.0021	K. h/l min + R.l min	apikal	MOVING			Annäherungsflächeln_Kh
107500	0.001	0.001	0.0021	Kippen hinten minimal	apikal	STANDSTILL	apikal lange Achse	0.7732	Annäherungsflächeln_Kh
107700	0	0.0004	0	Kippen hinten minimal	apikal	STANDSTILL	apikal lange Achse	0.7743	Annäherungsflächeln_Kh
107900	-0.0005	0.0011	-0.002	Stillstand	apikal	STANDSTILL	apikal lange Achse	0.7776	Annäherungsflächeln_S
108100	-0.0021	0.0006	-0.0014	Stillstand	apikal	STANDSTILL	apikal lange Achse	0.7831	Annäherungsflächeln_S
108300	-0.0015	0.001	-0.0018	Kippen vorne minimal	apikal	STANDSTILL	apikal lange Achse	0.7881	Annäherungsflächeln_S
108500	-0.0018	0	0	Kippen vorne minimal	apikal	STANDSTILL	apikal lange Achse	0.7899	Annäherungsflächeln_Kv
108700	-0.0027	0.001	-0.001	Kippen vorne minimal	apikal	STANDSTILL	apikal lange Achse	0.7974	Annäherungsflächeln_Ar
108900	-0.0013	0.001	-0.0004	Kippen vorne minimal	apikal	STANDSTILL	apikal lange Achse	0.8012	Annäherungsflächeln_Kv
109100	-0.0009	0.0013	-0.0008	Kippen vorne minimal	apikal	STANDSTILL	apikal lange Achse	0.8041	Annäherungsflächeln_Kv
109300	-0.0011	0.0006	-0.0011	Stillstand	apikal	STANDSTILL	apikal lange Achse	0.8076	Annäherungsflächeln_Kv
109500	-0.0003	-0.0006	-0.0012	Stillstand	apikal	STANDSTILL	apikal lange Achse	0.8083	Annäherungsflächeln_Ar
109700	0.0006	-0.0004	-0.0004	Stillstand	apikal	STANDSTILL	apikal lange Achse	0.8094	Stillstand
109900	0.0006	-0.0008	-0.0004	Stillstand	apikal	STANDSTILL	apikal lange Achse	0.8051	Stillstand
110100	-0.0007	0.0008	-0.0006	Stillstand	apikal	STANDSTILL	apikal lange Achse	0.8065	Stillstand
110300	-0.0002	0.0014	-0.0004	Stillstand	apikal	STANDSTILL	apikal lange Achse	0.8136	Stillstand
110500	-0.0013	0.001	-0.0014	Kippen vorne minimal	apikal	STANDSTILL	apikal lange Achse	0.8176	Stillstand
110700	0.0004	0.0006	-0.0025	Stillstand	apikal	STANDSTILL	apikal lange Achse	0.8184	Stillstand
110900	0.0004	0.0011	0.0006	Stillstand	apikal	STANDSTILL	apikal lange Achse	0.8168	Stillstand
111100	0.0002	0.0006	-0.0015	Stillstand	apikal	STANDSTILL	apikal lange Achse	0.8175	Stillstand
111300	-0.0009	0.0006	-0.0021	Stillstand	apikal	STANDSTILL	apikal lange Achse	0.8199	Stillstand
111500	-0.0004	0.0015	-0.0006	Stillstand	apikal	STANDSTILL	apikal lange Achse	0.8239	Stillstand

Abbildung 8.12: Ausschnitt des semantischen Protokolles mit Klassifikation der Bewegungsmuster für den apikalen Aufsetzpunkt (Teil 2)

Im großen und ganzen trifft die Klassifikation zu, allerdings sollte vor allem beim *Fächeln* der Kontext mitberücksichtigt werden (Dauer des Fächelns und Nähe zu einer Standardebene), um einen wirklichen Orientierungsverlust von einer Richtungsänderung zu unterscheiden, die der Verbesserung einer Ebene dient. Für die Erkennung von Standardübergängen sollte ebenfalls der Kontext der zuletzt eingestellten Standardebene mitberücksichtigt werden.

8.3.2 Beispiel Orientierungsverlust

Folgendes Beispiel zeigt einen Ausschnitt einer simulierten Untersuchung, die ein Anfänger mit Grundkenntnissen der Echokardiographie unter Anleitung eines erfahrenen Arztes durchgeführt hat.

54920-67700 Der erste Teil zeigt, wie der Anfänger versucht, die apikale lange Achse einzustellen, indem er von einer ersten Annäherung aus durch Rotation nach links *(4cvLax)* und rechts *(Lax4cv)* die Ebene verbessern will. Teilweise verwendet er auch Mischbewegungen, was sich durch *Fächeln* äußert. Bei 65450 gibt er auf, d.h. er hat einen Stillstand erreicht, die Ebene aber nicht richtig getroffen. In diesem Fall sollte dem lernenden Arzt eine Hilfestellung gegeben werden, da er offensichtlich nicht weiß, wie er diese Standardebene richtig einstellt. Da er den Übergang *(4cvLax)* richtig begonnen hat, liegt sein Problem vermutlich in der Optimierung der Leitstrukturen, so daß ihm evtl. durch adaptives Highlighting oder auch ein Multimedia-Tutoring-Modul zur Erklärung der Leitstrukturen weitergeholfen werden kann.

67980-71320 Jetzt will er durch eine richtige Rotation nach rechts in den apikalen Vierkammerblick wechseln, wobei seine Bewegungen aber vermischt sind mit einem Kippen bzw. einer Angulation des Schallkopfes. Dies äußert sich in der Erkennung von *4cv5cv* statt *Lax4cv* in 67980, da der Zustand des Modells *Lax4cv* im Gegensatz zu *4cv5cv* kein Kippen nach rechts erlaubt. Dann wird *Fächeln* erkannt, das bis 71320 aber noch eine zielgerichtete Rotation nach rechts beschreibt.

71680-79950 Die zielgerichtete Bewegung wechselt in ein wirkliches *Fächeln* mit sehr vermischten Bewegungen. Hier hat der lernende Arzt offensichtlich die Orientierung verloren.

80230-83820 Nun fängt er sich wieder (evtl. nach einem Hinweis des erfahrenen Arztes), indem er in eine leichte Rotation nach links übergeht und nach einem *Annäherungsfächeln* den apikalen Vierkammerblick findet.

Diskussion

In diesem Beispiel treten zwei Situationen auf, in denen der lernende Arzt Hilfestellungen benötigt, da er offensichtlich Schwierigkeiten mit der Auge-Hand-Steuerung hat. Die

8.3 Ergebnisse zur Erkennung von Bewegungsmustern

TimeStamp	FB	Rot	LR	Bewegungsmuster	Aufsetzpunkt	Status	Standardebene	Wert	Bewegungsmuster
54920	0.0008	0	0.0001	Stillstand	apikal	STANDSTILL	[apikal lange Achse]	0.3527	Stillstand
55200	-0.0008	0.001	-0.0006	Stillstand	apikal	STANDSTILL	[apikal lange Achse]	0.3493	Stillstand
55470	0.001	0.0002	-0.0002	Stillstand	apikal	STANDSTILL	[apikal lange Achse]	0.3507	Stillstand
55750	0.0006	0.0008	0.0004	Stillstand	apikal	STANDSTILL	[apikal lange Achse]	0.3554	Stillstand
56020	-0.0024	0.0441	0.0011	Rotation links leicht	apikal	CONTINUE			Stillstand
56290	0.0042	0.0286	-0.0049	Rotation links leicht	apikal	MOVING			4cvLax
56560	-0.0018	0.0157	-0.0073	Rotation links leicht	apikal	MOVING			4cvLax
56830	-0.0008	0.0031	-0.0021	Rotation links leicht	apikal	MOVING			Annäherungsfächeln_Rl
57110	-0.0003	0.0017	-0.0022	Rotation links minimal	apikal	MOVING			Annäherungsfächeln_Rl
57380	-0.0403	0.027	-0.0373	Kippen vorne mittel	apikal	MOVING			4cvLax
57630	-0.0005	-0.0069	-0.0004	Kippen vorne mittel	apikal	MOVING			4cvLax
57890	-0.0043	-0.0085	-0.004	Kippen vorne mittel	apikal	MOVING			Annäherungsfächeln_Rr
58160	0.012	-0.0261	0.0106	Rotation rechts minimal	apikal	MOVING			Annäherungsfächeln_Rr
58430	0.0271	-0.0436	0.0299	Rotation rechts mittel	apikal	MOVING			Lax4cv
58700	0.0254	-0.0291	0.0201	Rotation rechts mittel	apikal	MOVING			Lax4cv
58980	0.0212	-0.0228	0.0113	Rotation rechts mittel	apikal	MOVING			Fächeln_Khl_Rr
59260	0.0306	-0.0316	0.0189	K. h/l mittel + R.r mittel	apikal	MOVING			Fächeln_Khl_Rr
59530	0.0123	-0.0082	0.0057	Kippen hinten mittel	apikal	MOVING			Fächeln_Khl_Rr
59900	0.0109	-0.0123	0.009	Kippen hinten mittel	apikal	MOVING			Lax4cv
60150	0.0197	-0.0205	0.0136	K. h/r min + R.r leicht	apikal	MOVING			Lax4cv
60530	-0.0002	-0.0006	0.0012	K. h/r min + R.r leicht	apikal	MOVING			Lax4cv
60910	-0.0515	0.042	-0.0273	K. v/r leicht + R.l leicht	apikal	MOVING			Fächeln_Kvr_Rl
61290	-0.0024	0.0025	-0.0031	K. v/r leicht + R.l leicht	apikal	MOVING			Fächeln_Kvr_Rl
61660	0.0008	0.0011	-0.0013	K. v/r leicht + R.l leicht	apikal	STANDSTILL	[apikal lange Achse]	0.4304	Stillstand
62030	-0.0082	-0.0164	-0.0089	Rotation rechts mittel	apikal	CONTINUE			Fächeln_Kvr_Rl
62410	-0.0224	-0.0646	-0.0089	Rotation rechts mittel	apikal	MOVING			Fächeln_Kvr_Rl
62770	-0.0017	-0.0042	-0.0025	Rotation rechts mittel	apikal	MOVING			Lax4cv
63020	-0.0099	0.0988	-0.0079	K. v/r leicht + R.l leicht	apikal	MOVING			Fächeln_Kvr_Rl
63390	-0.0014	0.0268	-0.0027	Rotation links mittel	apikal	MOVING			4cvLax
63760	0.0006	-0.0027	0.0004	Rotation links mittel	apikal	MOVING			Stillstand
64030	-0.0001	-0.0031	0.0013	Rotation links minimal	apikal	MOVING			Stillstand
64310	0.0008	-0.0021	0.0005	Rotation rechts minimal	apikal	STANDSTILL	[apikal lange Achse]	0.3973	Stillstand
64600	0.0008	-0.0021	0.0005	Rotation rechts minimal	apikal	STANDSTILL	[apikal lange Achse]	0.3976	Annäherungsfächeln_Rr
64880	0.0013	-0.0023	0.0004	Rotation rechts minimal	apikal	STANDSTILL	[apikal lange Achse]	0.3989	Annäherungsfächeln_Rr
65160	-0.0002	-0.0008	0.0003	Rotation rechts minimal	apikal	STANDSTILL	[apikal lange Achse]	0.3987	Stillstand
66450	0.001	0	-0.0003	Stillstand	apikal	STANDSTILL	[apikal lange Achse]	0.401	Stillstand
65720	0.0005	0.0002	-0.0001	Stillstand	apikal	STANDSTILL	[apikal lange Achse]	0.402	Stillstand
66000	-0.0006	0.0004	-0.0001	Stillstand	apikal	STANDSTILL	[apikal lange Achse]	0.4007	Stillstand
66290	0	-0.0004	0	Stillstand	apikal	STANDSTILL	[apikal lange Achse]	0.3992	Stillstand
66570	-0.0003	0.001	-0.0002	Stillstand	apikal	STANDSTILL	[apikal lange Achse]	0.4015	Stillstand
66850	-0.0001	-0.001	-0.0005	Stillstand	apikal	STANDSTILL	[apikal lange Achse]	0.3988	Stillstand
67140	0	0	0	Stillstand	apikal	STANDSTILL	[apikal lange Achse]	0.3995	Stillstand
67420	0.0002	-0.0008	-0.0003	Stillstand	apikal	STANDSTILL	[apikal lange Achse]	0.4002	Stillstand
67700	-0.0003	-0.0002	-0.0002	Stillstand	apikal	STANDSTILL	[apikal lange Achse]	0.3983	Stillstand
67980	0.0264	-.265	-0.0221	Rotation rechts stark	apikal	CONTINUE			4cv5cv
68260	0.0192	-0.2577	-0.0198	Rotation rechts stark	apikal	MOVING			Fächeln_Khr_Rr
68540	-0.0627	-.5451	-.1232	undefined	apikal	MOVING			Fächeln_Kvr_Rr
68810	0.2224	-.5176	0.0031	undefined	apikal	MOVING			Fächeln_Khl_Rr
69080	-0.012	-.1336	0.0336	undefined	apikal	MOVING			Fächeln_Khr_Rr
69370	0.0783	-.333	-.1808	undefined	apikal	MOVING			Fächeln_Khr_Rr
69650	0.0748	0.0681	0.1964	Rotation rechts stark	apikal	MOVING			Fächeln_Khr_Rr
69930	0.033	-.0647	0.095	undefined	apikal	MOVING			Fächeln_Khr_Rr
70190	0.0196	-.0947	-.0243	Kippen hinten stark	apikal	MOVING			Fächeln_Khr_Rr
70570	0.0107	-.0568	-.0114	Rotation rechts mittel	apikal	MOVING			Fächeln_Khr_Rr
70950	-0.0013	-.02	-.0078	Rotation rechts mittel	apikal	MOVING			Fächeln_Kvr_Rr
71320	-0.0676	-.2761	0.0192	Rotation rechts stark	apikal	MOVING			Fächeln_Kvl_Rr
71680	-0.1657	0.0871	0.144	undefined	apikal	MOVING			Fächeln_Kvl_Rl
71950	0.0255	0.0033	0.0504	undefined	apikal	MOVING			Fächeln_Khl_Rl
72220	-0.0031	-.0226	-.0076	Kippen vorne stark	apikal	MOVING			Fächeln_Kvr_Rl
72490	0.0766	0.0061	-.0634	Kippen hinten mittel	apikal	MOVING			Fächeln_Khr_Rl
72770	-0.0026	0.0922	-.0873	Kippen hinten mittel	apikal	MOVING			Fächeln_Khr_Rl
73060	0.0044	0.0313	-.0979	undefined	apikal	MOVING			Fächeln_Khr_Rl
73340	-0.0092	-.0042	-.042	undefined	apikal	MOVING			Fächeln_Khr_Rl
73620	0.0258	0.0318	-.01	Kippen hinten stark	apikal	MOVING			Fächeln_Khr_Rl
73910	0.0312	-.0009	-.0009	K. h/r mittel + R.l leicht	apikal	MOVING			4cv5cv
74190	0.0033	0.0125	-.0186	K. h/r mittel + R.l leicht	apikal	MOVING			4cv5cv

Abbildung 8.13: Ausschnitt des semantischen Protokolles für das Beispiel Unsicherheitsmuster (Teil 1)

TimeStamp	FB	Rot	LR	Bewegungsmuster	Aufsetzpunkt	Status	Standardebene	Wert	Bewegungsmuster
74450	-0.0411	-0.0536	-0.0076	K. h/r min + R.r leicht	apikal	MOVING			Fächeln_Kvr_Rr
74820	-0.0884	-0.0498	0.0041	Kippen vorne mittel	apikal	MOVING			Fächeln_Kvl_Rr
75090	-0.0378	-0.0272	-0.0065	Kippen vorne mittel	apikal	MOVING			Fächeln_Kvl_Rr
75350	-0.0039	0.0008	0.0016	Kippen vorne mittel	apikal	MOVING			Fächeln_Kvl_Rr
75610	0.0029	0.0318	0.0065	K. v/l min + R.l min	apikal	MOVING			Fächeln_Khl_Rl
75880	0.0082	0.0357	0.0005	Rotation links leicht	apikal	MOVING			Fächeln_Khl_Rl
76150	0.0067	0.0366	0.0036	Rotation links mittel	apikal	MOVING			Fächeln_Khl_Rl
76420	0.0118	-0.0032	-0.0079	Rotation links mittel	apikal	MOVING			Fächeln_Khr_Rr
76670	0.0068	0.0072	-0.0127	Rotation links minimal	apikal	MOVING			Annäherungsfächeln_Rl
76940	-0.0797	-0.1196	0.1105	Rotation rechts mittel	apikal	MOVING			Fächeln_Kvl_Rr
77220	0.0088	0.163	-0.113	K. v/r leicht + R.l leicht	apikal	MOVING			Fächeln_Khr_Rr
77490	-0.1473	0.0773	0.0303	Kippen vorne stark	apikal	MOVING			Fächeln_Kvl_Rl
77760	-0.0847	0.206	0.0411	Rotation links stark	apikal	MOVING			Fächeln_Kvl_Rl
78050	-0.0757	-0.2591	-0.0937	Kippen vorne mittel	apikal	MOVING			Fächeln_Kvr_Rr
78320	-0.0778	0.0274	0.133	Kippen vorne stark	apikal	MOVING			Fächeln_Kvl_Rr
78610	-0.0486	-0.1967	0.09	undefined	apikal	MOVING			Fächeln_Kvl_Rr
78880	0.0343	-0.0135	0.0783	undefined	apikal	MOVING			Fächeln_Khl_Rr
79130	0.0784	0.0001	0.0202	undefined	apikal	MOVING			Fächeln_Khl_Rr
79400	0.0539	-0.0364	-0.0743	Kippen hinten mittel	apikal	MOVING			Fächeln_Khr_Rr
79670	0.0488	-0.0095	-0.0092	Kippen hinten stark	apikal	MOVING			Fächeln_Khr_Rr
79950	-0.0253	0.0088	-0.0102	Kippen hinten stark	apikal	MOVING			Fächeln_Khr_Rl
80230	-0.0241	0.0122	-0.0067	Rotation links minimal	apikal	MOVING			Fächeln_Kvr_Rl
80500	-0.0091	0.009	-0.0065	K. v/r leicht + R.l leicht	apikal	MOVING			Fächeln_Kvr_Rl
80760	0.0185	0.0019	-0.0017	Rotation links minimal	apikal	MOVING			Stillstand
81110	0.0229	-0.0037	0.0002	K. h/l min + R.l min	apikal	MOVING			LaxAcv
81380	0.0009	0.0015	0.0007	K. h min + R.l min	apikal	MOVING			Stillstand
81650	-0.0028	0.0069	-0.0003	K. h/l min + R.l min	apikal	MOVING			Stillstand
81920	-0.0034	0.0072	0.0004	Rotation links minimal	apikal	MOVING			Annäherungsfächeln_Rl
82190	-0.0001	0.0033	0.0015	Rotation links minimal	apikal	MOVING			Annäherungsfächeln_Rl
82470	0.0016	0.0017	0	Rotation links minimal	apikal	STANDSTILL	apikal 4ka	0.7015	Annäherungsfächeln_Rl
82740	0.0012	-0.0003	0	Rotation links minimal	apikal	STANDSTILL	apikal 4ka	0.7035	Annäherungsfächeln_S
83010	0.0005	-0.0017	0.0005	Stillstand	apikal	STANDSTILL	apikal 4ka	0.7062	Annäherungsfächeln_S
83290	0.0009	-0.0004	-0.0011	Stillstand	apikal	STANDSTILL	apikal 4ka	0.7082	Annäherungsfächeln_S
83560	0.0006	0.0019	0.0008	Stillstand	apikal	STANDSTILL	apikal 4ka	0.7056	Stillstand
83820	-0.0001	0.002	-0.0006	Stillstand	apikal	STANDSTILL	apikal 4ka	0.7022	Stillstand

Abbildung 8.14: Ausschnitt des semantischen Protokolles für das Beispiel Unsicherheitsmuster (Teil 2)

erste Schwierigkeit liegt bei der Einstellung der apikalen langen Achse vor, wo er versucht, diese durch abwechselnde Rotation nach links bzw. rechts *(4cvLax* und *Lax4cv)* zu verbessern, was ihm aber nicht gelingt. Am Schluß der Bewegung ist die Ebene gleich schlecht eingestellt wie am Anfang.

Im zweiten Fall liegt ein Orientierungsverlust beim Übergang von der langen Achse in den Vierkammerblick vor, der sich durch das Bewegungsmuster *Fächeln* äußert, das hier insgesamt länger als 10 Sekunden andauert. Dabei werden abwechselnd ganz unterschiedliche Bewegungsrichtungen eingeschlagen, was hier ein echtes Unsicherheitsfächeln beschreibt.

In beiden Fällen sollte dem lernenden Arzt Unterstützung bei der Einstellung der Leitstrukturen gegeben werden, indem sie z.B. farblich hervorgehoben werden, um eine Annäherung oder ein Entfernen deutlich zu machen. Scheinbar weiß er nicht, durch welche Bewegungen er die Zielposition erreichen kann. So bringt die Rotation im ersten Fall nicht den gewünschten Erfolg. Evtl. wäre hier eine Demonstration sinnvoll, die ihm anhand des 3D-Herzmodelles zeigt, wie er von der aktuellen Position zur Zielposition gelangt. Auch hier sind die Aussagen des semantischen Protokolles bezüglich der Bewegungsmuster nur im Zusammenhang der eingestellten Schallebene interpretierbar. So wird eine Orientierungslosigkeit im ersten Fall zwar durch die Tatsache wahrscheinlich, daß er den Schallkopf wiederholt hin- und her rotiert, aber letztendlich wird es erst klar, nachdem die erreichte Ebene keine Verbesserung gebracht hat.

8.3.3 Beispiel Abfächeln einer Region

Das letzte Beispiel stammt aus den Trainingsdaten von Abschnitt 7.4.1 und beschreibt das Abfächeln der Mitralklappe, ausgehend vom Vierkammerblick. Wie beim ersten Beispiel war der Untersucher ein erfahrener Arzt.

2890-7500 Ausgehend vom apikalen Vierkammerblick wird der Schallkopf leicht nach oben gekippt, um die untere Grenze der Mitralklappe zu erreichen *(Annäherungsfächeln)*.

7700-25160 Durch eine sehr langsame Bewegung findet nun der Sweep durch die Mitralklappe statt, indem der Schallkopf minimal nach hinten gekippt wird, evtl. kombiniert mit einer minimalen Rotation nach rechts *(Sweep_Kh)*, bis über den Bereich des Fünfkammerblicks hinaus.

25360-30360 Nun erfolgt die Rückwärtsbewegung, ein leichtes Kippen nach vorne, kombiniert mit einer Rotation nach links *(Sweep_Kv)*, bis der Fünfkammerblick erreicht ist *(Sweep_S)*.

Diskussion

Das vorliegende Beispiel für das Abfächeln der Mitralklappe zeigt, daß dieses sehr langsame, kontinuierliche Hin- und Herschwenken des Schallkopfes zum Abfahren einer Region (Mitralklappe) durch das Modell *Sweep* erkannt wird. Dieses Bewegungsmuster unterscheidet sich vom Annäherungsfächeln, das häufigere Richtungsänderungen und schnellere Bewegungen erlaubt, so daß die Klassifikation hier eindeutig ist.

8.3.4 Ergebnisse der Erkennung von Bewegungsmustern

Die vorgestellten Beispiele haben gezeigt, daß durch den Markovmodell-Ansatz zwischen folgenden Bewegungsmustern unterschieden werden kann:

- zielgerichteten, schnellen Bewegungen in Form von Standardübergängen,

- zielgerichteten, langsamen Bewegungen zur Annäherung einer Standardposition bzw. zum Abfächeln einer Region,

- sowie Unsicherheitsmustern, die einen Orientierungsverlust beschreiben können (z.B. Fächeln).

Für die Unterscheidung eines echten Orientierungsverlustes von einem vorübergehenden Fächeln, das durch eine Richtungsänderung die Einstellung einer Ebene verbessert, muß der Kontext der Dauer der Bewegung und der angestrebten Standardebene mitberücksichtigt werden, was mit Hilfe geeigneter Fuzzy-Regeln geschehen kann. So kann die

TimeStamp	FB	Rot	LR	Bewegungsmuster	Aufsetzpunkt	Status	Standardebene	Wert	Bewegungsmuster
2890	-0.0059	-0.0004	-0.0007	Kippen vorne minimal	apikal	STANDSTILL	apikal 4ka	0.6877	Annäherungsfächeln_Kv
3090	-0.0039	-0.0005	-0.0019	Kippen vorne minimal	apikal	STANDSTILL	apikal 4ka	0.6707	Annäherungsfächeln_Kv
3290	-0.0029	-0.0006	-0.0021	Kippen vorne minimal	apikal	STANDSTILL	apikal 4ka	0.6553	Annäherungsfächeln_Kv
3490	-0.002	-0.0013	-0.0018	Kippen vorne minimal	apikal	STANDSTILL	apikal 4ka	0.6502	Annäherungsfächeln_Kv
3690	-0.0027	-0.0014	-0.0014	Kippen vorne minimal	apikal	STANDSTILL	apikal 4ka	0.6369	Annäherungsfächeln_Kv
3890	-0.0025	-0.0009	-0.0012	Kippen vorne minimal	apikal	STANDSTILL	apikal 4ka	0.6272	Annäherungsfächeln_Kv
4090	-0.0023	-0.0006	-0.0005	Kippen vorne minimal	apikal	STANDSTILL	apikal 4ka	0.6179	Annäherungsfächeln_Kv
4290	-0.0019	-0.0011	-0.0001	Kippen vorne minimal	apikal	STANDSTILL	apikal 4ka	0.6089	Annäherungsfächeln_Kv
4490	-0.0028	-0.0005	-0.0009	Kippen vorne minimal	apikal	STANDSTILL	[apikal 4ka]	0.5987	Annäherungsfächeln_Kv
4690	-0.0026	-0.0014	-0.0002	Kippen vorne minimal	apikal	STANDSTILL	[apikal 4ka]	0.581	Annäherungsfächeln_Kv
4890	-0.0023	-0.0011	-0.001	Kippen vorne minimal	apikal	STANDSTILL	[apikal 4ka]	0.568	Annäherungsfächeln_Kv
5090	-0.0031	-0.001	0.0004	Kippen vorne minimal	apikal	STANDSTILL	[apikal 4ka]	0.5514	Annäherungsfächeln_Kv
5290	-0.0024	0.0002	0.001	Kippen vorne minimal	apikal	STANDSTILL	[apikal 4ka]	0.5361	Annäherungsfächeln_Kv
5490	-0.0021	-0.0009	0.0007	Kippen vorne minimal	apikal	STANDSTILL	[apikal 4ka]	0.5158	Annäherungsfächeln_Kv
5690	-0.0014	-0.0012	0	Kippen vorne minimal	apikal	STANDSTILL	[apikal 4ka]	0.5096	Annäherungsfächeln_Kv
5890	-0.0012	-0.0012	0	Kippen vorne minimal	apikal	STANDSTILL	[apikal 4ka]	0.5021	Annäherungsfächeln_Kv
6090	-0.0014	-0.0009	-0.0002	Stillstand	apikal	STANDSTILL	[apikal 4ka]	0.4901	Annäherungsfächeln_Kv
6300	-0.0003	-0.0015	0.0003	Stillstand	apikal	STANDSTILL	[apikal 4ka]	0.4887	Annäherungsfächeln_Kv
6500	-0.0011	-0.0017	-0.0005	Rotation rechts minimal	apikal	STANDSTILL	[apikal 4ka]	0.4805	Annäherungsfächeln_Kv
6700	0.0005	-0.0014	-0.0001	Rotation rechts minimal	apikal	STANDSTILL	[apikal 4ka]	0.4789	Stillstand
6900	0.0014	-0.0007	-0.0003	Stillstand	apikal	STANDSTILL	[apikal 4ka]	0.4901	Stillstand
7100	0.0007	-0.0022	-0.0004	Rotation rechts minimal	apikal	STANDSTILL	[apikal 4ka]	0.494	Stillstand
7300	0.0017	-0.0013	-0.0011	Rotation rechts minimal	apikal	STANDSTILL	[apikal 4ka]	0.5038	Stillstand
7500	0.0026	0.0001	-0.0004	Kippen hinten minimal	apikal	STANDSTILL	[apikal 4ka]	0.5187	Stillstand
7700	0.0055	0.0009	-0.0025	Kippen hinten minimal	apikal	STANDSTILL	[apikal 4ka]	0.5509	Sweep_Kh
7910	0.0052	-0.0009	-0.0002	Kippen hinten minimal	apikal	STANDSTILL	[apikal 4ka]	0.5749	Sweep_Kh
8110	0.0045	0.0004	-0.0003	Kippen hinten minimal	apikal	LEAVING			Sweep_Kh
8310	0.0017	0.0002	-0.0001	Kippen hinten minimal	apikal	STANDSTILL	apikal 4ka	0.6035	Sweep_Kh
8510	0.0036	-0.0005	-0.001	Kippen hinten minimal	apikal	STANDSTILL	apikal 4ka	0.6181	Sweep_Kh
8710	0.0026	-0.0004	-0.0008	Kippen hinten minimal	apikal	STANDSTILL	apikal 4ka	0.6279	Sweep_Kh
8910	0.0026	-0.0007	-0.0003	Kippen hinten minimal	apikal	STANDSTILL	apikal 4ka	0.6398	Sweep_Kh
9110	0.0019	-0.0002	-0.0004	Kippen hinten minimal	apikal	STANDSTILL	apikal 4ka	0.6461	Sweep_Kh
9310	0.0045	-0.0018	-0.0012	Kippen hinten minimal	apikal	STANDSTILL	apikal 4ka	0.6598	Sweep_Kh
9510	0.0031	-0.0013	-0.0004	Kippen hinten minimal	apikal	STANDSTILL	apikal 4ka	0.6719	Sweep_Kh
9710	0.0024	-0.0009	0.0005	Kippen hinten minimal	apikal	STANDSTILL	apikal 4ka	0.6772	Sweep_Kh
9910	0.0026	-0.001	-0.0003	Kippen hinten minimal	apikal	STANDSTILL	apikal 4ka	0.684	Sweep_Kh
10110	0.004	-0.0011	0.0004	Kippen hinten minimal	apikal	STANDSTILL	apikal 4ka	0.6974	Sweep_Kh
10310	0.0062	-0.0015	-0.0013	Kippen hinten minimal	apikal	STANDSTILL	apikal 4ka	0.7145	Sweep_Kh
10510	0.0082	-0.0017	-0.0031	K. h/r min + R.r min	apikal	LEAVING			Sweep_Kh
10720	0.0063	-0.002	-0.0017	K. h/r min + R.r min	apikal	MOVING			Sweep_Kh
10920	0.0034	-0.0011	-0.0016	K. h/r min + R.r min	apikal	MOVING			Sweep_Kh
11120	0.0029	-0.0019	-0.001	K. h/r min + R.r min	apikal	STANDSTILL	apikal 4ka	0.7611	Sweep_Kh
11330	0.0031	-0.0012	-0.0003	Kippen hinten minimal	apikal	STANDSTILL	apikal 4ka	0.7667	Sweep_Kh
11530	0.0041	-0.0017	-0.0005	Kippen hinten minimal	apikal	STANDSTILL	apikal 4ka	0.7744	Sweep_Kh
11740	0.0024	-0.0018	-0.0014	Kippen hinten minimal	apikal	STANDSTILL	apikal 4ka	0.7786	Sweep_Kh
11940	0.0034	-0.002	-0.0006	Kippen hinten minimal	apikal	STANDSTILL	apikal 4ka	0.7752	Sweep_Kh
12140	0.0017	-0.0018	-0.0016	Kippen hinten minimal	apikal	STANDSTILL	apikal 4ka	0.7721	Sweep_Kh
12350	0.002	-0.0007	-0.0009	Kippen hinten minimal	apikal	STANDSTILL	apikal 4ka	0.7704	Sweep_Kh
12550	0.0029	-0.0025	-0.0005	Kippen hinten minimal	apikal	STANDSTILL	apikal 4ka	0.7636	Sweep_Kh
12750	0.0024	-0.0015	-0.0009	Kippen hinten minimal	apikal	STANDSTILL	apikal 4ka	0.7604	Sweep_Kh
12960	0.0017	-0.0009	-0.0001	Kippen hinten minimal	apikal	STANDSTILL	apikal 4ka	0.7562	Sweep_Kh
13160	0.0005	-0.0012	-0.0006	Kippen hinten minimal	apikal	STANDSTILL	apikal 4ka	0.754	Sweep_Kh
13360	0.0012	-0.001	-0.001	Stillstand	apikal	STANDSTILL	apikal 4ka	0.75	Sweep_Kh
13560	0.0017	-0.0013	-0.001	Stillstand	apikal	STANDSTILL	apikal 4ka	0.7467	Sweep_Kh
13760	0.001	-0.0027	-0.0002	Rotation rechts minimal	apikal	STANDSTILL	apikal 4ka	0.7421	Sweep_Kh
13960	0.0017	-0.0011	0.0004	Rotation rechts minimal	apikal	STANDSTILL	apikal 4ka	0.7392	Sweep_Kh
14160	0.0022	-0.0024	-0.0007	Rotation rechts minimal	apikal	STANDSTILL	apikal 4ka	0.7297	Sweep_Kh
14360	0.0028	-0.0005	0.0005	Kippen hinten minimal	apikal	STANDSTILL	apikal 4ka	0.7286	Sweep_Kh
14560	0.0024	-0.0016	-0.001	Kippen hinten minimal	apikal	STANDSTILL	apikal 4ka	0.7223	Sweep_Kh
14760	0.0005	-0.002	0.0004	Kippen hinten minimal	apikal	STANDSTILL	apikal 4ka	0.719	Sweep_Kh
14960	0.0022	-0.0015	0.0008	Rotation rechts minimal	apikal	STANDSTILL	apikal 4ka	0.7119	Sweep_Kh
15160	0.0022	-0.0018	0.0008	Kippen hinten minimal	apikal	STANDSTILL	apikal 4ka	0.707	Sweep_Kh
15360	0.0032	-0.0017	0.0001	Kippen hinten minimal	apikal	STANDSTILL	apikal 4ka	0.6965	Sweep_Kh
15560	0.0022	-0.0019	0.0009	Kippen hinten minimal	apikal	STANDSTILL	apikal 4ka	0.6779	Sweep_Kh
15760	0.0056	-0.0029	0.0007	Kippen hinten minimal	apikal	STANDSTILL	apikal 4ka	0.6467	Sweep_Kh
15960	0.0039	-0.0036	0.0018	K. h min + R.r min	apikal	STANDSTILL	apikal 4ka	0.627	Sweep_Kh
16160	0.0017	-0.0026	-0.0006	K. h min + R.r min	apikal	STANDSTILL	apikal 4ka	0.6148	Sweep_Kh

Abbildung 8.15: Ausschnitt des semantischen Protokolles für das Beispiel Abfächeln einer Region (Teil 1)

8.3 Ergebnisse zur Erkennung von Bewegungsmustern

TimeStamp	FB	Rot	LR	Bewegungsmuster	Aufsetzpunkt	Status	Standardebene	Wert	Bewegungsmuster
16360	0.0032	-0.0027	0.0006	K. h min + R.r min	apikal	STANDSTILL	[apikal 4ka]	0.5961	Sweep_Kh
16560	0.0029	-0.0018	-0.0011	Kippen hinten minimal	apikal	STANDSTILL	[apikal 4ka]	0.5798	Sweep_Kh
16760	0.001	-0.0001	0.0008	Kippen hinten minimal	apikal	STANDSTILL	[apikal 4ka]	0.5762	Sweep_Kh
16960	0.0044	-0.0017	-0.0003	Kippen hinten minimal	apikal	STANDSTILL	[apikal 5ka]	0.5805	Sweep_Kh
17160	0.0054	-0.0028	0	Kippen hinten minimal	apikal	STANDSTILL	apikal 5ka	0.6044	Sweep_Kh
17360	0.0039	-0.001	0.0003	Kippen hinten minimal	apikal	STANDSTILL	apikal 5ka	0.6185	Sweep_Kh
17560	0.0066	-0.0005	0.0005	Kippen hinten minimal	apikal	LEAVING			Sweep_Kh
17760	0.0044	-0.0008	0.0002	Kippen hinten minimal	apikal	MOVING			Sweep_Kh
17960	0.0052	-0.0013	-0.0002	Kippen hinten minimal	apikal	MOVING			Sweep_Kh
18160	0.0039	0.0015	0.0018	Kippen hinten minimal	apikal	STANDSTILL	apikal 5ka	0.6905	Sweep_Kh
18360	0.0057	0.0013	0.0013	Kippen hinten minimal	apikal	STANDSTILL	apikal 5ka	0.7078	Sweep_Kh
18560	0.0037	0.0008	0.0002	Kippen hinten minimal	apikal	STANDSTILL	apikal 5ka	0.7162	Sweep_Kh
18760	0.0037	0.0001	0.0002	Kippen hinten minimal	apikal	STANDSTILL	apikal 5ka	0.7261	Sweep_Kh
18960	0.0032	-0.0003	0.0008	Kippen hinten minimal	apikal	STANDSTILL	apikal 5ka	0.7347	Sweep_Kh
19160	0.004	0.0006	0.0014	Kippen hinten minimal	apikal	STANDSTILL	apikal 5ka	0.7428	Sweep_Kh
19360	0.004	0.0007	0.0004	Kippen hinten minimal	apikal	STANDSTILL	apikal 5ka	0.7502	Sweep_Kh
19560	0.0032	0.0003	0.0013	Kippen hinten minimal	apikal	STANDSTILL	apikal 5ka	0.7557	Sweep_Kh
19760	0.0042	0.0007	0.0001	Kippen hinten minimal	apikal	STANDSTILL	apikal 5ka	0.7619	Sweep_Kh
19960	0.003	0.0009	0.0011	Kippen hinten minimal	apikal	STANDSTILL	apikal 5ka	0.7662	Sweep_Kh
20160	0.004	0.0005	0	Kippen hinten minimal	apikal	STANDSTILL	apikal 5ka	0.7707	Sweep_Kh
20360	0.0029	-0.0001	0.0016	Kippen hinten minimal	apikal	STANDSTILL	apikal 5ka	0.7733	Sweep_Kh
20560	0.0034	0.0005	0.0016	Kippen hinten minimal	apikal	STANDSTILL	apikal 5ka	0.7758	Sweep_Kh
20760	0.0039	-0.0009	0.0045	Kippen hinten minimal	apikal	STANDSTILL	apikal 5ka	0.7768	Sweep_Kh
20960	0.0039	0.0006	0.0025	Kippen hinten minimal	apikal	STANDSTILL	apikal 5ka	0.7783	Sweep_Kh
21160	0.006	0.0007	0.0003	Kippen hinten minimal	apikal	STANDSTILL	apikal 5ka	0.7789	Sweep_Kh
21360	0.0052	0.0001	0.0006	Kippen hinten minimal	apikal	LEAVING			Sweep_Kh
21560	0.0032	-0.0008	0.0014	Kippen hinten minimal	apikal	STANDSTILL	apikal 5ka	0.775	Sweep_Kh
21760	0.0064	-0.0011	0.0033	Kippen hinten minimal	apikal	STANDSTILL	apikal 5ka	0.7688	Sweep_Kh
21960	0.0067	-0.0012	0.0015	Kippen hinten minimal	apikal	LEAVING			Sweep_Kh
22160	0.0055	0.0005	0.0004	Kippen hinten minimal	apikal	MOVING			Sweep_Kh
22360	0.0057	0.0005	0.0012	Kippen hinten minimal	apikal	MOVING			Sweep_Kh
22560	0.0052	0.0006	0.0018	Kippen hinten minimal	apikal	MOVING			Sweep_Kh
22760	0.0057	-0.0012	0.0007	Kippen hinten minimal	apikal	MOVING			Sweep_Kh
22960	0.0052	-0.0013	0.0008	Kippen hinten minimal	apikal	MOVING			Sweep_Kh
23160	0.008	0.0006	0.0018	Kippen hinten minimal	apikal	MOVING			Sweep_Kh
23360	0.004	0	0.0007	Kippen hinten minimal	apikal	MOVING			Sweep_Kh
23560	0.0019	-0.0002	0.0014	Kippen hinten minimal	apikal	STANDSTILL	apikal 5ka	0.6494	Sweep_Kh
23760	0.0015	0	0.0004	Kippen hinten minimal	apikal	STANDSTILL	apikal 5ka	0.6397	Sweep_Kh
23960	0.0052	-0.0003	0.0024	Kippen hinten minimal	apikal	STANDSTILL	apikal 5ka	0.6158	Sweep_Kh
24160	0.0024	0.0004	0.0013	Kippen hinten minimal	apikal	STANDSTILL	apikal 5ka	0.6103	Sweep_Kh
24360	0.0057	0.0014	0.0014	Kippen hinten minimal	apikal	STANDSTILL	[apikal 5ka]	0.5794	Sweep_Kh
24560	0.0034	0.0014	0.0018	Kippen hinten minimal	apikal	STANDSTILL	[apikal 5ka]	0.5596	Sweep_Kh
24760	0.0026	0	-0.0007	Kippen hinten minimal	apikal	STANDSTILL	[apikal 5ka]	0.5491	Sweep_Kh
24960	0.0002	0.0006	0.0013	Kippen hinten minimal	apikal	STANDSTILL	[apikal 5ka]	0.5451	Sweep_Kh
25160	-0.0026	-0.0019	0.0017	Stillstand	apikal	STANDSTILL	[apikal 5ka]	0.5596	Sweep_Kh
25360	-0.0047	0.0013	0.0023	Kippen vorne minimal	apikal	STANDSTILL	[apikal 5ka]	0.5825	Sweep_Kv
25560	-0.0078	0.0017	0.0025	K. v/l min + R.l min	apikal	LEAVING			Sweep_Kv
25760	-0.0202	0.0066	0.0042	K. v/l min + R.l min	apikal	MOVING			Sweep_Kv
25960	-0.0123	0.0049	0.0034	K. v/l min + R.l min	apikal	MOVING			Sweep_Kv
26160	-0.0075	0.0091	0.0005	K. v/r leicht + R.l leicht	apikal	MOVING			Sweep_Kv
26360	-0.0093	0.0233	-0.002	K. v/r leicht + R.l leicht	apikal	MOVING			Sweep_Kv
26560	-0.0089	0.0194	-0.0006	K. v/r leicht + R.l leicht	apikal	MOVING			Sweep_Kv
26760	-0.005	0.0056	0.0024	K. v/r leicht + R.l leicht	apikal	MOVING			Sweep_Kv
26960	-0.0123	0.0108	0.0046	K. v/l min + R.l min	apikal	MOVING			Sweep_Kv
27160	-0.0021	0.0008	0.0011	K. v/l min + R.l min	apikal	MOVING			Sweep_Kv
27360	-0.0059	-0.0012	0.0032	K. v/l min + R.l min	apikal	MOVING			Sweep_Kv
27560	-0.0056	-0.0006	0.0024	K. v/l min + R.r min	apikal	STANDSTILL	apikal 5ka	0.8406	Sweep_Kv
27760	-0.0038	-0.0018	0.0009	K. v/l min + R.l min	apikal	LEAVING			Sweep_Kv
27960	-0.0013	-0.0003	0.0003	Kippen vorne minimal	apikal	STANDSTILL	apikal 5ka	0.8312	Sweep_Kv
28160	-0.0008	0	0.0008	Kippen vorne minimal	apikal	STANDSTILL	apikal 5ka	0.8295	Sweep_Kv
28360	-0.0012	-0.0001	-0.0002	Stillstand	apikal	STANDSTILL	apikal 5ka	0.8263	Sweep_Kv
28560	0.0005	-0.0006	0	Stillstand	apikal	STANDSTILL	apikal 5ka	0.8272	Sweep_Kv
28760	-0.0016	-0.0008	-0.0006	Stillstand	apikal	STANDSTILL	apikal 5ka	0.8242	Sweep_Kv
28960	-0.0001	-0.0006	0.0005	Stillstand	apikal	STANDSTILL	apikal 5ka	0.8227	Sweep_Kv
29160	0.0002	-0.0004	0.0007	Stillstand	apikal	STANDSTILL	apikal 5ka	0.8221	Sweep_Kv
29360	-0.0001	-0.0009	-0.0012	Stillstand	apikal	STANDSTILL	apikal 5ka	0.8219	Sweep_S
29560	-0.0003	0	0.0003	Stillstand	apikal	STANDSTILL	apikal 5ka	0.821	Sweep_S
29760	-0.0003	0	0.0003	Stillstand	apikal	STANDSTILL	apikal 5ka	0.8207	Sweep_S
29960	0	0	0	Stillstand	apikal	STANDSTILL	apikal 5ka	0.8213	Sweep_S
30160	-0.0002	0.0002	-0.0002	Stillstand	apikal	STANDSTILL	apikal 5ka	0.822	Sweep_S
30360	-0.0003	-0.0004	0.0003	Stillstand	apikal	STANDSTILL	apikal 5ka	0.8212	Sweep_S

Abbildung 8.16: Ausschnitt des semantischen Protokolles für das Beispiel Abfächeln einer Region (Teil 2)

Erkennung eines Standardüberganges auch dazu genutzt werden, um zu überprüfen, ob der lernende Arzt nach einer gewissen Zeit an der Zielposition angekommen ist oder ob ein Abriß der Trajektorienverfolgung vorliegt. Dies ist der Fall, wenn zu einem anderen Bewegungsmuster gewechselt wird, das nicht dem Übergang oder einem Annäherungsfächeln entspricht.

8.4 Zusammenfassung

In diesem Kapitel wurden die Realisierungsansätze der sensomotorischen Verhaltensanalyse dahingehend überprüft, ob sie dazu geeignet sind, Fehlkonzepte und Schwierigkeiten des Lernenden zu erkennen, und ob die Beurteilungen mit denen eines Experten der Anwendungsdomäne übereinstimmen. Dies ist die Voraussetzung für ein Trainingssystem, das ein *situiertes Lernen* im Sinne des *Cognitive-Apprenticeship-Ansatzes* unterstützen will.

Durch eine Fallstudie wurde in Abschnitt 8.1 exemplarisch gezeigt, wie die Ursachen einer schlechten Standardebeneneinstellung anhand des semantischen Protokolls identifiziert werden können, indem die Erfassung der Leitstrukturen durch entsprechende Fuzzy-Regeln überprüft wird. Hierdurch können Fehlkonzepte des lernenden Arztes abgeleitet werden, die die Definition der Standardebene, einzelne Leitstrukturen, die Auge-Hand-Steuerung oder die räumliche Orientierung betreffen können. Es wurde gezeigt, wie durch adaptive Hilfestellungen im Sinne von *sprechenden Situationen* die Einstellung einer Standardebene unterstützt werden kann (adaptives Highlighting der Zielstrukturen, Demonstration anhand eines zweiten Schallspachtels im Herzmodell, Multimedia-Tutoring-Module), so daß ein situiertes Lernen ermöglicht wird.

Anschließend wurde gezeigt, daß die Bewertungen des Systems für die Standardebenen im Rahmen der Expertengenauigkeit mit denen eines medizinischen Experten übereinstimmen (vgl. Abschnitt 8.2). So wurden die von einem Experten als richtig bzw. falsch eingestuften Standardebenen vom Fuzzy-Regelansatz des Trainingssystems ebenso bewertet, und auch die vom System als richtig eingestuften Ebenen wurden im allgemeinen auch vom Experten als Standardebenen akzeptiert. Es konnte noch nicht hinreichend geklärt werden, ob sich die anhand des Herzmodells erzielten Ergebnisse (woran sich die Bewertung orientiert) auch auf registrierte Datensätze übertragen lassen, was ansatzweise anhand von zwei Datensätzen überprüft wurde. Es ist anzunehmen, daß die Ergebnisse generell auch auf registrierte Datensätze übertragbar sind, wobei die Qualität der Erkennung sicherlich mit der Güte der Registrierung zusammenhängt. Die Erkennungsleistung kann durch ein Feintuning der Parameter noch verbessert werden, wobei eine genauere Evaluierung bzgl. der Grenzwertsetzung nötig ist. Außerdem wurde deutlich, daß für die Repräsentation der Papillarmuskeln wahrscheinlich ein umschreibendes Ellipsoid besser geeignet ist als der Abstand der Ebene vom Apex, da diese Ebene mehrfach fehlklassifiziert wurde.

Die Erkennung der Bewegungsmuster durch Hidden-Markov-Modelle wurde an drei Beispielen evaluiert. Dabei konnte zwischen den Bewegungsmustern für *Standardübergänge*,

8.4 Zusammenfassung

Annäherungsfächeln, das *Abfächeln einer Region* und dem *Unsicherheitsfächeln* unterschieden werden. Standardübergänge zeichnen sich durch zielgerichtete, schnelle Bewegungen aus, um schnell von einer Position zur nächsten zu gelangen. So ist ein Abriß dieser Trajektorienverfolgung (wenn zu einem anderen Bewegungsmuster gewechselt wird, das nicht dem Übergang oder einem Annäherungsfächeln entspricht) ein Anzeichen für einen Orientierungsverlust.

Die Standardübergänge wurden durch das entsprechende Markovmodell erkannt. Ebenso wurde *Annäherungsfächeln* zum Annähern an eine Standardebene identifiziert. Auch das Abfächeln der Mitralklappe wurde mit *Sweep* richtig klassifiziert. Dieses Bewegungsmuster zeichnet sich im Gegensatz zum *Annäherungsfächeln* durch langsamere, sehr kontinuierliche Kippbewegungen senkrecht zur Schallebene aus. Im zweiten Beispiel wurden dann zwei Orientierungsverluste des lernenden Arztes dargestellt, wobei der erste bei der Auge-Hand-Steuerung zur Feineinstellung einer Schallebene auftrat und der zweite während eines Positionsüberganges. Dort wurde das Bewegungsmuster *Fächeln* erkannt, das das unkontrollierte Steuern des Schallkopfes beschreibt.

Um diese Orientierungsverluste eindeutig zu identifizieren, muß der Kontext der letzten bzw. angestrebten Ultraschallebene mitberücksichtigt werden. Ebenso spielt die Dauer des Fächelns eine wichtige Rolle, da es vorübergehend auch auftreten kann, um eine Orientierungsänderung zum Verbessern einer Ebene zu erreichen. Generell wird jedoch zwischen "normalen Bewegungen" und Unsicherheitsmustern unterschieden, aus denen im Zusammenhang mit dem semantischen Protokoll (Standardebene, Aufsetzpunkt, Bewertung der Ebene) ein Unterstützungsbedarf abgeleitet werden kann, der durch ein adaptives Hervorheben der Leitstrukturen oder durch Demonstrationen realisierbar ist. Einschränkend ist zu sagen, daß dieser Ansatz nicht daraufhin überprüft wurde, ob die erlernten Parameter für andere Personen als die Trainingsperson geeignet sind. Hier müßten die Parameter vermutlich angepaßt werden, indem die Modelle anhand einer größeren Datenbasis modelliert werden.

Insgesamt wird deutlich, daß die beschriebenen Methoden zur Bewertung von Standardebenen und Bewegungsmustern geeignet sind, um Fehlvorstellungen und Orientierungsschwierigkeiten eines lernenden Arztes anhand der Schallkopfbewegungen und -einstellungen abzuleiten. Auf diese Weise kann sein Verhalten in der Situation bewertet werden, so daß ihm adaptive Hilfestellungen angeboten werden können, die Elemente eines Cognitive-Apprenticeship-Ansatzes nachbilden.

9 Zusammenfassung und Ausblick

In dieser Arbeit sollte gezeigt werden, wie in einem Augmented-Reality-basierten Trainingssystem ein situiertes Lernen unterstützt werden kann, indem die natürliche Lernumgebung möglichst realitätsnah nachgebildet und der beobachtende Lehrer durch eine geeignete Analyse des Benutzerverhaltens und entsprechende adaptive Hilfestellungen imitiert wird (vgl. Kapitel 1).

Hierzu wurden folgende Ergebnisse erzielt:

- Es wurde gezeigt, daß durch die Analyse des sensomotorischen Verhaltens in räumlich-zeitlichen Simulationsumgebungen semantische Konzepte abgeleitet werden können, die Handlungsstrategien, Orientierungsschwierigkeiten oder Fehlvorstellungen beschreiben.

- Am Beispiel der Echokardiographie wurden diese Handlungsmuster identifiziert und geeignet repräsentiert, indem das sensomotorische Verhalten durch einen kombinierten wissensbasierten, stochastischen Ansatz beschrieben wird.

- Dieser Ansatz wurde an mehreren Versuchen durch medizinische Experten evaluiert, um die medizinische Adäquatheit der abgeleiteten semantischen Konzepte zu überprüfen.

Semantische Analyse von Handlungsmustern in räumlich-zeitlichen Domänen

Eine komplexe Expertise, wie sie in räumlich-zeitlichen Domänen benötigt wird, die die integrierte Anwendung verschiedener kognitiver und praktischer Fähigkeiten verlangt, kann nur durch aktives Handeln innerhalb des Anwendungskontextes, unter Anleitung eines Experten, erworben werden. Durch eine *Augmented-Reality-Umgebung* kann dieser Anwendungskontext realitätsnah nachgebildet werden. Es fehlt jedoch ein Lehrer, der die Handlungen des Lernenden bewertet und ihm geeignete Hilfestellungen gibt.

Deshalb wurde in dieser Arbeit gezeigt, daß durch eine Analyse des sensomotorischen Verhaltens in räumlich-zeitlichen Simulationsumgebungen semantische Konzepte in Form eines *semantischen Protokolles* (vgl. Kapitel 4) abgeleitet werden können, um

Handlungsstrategien bzw. räumliche oder sensomotorische Schwierigkeiten zu identifizieren. Die Realisierung des Analyseansatzes wurde dabei durch die in der Gestikerkennung verwendeten Methoden motiviert (vgl. Kapitel 5), die auch semantische Konzepte aus Bewegungen ableiten. Während die dort abgeleiteten semantischen Konzepte aber sprachlicher Natur sind, werden hier komplexere Handlungskonzepte beschrieben.

Durch diese identifizierten semantischen Konzepte kann das Verhalten des Lernenden bewertet werden, so daß ihm gemäß seines Unterstützungsbedarfes adaptive Hilfestellungen angeboten werden können, die ihn in der Ausbildung seines mentalen Modelles unterstützen.

Sensomotorische Verhaltensanalyse am Beispiel der Echokardiographie

Am Beispiel der Echokardiographie, die einen hohen Grad an Expertise für die Steuerung des Ultraschallkopfes (sensomotorische Fertigkeiten), für die Bildinterpretation (visuellperzeptive Fähigkeiten) und für die Diagnose verlangt, wurde exemplarisch gezeigt, wie diese Handlungsmuster identifiziert und repräsentiert werden können, indem die Verhaltensanalyse für ein Augmented-Reality-basiertes Trainingssystem (EchoSim, siehe Kapitel 2) umgesetzt wurde.

Um die für die Echokardiographie benötigten Basisfertigkeiten und kognitiven Schwierigkeiten zu bestimmen wurde deshalb in einem ersten Schritt eine *Feldanalyse* (Kapitel 3) durchgeführt. Die identifizierten Handlungsmuster und kognitiven Schwierigkeiten betreffen die Auge-Hand-Steuerung des Schallkopfes, die die wohl größte Schwierigkeit für einen Anfänger darstellt, und die Einstellung von Standardebenen.

Ziel war außerdem die Identifizierung der domänenspezifischen tutoriellen Strategien, indem reale Untersuchungssituationen analysiert wurden. Die Ergebnisse bildeten die Grundlage für die spätere Bestimmung funktionaler Äquivalente, die diese Strategien in einem Trainingssystem umsetzen können.

Anhand eines umfangreichen Experiments an simulierten Realfällen innerhalb der Simulationsumgebung (vgl. Abschnitt 5.1) wurden die Charakteristika der sensomotorischen Daten untersucht, die die Auswahl der verwendbaren Analysemethoden leiteten.

Für die Erkennung und Bewertung von kardiologischen Standardebenen, deren korrekte Einstellung Voraussetzung für eine gültige Diagnose ist, wurde in Kapitel 6 ein Fuzzy-Regelansatz abgeleitet, der flexible Toleranzbereiche modelliert. Auf diese Weise wird berücksichtigt, daß einige Standardebenen nahe beieinanderliegen und nicht eindeutig getrennt werden können. Neben der Lage und Orientierung einer Ebene wird zusätzlich die Güte der relevanten Leitstrukturen bestimmt, indem die Schnittfläche mit um- bzw. einbeschreibenden Ellipsoiden berechnet wird, die die Herzklappen oder den linken Ventrikel repräsentieren. Auf diese Weise können Fuzzy-Regeln aufgestellt werden, die nicht nur beurteilen, wie gut eine Standardebene eingestellt ist, sondern auch, warum eine Ebene nicht gültig ist, d.h. welche Leitstrukturen nicht gut getroffen wurden. Hieraus können mögliche Schwierigkeiten bzw. Fehlkonzepte des lernenden Arztes abgeleitet werden.

Aufgrund der Gütemaße für die Leitstrukturen können einzelne Leitstrukturen durch ein farbkodiertes Highlighting adaptiv hervorgehoben werden, so daß der Lernende visuell in der Annäherung an eine Standardebene unterstützt wird. Im Fall von räumlichen Orientierungsschwierigkeiten kann der Lernende entsprechend durch das 3D-Herzmodell unterstützt werden, z.B. indem ihm seine Ebene im Vergleich zur richtigen Ebene dargestellt wird, oder indem ihm Übergänge demonstriert werden. Zusätzliche Tutoring-Module können die Leitstrukturen von Standardebenen erläutern, um fehlendes Hintergrundwissen zu vermitteln.

Neben der Beurteilung der Standardebenen kommt aber auch den Schallkopfbewegungen selbst eine wichtige Bedeutung zu, da sie Hinweise auf mögliche Orientierungsschwierigkeiten des Lernenden geben können. Durch den Vergleich der Orientierungen zwischen aufeinanderfolgenden Abtastzeitpunkten des Positionssensors können die Eulerwinkel für Rotation, Kippen und Angulation berechnet werden, die als Grundlage für die Erkennung von Bewegungsmustern dienen. Mit Hilfe von *Hidden-Markov-Modellen* (vgl. Kapitel 7) wird zwischen *Standardübergängen* von einer Standardposition in die nächste, *Annäherungsfächeln* für die Feineinstellung einer Standardposition unter Sichtkontrolle, zielgerichtetem *Abfächeln einer Region* und dem *Unsicherheitsfächeln* eines lernenden Arztes unterschieden, der die Orientierung verloren hat.

Überprüfung der abgeleiteten semantischen Konzepte auf medizinische Adäquatheit

Die Anwendbarkeit der beschriebenen Methoden wurde in einer Fallstudie an simulierten Realfällen überprüft (Kapitel 8). So können sinnvolle semantische Konzepte abgeleitet werden, um die eingestellten Standardebenen zu beurteilen und Hinweise auf mögliche Fehlvorstellungen zu erhalten, wie z.B. die Leitstrukturen einer Standardebene. Die Bewertungen des Systems wurden von zwei medizinischen Experten an mehreren Testtrajektorien evaluiert. Die Erkennungsleistung des Systems war hier sehr zufriedenstellend, wobei die Parameter aber noch zu verfeinern sind. Es wurde noch nicht hinreichend geklärt, ob die mit dem Herzmodell erzielten Ergebnisse ohne weiteres auf registrierte Datensätze übertragbar sind.

Außerdem können Aussagen über mögliche Orientierungsschwierigkeiten getroffen werden, die sich in den Bewegungsmustern äußern. So kann durch die Hidden-Markov-Modelle zwischen zielgerichteten Bewegungen und Orientierungslosigkeit unterschieden werden, wobei aber der Kontext der Schallebene (zuletzt eingestellte Schallebene, Verbesserung oder Verschlechterung einer Ebene) mitberücksichtigt werden muß.

Es wurde also am Beispiel eines Trainingssystems für die Echokardiographie gezeigt, daß ein Assessment und die Diagnose von Orientierungsproblemen und Fehlvorstellungen durch eine Analyse der sensomotorischen Daten möglich ist und daß die abgeleiteten semantischen Konzepte auch medizinisch sinnvoll sind. Auf dieser Basis können so adaptive Hilfestellungen gegeben werden, die den beobachtenden Lehrer nachahmen, womit der Cognitive-Apprenticeship-Ansatz umsetzbar ist.

Ausblick

Realisierung des Trainingssystems

Um dieses Trainingssystem, dessen Machbarkeit gezeigt wurde, in die Realität umzusetzen, müßten die Parameter der beschriebenen Methoden an neuen Datensätzen validiert werden, wobei besonders zu berücksichtigen ist, inwieweit die Modellierung von der Registrierung zwischen Herzmodell und Ultraschalldatensatz abhängig ist. Hier ist eventuell zu überlegen, ob verschiedene Herzmodelle definiert werden sollten, die auch starke Abweichungen von dem normalen Herzen modellieren. Sonst wäre eine genügend gute Registrierung des Datensatzes nur schwer möglich. Der Fuzzy-Regel-Ansatz zur Erkennung von Standardebenen müßte auch auf die übrigen, noch nicht definierten Standardebenen ausgedehnt werden. Zusätzlich ist für die Markovmodelle zu prüfen, ob die Parameter für andere Benutzer angepaßt werden müssen. Voraussichtlich müssen hierfür noch weitere Experimentaldaten erhoben werden.

Außerdem müssen geeignete didaktische Einheiten definiert werden, die auf den abgeleiteten Unterstützungsbedarf abgebildet werden können. Dies kann in Form von multimedialen Tutoring-Modulen im Stil des EchoExplorers erfolgen. Für das adaptive Highlighting sind ebenfalls die fehlenden Standardebenen zu repräsentieren.

Es bleibt offen, welches didaktische Konzept für das Trainingssystem gewählt werden soll. So kann das Feedback z.B. direkt während der Untersuchung in Form von tutoriellen Interventionen gegeben werden. Alternativ wäre es denkbar, ein annotiertes Protokoll für eine Untersuchungssequenz abzuspeichern. Durch Abspielen der annotierten Sequenz mit einem Recorder kann sich der lernende Arzt die Untersuchung inklusive Kommentaren und visuellem (oder anderem) Feedback hinterher ansehen.

Übertragung des Ansatzes auf andere Domänen

Der Ansatz für die sensomotorische Analyse kann auf andere Domänen ausgeweitet werden. So ist z.B. eine Übertragung auf das Gebiet der minimalinvasiven Chirurgie denkbar.

Folgende Analogien lassen sich zwischen den beiden Gebieten identifizieren (vgl. Tendick et al. [124]):

- Bewegungen zu bestimmten Zielregionen sind mit der Annäherung an eine Standardposition vergleichbar, wobei die erste grobe Annäherung eher regelbasiert erfolgt, auf der Grundlage eines räumlichen Modells (vgl. Standardübergänge, z.B. Rotation um 90 Grad nach rechts).

- Die Annäherung an die Zielregion erfolgt langsam und unter visueller Kontrolle (vgl. Annäherungsfächeln).
- Die Einstellungen für das Laparoskop erfordern ähnlich der Orientierung einer Standardebene eine genaue Positionierung, genannt *Exposure*, weshalb sich hier ebenfalls Fuzzy-Mengen anbieten könnten.
- Bestimmte Fertigkeiten, wie z.B. Nähen, Schneiden, ... sind evtl. als Bewegungsmuster mit Hidden Markov-Modellen beschreibbar, vgl. z.B. Rosen [102].

Tendick et al. wollen das dynamische Verhalten in Chirurgiesimulatoren beurteilen, um nicht verbalisierbare Strategien zu identifizieren. Hier könnte der beschriebene Analyseansatz möglicherweise übernommen werden. Sie planen außerdem ein sensomotorisches Feedback, das durch Force-Feedback die Handhabung eines angewinkelten Laparoskops vermitteln soll, indem die Hand des lernenden Arztes geführt wird.

Literaturverzeichnis

[1] ADLASSNIG, K.-P. Fuzzy set theory in medical diagnosis. *IEEE Transactions on Systems, Man, and Cybernetics 16*, 2 (1986), 260–265.

[2] ANDERSON, J. Cognitive psychology and intelligent tutoring. In *Cognitive Science Society Conference* (Boulder, Colorado, 1984), S. 37–43.

[3] AZEVEDO, R., ET AL. Tutoring Complex Visual Concepts in Radiology. In *XXVI International Congress on Psychology* (Montreal, Quebec, 1995).

[4] AZEVEDO, R., JAJOIE, S., DESAULNIERS, M., FLEISZER, D. UND BRET, P. RadTutor: The Theoretical and Empirical Basis for the Design of a Mammography Interpretation Tutor. In *Artificial Intelligence in Education* (1997), B. du Boulay und R. Mizoguchi, Hrsg., IOS Press, S. 386–393.

[5] BAEHRING, T., WEICHELT, T., SCHMIDT, H., ADLER, M. UND FISCHER, M. Fallorientierte medizinische Aus- und Weiterbildung im WWW: Komplexe Interaktionsmöglichkeiten durch eine Java-basierte Client-Server-Lösung. In *Methoden der Medizinischen Informatik, Biometrie und Epidemiologie in der modernen Informationsgesellschaft*, E. Greiser und M. Wischnewsky, Hrsg. MMV Medien & Medizin Verlag, Bremen, 1998, S. 287–290.

[6] BAUM, L. UND EGON, J. An inequality with applications to statistical estimation for probabilistic functions of a Markov process and to a model for ecology. *Bull. Amer. Meteorol. Soc. 73* (1967), 360–363.

[7] BAUM, L., PETRIE, T., SOULES, G. UND WEISS, N. A maximization technique occurring in the statistical analysis of probabilistic functions of Markov chains. *Ann. Math. Stat. 41*, 1 (1970), 164–171.

[8] BAUM, L. UND SELL, G. Growth functions for transformations on manifolds. *Pac. J. Math. 27*, 2 (1968), 211–227.

[9] BAUMGARTNER, P. UND PAYR, S. *Lernen mit Software*, 2. Auflage. Studien-Verlag, Innsbruck, 1999.

[10] BEDZEK, J. *Pattern Recognition with Fuzzy Objective Function Algorithms*. Plenum Press, New York, 1981.

[11] BELLMAN, R. *Dynamic Programming*. Princeton University Press, Princeton, New Jersey, 1957.

[12] BERLAGE, T. *Enhanced Reality Systems*. GMD, St. Augustin, 1999.

[13] BERLAGE, T., FOX, T., GRUNST, G. UND QUAST, K. Supporting Ultrasound Diagnosis Using An Animated 3D Model of the Heart. In *IEEE Multimedia Systems* (Hiroshima, Japan, 1996), S. 34–39.

[14] BEYER, H. UND HOLTZBLATT, K. *Contextual Design: Defining Customer-Centered Systems*. Morgan Kaufmann, San Francisco, 1998.

[15] BÖHMEKE, T. UND WEBER, K. *Checkliste Echokardiographie*, 2. Auflage. Checklisten der aktuellen Medizin. Thieme, Stuttgart, 1998.

[16] BIAMINO, G. UND LANGE, L. *Echokardiographie*. Hoechst Aktiengesellschaft, München, 1983.

[17] BILLINGHURST, M. ET AL. The Expert Surgical Assistant: An Intelligent Virtual Environment with Multimodal Input. In *Medicine Meets Virtual Reality '95* (1995), S. 590–607.

[18] BOBICK, A. F. UND IVANOV, Y. Action Recognition using Probabilistic Parsing. Tech. Rep. 449, Perceptual Computing Section, MIT Media Lab, 1998.

[19] BOBICK, A. F. UND WILSON, A. D. A State-Based Approach to the Representation and Recognition of Gesture. *IEEE Transactions on Pattern Analysis and Machine Intelligence 19*, 12 (1997), 1325–1337.

[20] BOEGL, K., LEITICH, H. ET AL. Clinical Data Interpretation in MedFrame/CADIAG-4 Using Fuzzy Sets. *Biomedical Engineering - Applications, Basis and Communications 8*, 6 (1996), 18–25.

[21] BOYLE, C. UND ANDERSON, J. Acquisition and automated instruction of geometry skills. In *Annual Meeting of the AERA* (New Orleans, 1984), American Educational Research Association, Washington.

[22] BRAFFORT, A., GHERBI, R., GIBET, S., RICHARDSON, J. UND TEIL, D., Hrsg. *Gesture-Based Communication in Human-Computer Interaction: International Gesture Workshop, GW'99, Gif-sur-Yvette, France*, Band 1739 of *Lecture Notes in Artificial Intelligence*. Springer-Verlag, Berlin, 1999.

[23] BROWN, J., BURTON, R. UND BELL, A. SOPHIE: a step towards a reactive learning environment. *Int Jrnl Man-Machine Studies 7* (1975), 675–696.

[24] BROWN, J., BURTON, R. UND DE KLEER, J. Pedagogical, natural language, and knowledge engineering techniques in SOPHIE I, II, and III. In *Intelligent Tutoring Systems*, D. Sleeman und J. Brown, Hrsg. Academic Press, London, 1982.

[25] BROWN, J., BURTON, R., MILLER, M., DE KLEER, J., PURCELL, S., HAUSMAN, C. UND BROBOW, R. Steps Toward a Theoretical Foundation for Complex Knowledge-Based CAI. Tech. Rep. BBN Report 3135 (ICAI Report 2), Bolt Beranek and Newman Inc., 1975.

[26] BROWN, J., RUBINSTEIN, R. UND BURTON, R. Reactive Learning Environment for Computer-Assisted Electronics Instruction. Tech. Rep. 3314, Bolt Beranek and Newman Inc., 1976.

[27] BROWN, J. UND VAN LEHN, K. Repair theory: a generative theory of bugs in procedural skills. *Cognitive Science 4* (1980), 379–426.

[28] BUBENHEIMER, P. UND KNEISSL, G. *Doppler-Echokardiographie.* edition medizin. VCH, Weinheim, Germany, 1989.

[29] BURTON, R. Diagnosing Bugs in a Simple Procedural Skill. In *Intelligent Tutoring Systems*, D. Sleeman und J. Brown, Hrsg. Academic Press, London, 1982.

[30] CARBONELL, J. AI in CAI: an artificial intelligence approach to computer-assisted instruction. *IEEE Transactions on Man-Machine Systems 11*, 4 (1970), 190–202.

[31] CHAPPELL, A., CROWTHER, E., MITCHELL, C. UND GOVINARAJ, T. The VNAV Tutor: Addressing a Mode Awareness Difficulty for Pilots of Glass Cockpit Aircraft. *IEEE Transactions on Systems, Man, and Cybernetics–Part A: Systems and Humans 27*, 3 (1997), 372–385.

[32] CLANCEY, W. *Transfer of Rule-Based Expertise through a Tutorial Dialogue.* Doctoral dissertation, Stanford University, 1979.

[33] CLANCEY, W. Methodology for building an intelligent tutoring system. In *Methods and Tactics in Cognitive Science*, W. Kintsch, P. Polson, und J. Miller, Hrsg. Lawrence Erlbaum Associates, Hillsdale, New Jersey, 1984.

[34] COLLINS, A., BROWN, J. UND NEWMAN, S. Cognitive apprenticeship: Teaching the crafts of reading, writing, and mathematics. In *Knowing, Learning, and Instruction*, L. Resnick, Hrsg. Erlbaum, Hillsdale, NJ, 1989, S. 453–494.

[35] COLLINS, A., WARNOCK, E. UND PASSAFIUME, J. Analysis and synthesis of tutorial dialogues. In *The Psychology of Learning and Motivation*, G. Bower, Hrsg., Band IX. Academic Press, New York, 1975.

[36] CONNOLLY, C., JOHNSON, J. UND LEXA, C. AVATAR: An Intelligent Air Traffic Control Simulator and Trainer. In *Intelligent Tutoring Systems, 4th International Conference* (1998), S. 535–543.

[37] CROMWELL, R. Efficient Eigenvalues for Visualization. In *Graphics Gems IV*, P. Heckbert, Hrsg. Academic Press, Boston, 1994, S. 193–198.

[38] DAETWYLER, C. The interactive exploration of the fundus diabeticus. http://www.iawf.unibe.ch/aum/VLZ/BWL/eye_www.htm.

[39] DANIELS, J., CAYTON, R., CHAPPELL, M. UND TJAHJADI, T. Cadosa: A Fuzzy Expert System for Differential Diagnosis of Obstructive Sleep Apnoea and Related Conditions. *Expert Systems with Applications 12*, 2 (1997), 163–177.

[40] DI LASCIO, L., FISCHETTI, E. UND LOIA, V. Fuzzy management of user actions during hypermedia navigation. *International Journal of Approximate Reasoning 18* (1998), 271–303.

[41] DIGGLE, P. *Time Series: A Biostatistical Introduction*, Band 5 of *Oxford Statistical Science Series*. Oxford University Press, New York, 1990.

[42] EBERLY, D. Euler Angle Formulas, 2000. http://www.magicsoftware.com/Documentation/EulerAngles.pdf.

[43] ELIOT, C. UND WOOLF, B. Iterative Development and Validation of a Simulation-Based Medical Tutor. In *ITS'96* (1996).

[44] ELIOT, C. UND WOOLF, B. A Simulation-Based Tutor that Reasons about Multiple Agents. In *13th National Conference on AI, 8th Innovative Applications of AI* (1996), MIT Press, S. 409–415.

[45] ENCARNAÇAO, L. Multi Level User Support through Adaptive Hypermedia: A Highly Application Independent Help Component. In *International Conference on Intelligent User Interfaces* (New York, 1997), S. 187–194.

[46] ENCARNAÇAO, L. M., BIMBER, O., SCHMALSTIEG, D. UND CHANDLER, S. D. A Translucent Sketchpad for the Virtual Table Exploring Motion-Based Gesture Recognition. *Computer Graphics Forum 18*, 3 (1999), C277.

[47] EYAL, R. UND TENDICK, F. Spatial Ability and Learning the Use of an Angled Laparoscope in a Virtual Environment. In *Medicine Meets Virtual Reality 2001* (Newport Beach, California, 2000), J. Westwood, H. Hoffman, G. Mogel, D. Stredney, und R. Robb, Hrsg., IOS Press, S. 146–152.

[48] FARRELL, R., ANDERSON, J. UND REISER, B. An interactive computer-based tutor for LISP. In *National Conference on Artificial Intelligence* (Austin, Texas, 1984), S. 106–109.

[49] FERNANDEZ, R. Stochastic Modeling of Physiological Signals with Hidden Markov Models: A Step Toward Frustration Detection in Human-Computer Interfaces. Tech. Rep. 446, MIT Media Laboratory, 1997.

[50] FORNEY. The Viterbi Algorithm. *Proceedings of the IEEE 61*, March (1973), 268–278.

[51] GATH, I. UND GEVA, A. Unsupervised optimal fuzzy clustering. *IEEE Transactions on Pattern Analysis and Machine Intelligence 2*, 7 (1989).

[52] GAVRILA, D. UND DAVIS, L. 3-D Model-Based Tracking of Humans in Action: A Multi-View Approach. Tech. Rep. 3555, University of Maryland, Computer Vision Laboratory, November 1995.

[53] GENTNER, D. UND GENTNER, D. Flowing Waters or Teeming Crowds: Mental Models of Electricity. In *Mental Models [54]*. Lawrence Erlbaum Associates, 1983.

[54] GENTNER, D. UND STEVENS, A., Hrsg. *Mental Models*. Lawrence Erlbaum Associates, Hillsdale (NJ), 1983.

[55] GERTNER, A. UND WEBBER, B. A bias towards relevance: Recognizing plans where goal minimization fails. In *13th National Conference on Artificial Intelligence* (1996).

[56] HANNAFORD, B. UND LEE, P. Hidden Markov Model Analysis of Force/Torque Information in Telemanipulation. *The International Journal of Robotics Research 10*, 5 (1991), 528–539.

[57] HAYES, K. UND LEHMANN, C. The Interactive Patient: A Multimedia Interactive Educational Tool on the World Wide Web. *M.D. Computing 13*, 4 (1996), 330–334.

[58] HILL, R. UND JOHNSON, W. Situated Plan Attribution. *Journal of Artificial Intelligence in Education 6*, 1 (1995), 35–66.

[59] HOLLAN, J., HUTCHINS, E. UND WEITZMAN, L. STEAMER: an interactive inspectable simulation-based training system. *AI Magazine 5*, 2 (1984), 15–27.

[60] HOWELL, A. UND BUXTON, H. Gesture Recognition for Visually Mediated Interaction. In *International Gesture Workshop, GW'99* (Gif-sur-Yvette, France, 1999), A. Braffort, R. Gherbi, S. Gibet, J. Richardson, und D. Teil, Hrsg., LNAI, Springer Verlag, S. 141–151.

[61] HÖPPNER, F., KLAWONN, F., KRUSE, R. UND RUNKLER, T. *Fuzzy Cluster Analysis*. Wiley, Chichester, 1999.

[62] HUANG, X., ARIKI, Y. UND JACK, M. *Hidden Markov Models for Speech Recognition*. Edinburgh University Press, Edinburgh, 1990.

[63] JOHNSON-LAIRD, P. *Mental Models*. Cambridge University Press, Cambridge (MA), 1983.

[64] JUNG, B., LATOSCHIK, M. UND WACHSMUTH, I. Knowledge-based assembly simulation for virtual prototype modeling. In *IECON'98. Proc. 24th Annual Conference of the IEEE Industrial Electronics Society* (1998), Band 4, S. 2152–2157.

[65] KALAWSKY, R. *The Science of Virtual Reality and Virtual Environments*. Eddison-Wesley, Wokingham, England, 1993.

[66] KÜHNAPFEL, U., ÇAKMAK, H. UND MAASS, H. Endoscopic surgery training using Virtual Reality and deformable tissue simulation. *Computers & Graphics 24* (2000), 671–682.

[67] KLAWONN, F. UND KELLER, A. Fuzzy clustering based on modified distance measures. In *IDA'99* (1999), Band LNCS 1642, Springer-Verlag, S. 291–301.

[68] KLAWONN, F. UND KRUSE, R. Derivation of fuzzy classification rules from multidimensional data. In *Advances in Intelligent Data Analysis*, G. Lasker und X. Liu, Hrsg. The International Institute for Advanced Studies in Systems Research and Cybernetics, Windsor, Ontario, 1995, S. 90–94.

[69] KNODEL, H. UND BAYRHUBER, H., Hrsg. *Linder Biologie*, 19. Auflage. Metzler, Stuttgart, 1983.

[70] KREUTTER, S. *Adaptive Hilfe in einem Trainingssystem für Echokardiographie*. Diplomarbeit, Friedrich-Alexander-Universität Erlangen-Nürnberg, 2001.

[71] KRUSE, R., GEBHARDT, J. UND KLAWONN, F. *Fuzzy Systeme*, 2. Auflage. Leitfäden der Informatik. Teubner, Stuttgart, 1995.

[72] KUHN, C., KÜHNAPFEL, U., KRUMM, H.-G. UND NEISIUS, B. A Virtual Reality based Training System for Minimally Invasive Surgery. In *CAR'96* (Paris, 1996), S. 764–769.

[73] LEE, C.-S., PARK, G.-T., KIM, J.-S., BIEN, Z., JANG, W. UND KIM, S.-K. Real-time Recognition System of Korean Sign Language based on Elementary Components. In *6th IEEE International Conference on Fuzzy Systems* (Barcelona, Spain, 1998), IEEE, S. 1463–1468.

[74] LINTERN, G. Transfer of Landing Skills in Beginning Flight Training. *Human Factors 32*, 3 (1990), 319–327.

[75] LINTERN, G. An Informational Perspective on Skill Transfer in Human-Machine Systems. *Human Factors 33*, 3 (1991), 251–266.

[76] LOS ARCOS, J., MÜLLER, W., FUENTE, O., ORÚE, L., ARROYO, E. UND SANTANDER, J. LAHYSTOTRAIN: Integration of Virtual Environments and ITS for Surgery Training. In *Intelligent Tutoring Systems* (Montréal, Canada, 2000), G. Gauthier, C. Frasson, und K. VanLehn, Hrsg., Springer-Verlag, S. 43–52.

[77] LYTINEN, S. Conceptual Dependency and its Descendants. *Computers Math. Applications 23*, 2-5 (1992), 51–53.

[78] MANDL, H., GRUBER, H. UND RENKL, A. Situiertes Lernen in multimedialen Umgebungen. In *Information und Lernen mit Multimedia*, L. Issing und P. Klimsa, Hrsg., zweite Auflage. BELTZ Psychologie Verlags-Union, 1997, S. 167–178.

[79] MICHIE, J. UND MICHIE, D. Simulator-Mediated Acquisition of a Dynamic Control Skill. *AI & Society 12* (1998), 71–77.

[80] MYIAKE, N. Constructive interaction and the iterative process of understanding. *Cognitive Science 10* (1986), 151–177.

[81] NAUCK, D., KLAWONN, F. UND KRUSE, R. *Neuronale Netze und Fuzzy-Systeme: Grundlagen des Konnektionismus, Neuronaler Fuzzy-Systeme und der Kopplung mit wissensbasierten Methoden*, 2. Auflage. Künstliche Intelligenz. Vieweg, Braunschweig, 1996.

[82] NECHYBA, M. Learning and Validation of Human Control Strategies. Tech. Rep. CMU-RI-TR-98-06, The Robotics Institute, Carnegie Mellon University, 1998.

[83] OCHIE-OKORIE, A. Combining Medical Records with Case-Based Reasoning in a Mixed Paradigm Design – TROPIX Architecture & Implementation. In *2nd International Conference on Case-Based Reasoning* (1997), Springer-Verlag, S. 94–103.

[84] OTA, D., LOFTIN, B., SAITO, T., LEA, R. UND KELLER, J. Virtual Reality in Surgical Education, 2000. http://www.vetl.uh.edu/surgery/vrse.html.

[85] PIEPER, S., WEIDENBACH, M. UND BERLAGE, T. Registration of 3D Ultrasound Images to Surface Models of the Heart. In *Interfaces to Real & Virtual Worlds* (Montpellier, Frankreich, 1997), S. 311–313.

[86] PUPPE, F. Intelligente Tutorsysteme. *Informatik-Spektrum 15* (1992), 195–207.

[87] PUPPE, F., BAMBERGER, S., GAPPA, U. UND POECK, K. *Diagnose- und Informationssysteme*. Springer-Verlag, 1996.

[88] PUPPE, F. UND REINHARDT, B. Generating Case-Oriented Training from Diagnostic Expert Systems. *Machine-mediated learning 5*, 3-4 (1995).

[89] PUPPE, F. UND REINHARDT, B. Didaktische Aspekte in fallorientierten intelligenten Trainingssystemen. In *CBT in der Medizin - Methoden, Techniken, Anwendungen*, H. Conradi, R. Kreutz, und K. Spitzer, Hrsg. Augustin Buchhandlung Aachen, 1997.

[90] QUAST, K. Computerbasiertes Lernen in 3D-graphischen Szenen: Entwurf, Realisierung und Evaluation einer Anwendung für die kardiologische Ultraschalldiagnostik. Tech. Rep. 280, GMD, 1997.

[91] QUILLIAN, M. Semantic memory. In *Semantic Information Processing*, M. Minsky, Hrsg. MIT Press, Cambridge, Massachusetts, 1968.

[92] RABINER, L. A Tutorial on Hidden Markov Models and Selected Applications in Speech Recognition. *Proceedings of the IEEE 77*, 2 (1989), 257–285.

[93] RABINER, L. UND JUANG, B.-H. An Introduction to Hidden Markov Models. *IEEE ASSP Magazine*, January (1986), 4–16.

[94] RABINER, L. UND JUANG, B.-H. *Fundamentals of Speech Recognition*. Prentice Hall, Englewood Cliffs, N.J., 1993.

[95] RASMUSSEN, J. UND VICENTE, K. On Applying the Skills, Rules, Knowledge Framework to Interface Design. In *Human Factors Perspectives on Human-Computer Interaction: Selections from the Human Factors & Ergonomics Society Annual Meetings 1983-1994*, G. Perlman, G. Green, und M. Wogalter, Hrsg., Computer Systems: Approaches to User Interface Design. Human Factors and Ergonomics Society, Santa Monica, CA, 1995.

[96] REDEL, D. UND HOFFMANN, F. EchoExplorer - Interaktiver Grundkurs Echokardiographie, 1998.

[97] REINHARDT, B. Expert Systems und Hypertext for teaching diagnostics. In *Proceeding of the european conference of artificial intelligence in education* (Lissabon, 1996).

[98] REISER, B., ANDERSON, J. UND FARRELL, R. Dynamic student modeling in an intelligent tutor for LISP programming. In *Ninth International Joint Conference on Artificial Intelligence* (Los Angeles, 1985), S. 8–14.

[99] RICKEL, J. UND JOHNSON, W. Intelligent Tutoring in Virtual Reality: A Preliminary Report. In *Artificial Intelligence in Education* (Kobe, Japan, 1997), B. du Boulay und R. Mizoguchi, Hrsg., IOS Press, S. 294–301.

[100] RICKEL, J. UND JOHNSON, W. Animated Agents for Procedural Training in Virtual Reality: Perception, Cognition and Motor Control. *Applied Artificial Intelligence 13* (1999), 343–382.

[101] ROSEN, J., MACFARLANE, M., RICHARDS, C., HANNAFORD, B., PELLEGRINI, C. UND SINANAN, M. Surgeon/Endoscopic Tool Force-Torque Signatures In The Evaluation of Surgical Skills During Minimally Invasive Surgery. In *MMVR '99* (1999), IOS Press, S. 290–296.

[102] ROSEN, J., RICHARDS, C., HANNAFORD, B. UND SINANAN, M. Hidden Markov Models of Minimally Invasive Surgery. In *Medicine Meets Virtual Reality 2000* (2000), IOS Press, S. 279–285.

[103] ROSENBLUM, M., YACOOB, Y. UND DAVIS, L. Human Emotion Recognition from Motion Using a Radial Basis Function Network Architecture. In *IEEE Workshop on Motion of Non-Rigid and Articulated Objects* (Austin, TX, 1994), IEEE.

[104] RYMON, R. Goal-directed diagnosis - a diagnostic reasoning framework for exploratory-corrective domains. *Artificial Intelligence 84* (1996), 257–297.

[105] SACERDOTI, E. *A Structure for Plans and Behavior.* Elsevier Science, 1977.

[106] SCHANK, R. *Conceptual Information Processing.* North-Holland, Amsterdam, 1975.

[107] SCHANK, R. UND ABELSON, R. *Scripts, Plans, Goals, and Understanding.* Lawerence Erlbaum Associates, Hillsdale, New Jersey, 1977.

[108] SCHLITTGEN, R. UND STREITBERG, B. *Zeitreihenanalyse*, 8. Auflage. Lehr- und Handbücher der Statistik. Oldenbourg Verlag, München, Wien, 1999.

[109] SCHOEN, D. *The Reflective Practitioner: How Professionals Think in Action.* Basic Books, New York, 1983.

[110] SCHOEN, D. *Educating the Reflective Practitioner.* Jossey-Bass Publishers, San Francisco, Oxford, 1990.

[111] SCHUKAT-TALAMAZZINI, E. *Automatische Spracherkennung - Statistische Verfahren der Musteranalyse.* Vieweg-Verlag, 1995.

[112] SHARPLES, M. UND JEFFERY, N. A Socio-Cognitive Engineering Approach to the Development of a Knowledge-based Training System for Neuroradiology. In *Artificial Intelligence in Education* (1997), B. du Boulay und R. Mizoguchi, Hrsg., IOS Press, S. 402–409.

[113] SHAW, E., GANESHAN, R. UND JOHNSON, W. Building a Case for Agent-Assisted Learning as a Catalyst for Curriculum Reform in Medical Education. In *Artificial Intelligence in Education. Open Learning Environments: New Computational Technologies to Support Learning, Exploration and Collaboration* (Les Mans, Frankreich, 1999), IOS Press, S. 509–516.

[114] SHORTLIFFE, E. *Computer-Based Medical Consultations: MYCIN.* American Elsevier Publishers, New York, 1976.

[115] SOLOWAY, E. UND JOHNSON, W. Remembrance of blunders past: a retrospective on the development of PROUST. In *Sixth Cognitive Science Society Conference* (Boulder, Colorado, 1984), Lawrence Erlbaum Associates, S. 57.

[116] SOWA, T., FRÖHLICH, M. UND LATOSCHIK, M. Temporal Symbolic Integration Applied to a Multimodal System Using Gestures and Speech. In *International Gesture Workshop, GW'99* (Gif-sur-Yvette, France, 1999), A. Braffort, R. Gherbi, S. Gibet, J. Richardson, und D. Teil, Hrsg., LNAI, Springer Verlag, S. 291–302.

[117] STARNER, T. *Visual Recognition of American Sign Language Using Hidden Markov Models*. Master's thesis, MIT Media Lab, 1995.

[118] STARNER, T. UND PENTLAND, A. Visual Recognition of American Sign Language Using Hidden Markov Models. In *Int. Workshop on Automatic Face- and Gesture-Recognition* (Zürich, 1995), S. 189–194.

[119] STEVENS, A. UND COLLINS, A. The goal structure of a Socratic tutor. In *National ACM Conference* (Seattle, Washington, 1977), Association for Computing Machinery, S. 256–263.

[120] STEVENS, A. UND COLLINS, A. Multiple models of a complex system. In *Aptitude, Learning, and Instruction*, R. Snow, P. Frederico, und W. Montague, Hrsg., Band II. Lawrence Erlbaum Associates, Hillsdale, New Jersey, 1980.

[121] SUCHMAN, L. *Plans and situated actions. The problem of human-machine communication*. Cambridge University Press, Cambridge, UK, 1987.

[122] SUTTON, C., MCCLOY, R., MIDDLEBROOK, A., CHATER, P., WILSON, M. UND STONE, R. MIST VR - A laparoscopic Surgery Procedures Trainer and Evaluator. In *Medicine Meets Virtual Reality* (1997), K. Morgan et al., Hrsg., IOS Press, S. 598–607.

[123] TENDICK, F., DOWNES, M., GOKTEKIN, T., CAVUSOGLU, M., FEYGIN, D., WU, X., EYAL, R., HEGARTY, M. UND WAY, L. A Virtual Environment Testbed for Training Laparoscopic Surgical Skills. *Presence 9*, 3 (2000), 236–255.

[124] TENDICK, F. UND HEGARTY, M. Elucidating, Assessing, and Training Spatial Skills in Minimally Invasive Surgery Using Virtual Environments. In *AAAI Spring Symposium on Smart Graphics* (Stanford, 2000), AAAI Technical Report SS-00-04, S. 148–155.

[125] UESBECK, M., WURSTHORN, B., KORTMANN, B., STRAYLE-BATRA, M. UND SKALEJ, M. A new approach to a computer based clinical training of medical students in neuroradiology. In *CARS'99* (1999), H. Lemke, M. Vannier, K. Inamura, und A. Farman, Hrsg., Elsevier Science B.V., S. 297–306.

[126] VAN MELLE, W. A domain-independent production rule system for consultation programs. In *Sixth International Joint Conference on Artificial Intelligence* (Tokyo, 1979), Morgan Kaufman, Los Altos, S. 923–925.

[127] VIRVOU, M. Automatic reasoning and help about human errors in using an operating system. *Interacting with Computers 1999*, 11 (1999), 545–573.

[128] VITERBI, A. Error Bounds for Convolutional Codes and an Asymptotically Optimal Decoding Algorithm. *IEEE Transactions on Information Theory 13*, April (1967), 260–69.

[129] VOSS, G., BOCKHOLT, U., LOS ARCOS, J., MÜLLER, W., OPPELT, P. UND STÄHLER, J. LAHYSTOTRAIN Intelligent Training System for Laparoscopy and Hysteroscopy. In *Medicine Meets Virtual Reality 2000* (Newport Beach, CA, 2000), J. Westwood, Hrsg., IOS Press, S. 359–364.

[130] WACHSMUTH, I. Communicative Rhythm in Gesture and Speech. In *International Gesture Workshop, GW'99* (Gif-sur-Yvette, France, 1999), A. Braffort, R. Gherbi, S. Gibet, J. Richardson, und D. Teil, Hrsg., Band 1739 of *Lecture Notes in Artificial Intelligence*, Springer-Verlag, S. 277–290.

[131] WEBBER, B., CARBERRY, S., CLARKE, J. UND GERTNER, A. Providing decision support in multiple trauma management: Recognizing multiple goals, adopting multiple intentions. *Artificial Intelligence Journal Special Issue: AI in Medicine* (1997).

[132] WEIDENBACH, M., WICK, C., PIEPER, S., QUAST, K., FOX, T., GRUNST, G. UND REDEL, D. Augmented Reality Simulator for Training in Two-Dimensional Echocardiography. *Computers and Biomedical Research 33*, 1 (2000), 11–22.

[133] WELD, D. An introduction to least commitment planning. *AI Magazine 15*, 4 (1994), 27–61.

[134] WENGER, E. *Artificial Intelligence and Tutoring Systems*, 1. Auflage. Morgan Kaufmann Publishers, Los Altos, California, 1987.

[135] WILLIAMS, M., HOLLAN, J. UND STEVENS, A. An overview of STEAMER: an advanced computer-assisted instruction system for propulsion engineering. *Behavior Research Methods and Instrumentation 13*, 2 (1981), 85–90.

[136] WILSON, A. D. UND BOBICK, A. F. Parametric Hidden Markov Models for Gesture Recognition. *IEEE Transactions on Pattern Analysis and Machine Intelligence 21*, 9 (1999 Sep), 884–900.

[137] WOOLF, B. Intelligent Multimedia Tutoring Systems. *Communications of the ACM 39*, 4 (1996), 30–31.

[138] WREN, C. UND PENTLAND, A. Understanding Purposeful Human Motion. Tech. Rep. 485, M.I.T. Media Lab, Perceptual Computing Section, 1999.

[139] YAMATO, J., OHYA, J. UND ISHII, K. Recognizing Human Action in Time-Sequential Images using Hidden Markov Model. In *Computer Vision and Pattern Recognition '92* (1992), IEEE, S. 379–385.

[140] YOUNG, S., KERSHAW, D., ODELL, J., OLLASON, D., VALTCHEV, V. UND WOODLAND, P. *The HTK Book (for HTK Version 3.0)*, 5 Auflage. Microsoft Corporation, 2000.

[141] ZADEH, L. Fuzzy sets. *Information and Control 8* (1965), 125–139.

[142] ZIMMERMANN, H.-J. *Fuzzy Set Theory - and Its Applications*, 2. Auflage. Kluwer Academic Publishers, Boston, Dordrecht, London, 1991.

[143] ÇAKMAK, H. UND KÜHNAPFEL, U. The Karlsruhe Endoscopic Surgery Trainer for minimally invasive surgery in gynacology. In *CARS'99* (1999), Elsevier Science, S. 1050.

A Erweiterte Echokardiographische Grundlagen

In ersten Teil dieses Anhangs soll kurz die Funktionsweise des Herzens erläutert werden. Teil zwei stellt den echokardiographischen Standarduntersuchungsgang vor, der im Rahmen der Feldstudie erhoben wurde.

A.1 Anatomie und Physiologie des Herzens

Abbildung A.1 zeigt die Funktionsweise des menschlichen Herzens. Das Herz besteht aus einer linken Hälfte, die das sauerstoffreiche Blut in den Körper hineinpumpt (rot dargestellt), und aus einer rechten Hälfte, die das aus dem Körper zurückkommende sauerstoffarme Blut zur Lunge pumpt (blau dargestellt). Die beiden Herzhälften sind vollständig getrennt, so daß das Herz aus zwei nebeneinanderliegenden Saug-Druck-Pumpen besteht. Jede Hälfte ist aus einer *Vorkammer (Atrium)* und einer *Herzkammer (Ventrikel)* aufgebaut. Zwischen Vor- und Herzkammer liegen ventilartige *Segelklappen*. Sie verschließen beim Zusammenziehen der Herzkammer die Öffnung zur Vorkammer. *Taschenförmige Klappen* am Ursprung der aus den Herzkammern abzweigenden Arterien verhindern den Rückfluß des Blutes in die sich erweiternden Herzkammern.

Beide Herzhälften arbeiten gleichzeitig, wobei sich die Herzkammern bzw. Vorkammern abwechselnd zusammenziehen *(Systole)* und erweitern *(Diastole)*. Zunächst kontrahieren die Vorkammern und geben ihr Blut an die erschlaffenden Herzkammern ab. Dann ziehen sich die Herzkammern zusammen und drücken das Blut in die Schlagadern. Gleichzeitig wird durch die sich erweiternden Vorkammern von neuem Blut aus den Venen angesaugt. Darauf folgt eine kurze Ruhezeit.

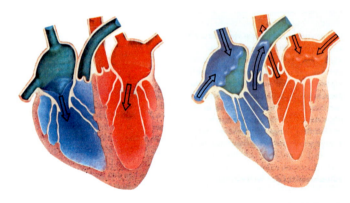

Abbildung A.1: Aufbau und Funktionsweise des Herzens. a) Diastole, b) Systole. [69]

A.2 Standarduntersuchungsgang

Parasternal

In der *parasternal langen Achse* werden zunächst die Größenverhältnisse des linken Ventrikels im Vergleich zum rechten Ventrikel und zum linken Vorhof beschrieben, sowie die Morphologie der Mitralklappe und der Aortenklappe. Im Farbdoppler können die Klappen hinsichtlich einer Insuffizienz oder Stenose genauer beurteilt werden.

In der *kurzen Achse der Gefäßebene* wird eine linksatriale Vergrößerung ausgeschlossen, indem der Durchmesser der Aortenwurzel mit dem Durchmesser des linken Vorhofes verglichen wird (M-Mode). Der Blutfluß über die Trikuspidalklappe in den rechten Ventrikel und über die Pulmonalklappe in die Pulmonalarterie kann im Farbdoppler beurteilt werden. Die Pulmonalklappe wird hinsichtlich Stenosen oder Insuffizienzen durch den CW-Doppler beurteilt. Durch leichte Modifikation der Ebene wird die Pulmonalarterienverzweigung sichtbar und ein *Ductus Botalli* kann ausgeschlossen werden.

Durch leichtes Kippen des Schallkopfes in Richtung Herzspitze wird die *Mitralklappe* sichtbar, deren Öffnungsfläche hier beurteilt werden kann.

Kippt man den Schallkopf weiter, gelangt man in die Ebene der *Papillarmuskeln* bzw. Sehnenfäden (Chordae). In dieser Ebene wird die Kontraktilität des linken Ventrikels beurteilt (B-Mode und M-Mode) und der Durchmesser des linken Ventrikels bzw. des rechten Ventrikels bestimmt (M-Mode).

Schall-ebene	Modus	Teilbefund	Merkmal	Variablen	Wert	Wertebereich
lang	B-Mode	Größenverhältnisse	LA <-> LV			{LA vergrößert, LA normal}
			LV <-> RV			{LV, RV normal; LV vergrößert, LV verkleinert, RV vergrößert, RV verkleinert}
			Septum gewölbt			{nach links, nach rechts, keine Wölbung}
		Mitralklappe	morphologische Veränderungen			{zart, verdickt, sklerosiert, Vegetationen}
			Klappenbewegung			{Stenose, Prolaps, Insuffizienz, auffällig, normal}
		Aortenklappe	morphologische Veränderungen			{zart, verdickt, sklerosiert, Vegetationen}
			Klappenbewegung			{Stenose, Insuffizienz, auffällig, normal}
lang	Farbdoppler	Mitralklappe	Regurgitationsjet - Dauer			{holosystolisch, protosystolisch, ???} FarbdopplerBuch
			- Farbe			{blau, grün, rot, mosaikartig, Alias, kein Farbfluß}
			- Größe a) Breite			{< 0.5 cm < 1.0 cm > 1.0 cm > 2.0 cm LA ausgefüllt}
			b) Länge			{< 1.0 cm, < 1/2 LA, > 1/2 LA} FarbdopplerBuch
			- Richtung			{...}
kurz Gefäß	M-Mode	LA-Größe	LA endsystolisch	LA (x1,y1) (x2,y2)		
			Ao enddiastolisch	Ao (x1,y1) (x2,y2)		
			LA/Ao	LA/Ao		<= 1.3 normal > 1.3 LA vergrößert
parasternal kurze Achse in Höhe der Mitralklappe						

A.2 Standarduntersuchungsgang

Fehlermöglichkeiten	Hilfetext	Schema	Ausgabe Simulation	Hinweis	Normerte
	Zusammenhang veränderte Form <-> Hinweis auf Pathologien: 1) LA vergrößert -> MR, MS 2) LV vergrößert -> ??? 3) RV vergrößert -> ASD, VSD	Zielstrukturen der parasternal langen Achse	Einstellen der parasternal langen Achse	Hinweis auf: -MR -MS -ASD -VSD - ...	
Nicht Berücksichtigen von Abweichungen	Merkmale einer - MS - MR - Prolaps			Hinweis auf mögl. Pathologien: - MR - MS - ... Hinweis auf - MR - MS	
	Merkmale einer - AR - AS				
	Doppler-Prinzip	Arten der MR mit typischen Fluß-profilen			
Fehlinterpretation der Farbe ??? Unterschätzung bei vergrößertem LA und eingeschränkter Funktion des LV Überschätzung der Regur-gitationsöffnung durch schräge Anlotung	Bedeutung der Farbcodierung Mögliche Ursachen für MR, Arten MR alternative Nachweis-möglichkeiten				
Zeitpunkt: x-Koordinate Leading-edge: y-Koordinate	Bedeutung La/Ao	LA/Ao-M-Mode: Bezug zu EKG LA/Ao-M-Mode: Leading-Edge	Schallkopfposition para-kurz Gefäßebene		
	Bedeutung LA/Ao Mitralinsuffizienz			Mitralinsuffizienz Konfidenz mit 2D-Bild (4ka)?	

Schall-ebene	Modus	Teilbefund	Merkmal	Variablen	Wert	Wertebereich
kurz Mitralis	B-Mode	Mitralklappen-öffnung	Morphologie der Klappe			{zart,verdickt, sklerosiert}
parasternal kurze Achse des LV in Höhe der Papillarsehnen			Morphologie der Klappenbewegung			{Fischmaul, ...}
			Öffnungsfläche			qualitativ: {normal, verkleinert}
kurz Papillar	B-Mode	systolische Funktion LV	regionale Kontraktilität			Dyskinesien: {ja, nein}
	M-Mode	systolische Funktion LV	Fractional Shortening FS	FS		28 <= FS <= 42
			LV enddiastolisch LV endsystolisch	LVDD LVDS		FS=(LVDD-LVDS)/LVDD * 100%
		Myokard LV	linksventrikuläre Hinterwand: systolisch diastolisch	LVPWS LVPWD		
		Septum	Septumdicke : systolisch diastolisch	IVSS IVSD		
		Größe RV	RV			
lange Achse Pulmonalis /Bifurkation	Farb-doppler	Pulmonalis	PDA Pulmonalisstamm Bifurkation: RPA, LPA			
			Pulmonalklappe: PR PS			

A.2 Standarduntersuchungsgang

Fehlermöglichkeiten	Hilfetext	Schema	Ausgabe Simulation	Hinweis	Normerte
	Mitralinsuffizienz Mitralstenose,	pathologisches <-> normales		MR, MS weitere Schritte: CW-Doppler(4ka)	
LV nicht rund in Diastole Myokardgrenzen unscharf	systolische Funktion LV		Schallkopfposition para-kurz Papillarmuskel		
Zeitpunkt: x-Koordinate	Bedeutung FS		Schärferegelung	Meßfehler: a) runder Querschnitt? b) richtige Grenzen?	
Leading-edge: y-Koordinate		M-Mode LV: Bezug zu EKG			
Übersehen von - Perikarderguß - Hinterwandinfarkt - ????		M-Mode LV: Leading-Edge			
Übersehen von - Septuminfarkt - ?????		pathologische Veränderungen im M-Mode: - Volumenbe- lastung RV infarkt			
Überbewertung	Volumenbelastung des RV, ASD, VSD	- Perikarderguß - dilatative Kardiomyopathie - ...			
Orientierung			Einstellen der Schnittebene		

Apikal

Schall-ebene	Modus	Teilbefund	Merkmal	Variablen	Wert	Wertebereich
4ka apikaler 4 Kammer-blick	B-Bild	Morphologie der Kammern	Größenverhältnisse			
			Konktraktion LV			
		Morphologie der Klappen	Mitralklappe			
			Trikuspidalklappe			
	PW-Doppler	diastolische Funktion LV	mitrales Einstromprofil (E/A-Welle)			
			E-Welle			???
			A-Welle			???
			Akzeleration			???
			??????			???
	Farbdoppler	Mitralklappe	Regurgitationsjet - Farbe			{blau, grün, rot, mosaikartig, Alias, kein Farbfluß}
			- Größe a) Breite			{< 0.5 cm < 1.0 cm > 1.0 cm > 2.0 cm LA ausgefüllt}
			b) Länge			{< 1.0 cm, < 1/2 LA, > 1/2 LA}
			- Richtung			{...}
	Farbdoppler	Trikuspidalklappe	Regurgitationsjet			

Von *apikal* wird zunächst zur Orientierung der *Vierkammerblick* aufgesucht. Hier wird die Morphologie der Kammern hinsichtlich ihrer Größe und Kontraktilität beurteilt. Die Mitralklappe und Trikuspidalklappe werden im B-Mode-Bild morphologisch beurteilt und im Farbdoppler auf Insuffizienzen bzw. Stenosen untersucht. Das Einströmverhalten in den linken Ventrikel wird im PW-Doppler untersucht.

A.2 Standarduntersuchungsgang

Fehlermöglichkeiten	Ausgabe				
	Hilfetext	Schema	Simulation	Hinweis	Normerte
	Erklärung E/A-Welle	Plazierung des Meßvolumens Messung der ????????			
Fehlinterpretation der Farbe ??? Unterschätzung bei vergrößertem LA und eingeschränkter Funktion des LV Überschätzung der Regur- gitationsöffnung durch schräge Anlotung	Doppler-Prinzip Bedeutung der Farbcodierung Beurteilung der MR anhand der Refluxwolke im LA Checkliste S. 113 Differentialdiag- nosen alternative Mög- lichkeiten: Color-M-Mode Grenzen des Farbdopplers				

Suprasternal und subcostal

Schall-ebene	Modus	Teilbefund	Merkmal	Variablen	Wert	Wertebereich
suprasternal	Farb-doppler	Aortenbogen				
		Ductus				
subcostal	Farb-doppler	Einmündung Lebervenen				
		ASD	Shuntfluß			
		VSD	Shuntfluß			
		Mitralklappe Trikuspidal-klappe (s.o.)				

Von *suprasternal* lassen sich der Aortenbogen und die Pulmonalisäste gut beurteilen. Im Farbdoppler läßt sich ein *Ductus Botalli* als turbulenter Fluß darstellen.

Im *subcostalen Vierkammerblick* wird mittels Farbdoppler die Einmündung der Lebervenen in den rechten Vorhof, sowie die Einmündung der Pulmonalvenen in den linken Vorhof überprüft. Außerdem kann in dieser Einstellung wegen der schrägen Anlotung des Septums ein *Ventrikelseptumdeffekt (VSD)* oder ein *Vorhofseptumdefekt (ASD)* besser nachgewiesen werden als von apikal.

A.2 Standarduntersuchungsgang

Fehlermöglichkeiten	Hilfetext	Schema	Ausgabe Simulation	Hinweis	Normerte

B Parameter der Markovmodelle

In diesem Anhang werden die Parameter der in Kapitel 7 beschriebenen Hidden-Markov-Modelle aufgeführt. Anhang B.1 enthält die Mittelwerte und die Kovarianzmatrizen für die Eulerwinkel der Schallkopfbewegungen. Diese Parameter werden für die Definition von gaußförmigen Dichtefunktionen verwendet. Im Anhang B.2 werden die Linearkombinationen dieser Dichtefunktionen zur Bestimmung der Mischverteilungsdichten der einzelnen HMM-Zustände angegeben.

B.1 Definition der Dichtefunktionen

Dichtefunktionen der apikalen Markovmodelle

Dichtefunktion	Mittelwert			Kovarianzmatrix		
	Kippen	Rotation	Angulation	Kippen	Rotation	Angulation
4cv5cv Kippen hinten rechts	32.080	-1.726	-25.342	70.374	12.554	-46.683
				12.554	490.640	-35.153
				-46.683	-35.151	64.971
5cv4cv Kippen vorne links	-32.080	1.726	25.342	70.374	12.554	-46.683
				12.554	490.640	-35.153
				-46.683	-35.151	64.971
4cvLax RlKhr	21.498	39.704	-14.868	225.451	54.946	-13.666
				54.946	261.032	-62.001
				-13.666	-62.001	348.135
4cvLax Rl_Kvl	-23.879	26.111	19.155	179.399	-7.235	-14.555
				-7.235	201.413	26.248
				-14.555	26.248	123.516
4cvLax Rl_Kvr	-22.280	34.999	-20.006	169.798	-28.687	37.783
				-28.687	209.682	-52.711
				37.783	-52.711	158.165
4cvLax Rr	20.321	-15.889	-0.883	138.666	-44.523	-14.774
				-44.523	149.498	16.034
				-14.774	16.034	218.037
4cvLax Stillstand	-3.714	0.046	0.784	122.062	0.000	0.000
				0.000	128.270	0.000
				0.000	0.000	87.937

Dichtefunktionen der parasternalen Markovmodelle

Dichtefunktion	Mittelwert			Kovarianzmatrix		
	Kippen	Rotation	Angulation	Kippen	Rotation	Angulation
ParaLS Rr_Kh	32.336	-43.796	9.896	96.775 -23.637 35.786	-23.637 147.670 -118.126	35.786 -118.126 816.539
ParaLS Rr_Kv	-20.813	-19.299	1.281	433.245 316.751 -148.299	316.751 885.191 -455.141	-148.299 -455.141 907.658
ParaSL Rl_Kv	-32.336	43.796	-9.896	96.775 -23.637 35.786	-23.637 147.670 -118.126	35.786 -118.126 816.539
ParaSL Rl_Kh	20.813	19.299	-1.281	433.245 316.751 -148.299	316.751 885.191 -455.141	-148.299 -455.141 907.658
ParaShort Kv_Rl	-21.000	9.000	0.000	81.000 0.000 16.000	0.000 100.000 0.000	16.000 0.000 100.000
ParaShort Kv_Rr	-21.000	-9.000	0.000	81.000 0.000 16.000	0.000 100.000 0.000	16.000 0.000 100.000
ParaShort Kh_Rl	21.000	9.000	0.000	81.000 0.000 16.000	0.000 100.000 0.000	16.000 0.000 100.000
ParaShort Kh_Rr	21.000	-9.000	0.000	81.000 0.000 16.000	0.000 100.000 0.000	16.000 0.000 100.000
ParaShort Stillstand	-1.981	-2.117	0.252	94.705 0.000 0.000	0.000 71.417 0.000	0.000 0.000 45.589

Dichtefunktionen für beide Aufsetzpunkte

Dichtefunktion	Mittelwert			Kovarianzmatrix		
	Kippen	Rotation	Angulation	Kippen	Rotation	Angulation
Annäherungsfächeln Kv_minimal	-15.000	0.000	0.000	50.000	0.000	0.000
				0.000	50.000	0.000
				0.000	0.000	50.000
Annäherungsfächeln Kv_leicht	-30.000	0.000	0.000	150.000	0.000	0.000
				0.000	150.000	0.000
				0.000	0.000	150.000
Annäherungsfächeln Kh_minimal	15.000	0.000	0.000	50.000	0.000	0.000
				0.000	50.000	0.000
				0.000	0.000	50.000
Annäherungsfächeln Kh_leicht	30.000	0.000	0.000	150.000	0.000	0.000
				0.000	150.000	0.000
				0.000	0.000	150.000
Annäherungsfächeln Rl_minimal	0.000	15.000	0.000	50.000	0.000	0.000
				0.000	50.000	0.000
				0.000	0.000	50.000
Annäherungsfächeln Rl_leicht	0.000	30.000	0.000	150.000	0.000	0.000
				0.000	150.000	0.000
				0.000	0.000	150.000
Annäherungsfächeln Rr_minimal	0.000	-15.000	0.000	50.000	0.000	0.000
				0.000	50.000	0.000
				0.000	0.000	50.000
Annäherungsfächeln Rr_leicht	0.000	-30.000	0.000	150.000	0.000	0.000
				0.000	150.000	0.000
				0.000	0.000	150.000
Annäherungsfächeln Kl_minimal	0.000	0.000	15.000	50.000	0.000	0.000
				0.000	50.000	0.000
				0.000	0.000	50.000
Annäherungsfächeln Kl_leicht	0.000	0.000	30.000	150.000	0.000	0.000
				0.000	150.000	0.000
				0.000	0.000	150.000
Annäherungsfächeln Kr_minimal	0.000	0.000	-15.000	50.000	0.000	0.000
				0.000	50.000	0.000
				0.000	0.000	50.000
Annäherungsfächeln Kr_leicht	0.000	0.000	-30.000	150.000	0.000	0.000
				0.000	150.000	0.000
				0.000	0.000	150.000
Annäherungsfächeln Stillstand	0.000	0.000	0.000	50.000	0.000	0.000
				0.000	50.000	0.000
				0.000	0.000	50.000

B.1 Definition der Dichtefunktionen

Dichtefunktion	Mittelwert			Kovarianzmatrix		
	Kippen	Rotation	Angulation	Kippen	Rotation	Angulation
Unsicherheits-fächeln Kvl_Rl	-32.324	40.577	30.312	194.853 -12.489 -39.327	-12.489 169.536 11.766	-39.327 11.766 192.627
Unsicherheits-fächeln Kvl_Rr	-33.493	-44.827	31.108	148.623 23.965 -35.006	23.965 160.378 -32.001	-35.006 -32.001 146.600
Unsicherheits-fächeln Kvr_Rl	-34.281	42.810	-31.151	176.549 -15.076 50.211	-15.076 152.554 -24.729	50.211 -24.729 158.300
Unsicherheits-fächeln Kvr_Rr	-33.166	-45.180	-28.212	172.810 38.371 47.404	38.371 182.057 23.633	47.404 23.633 164.095
Unsicherheits-fächeln Khl_Rl	33.944	44.080	28.212	169.257 23.330 33.624	23.330 180.139 14.688	33.624 14.688 206.619
Unsicherheits-fächeln Khl_Rr	32.832	-41.496	28.507	213.912 -27.614 54.497	-27.614 219.270 -28.958	54.497 -28.958 197.533
Unsicherheits-fächeln Khr_Rl	36.558	41.747	-31.126	135.498 18.484 -37.170	18.484 151.285 -33.317	-37.170 -33.317 161.067
Unsicherheits-fächeln Khr_Rr	34.890	-42.836	-31.644	141.117 -12.787 -42.842	-12.787 172.883 23.014	-42.842 23.014 140.818
Sweep Kh_Rr	14.651	-6.562	-2.388	34.265 -7.521 -3.244	-7.521 38.436 3.863	-3.244 3.863 39.004
Sweep Kh_Rl	13.946	12.250	1.902	41.033 3.851 -2.813	3.851 54.396 4.661	-2.813 4.661 50.024
Sweep Stillstand	-0.031	-2.898	0.190	57.287 4.879 0.000	4.879 37.462 5.519	0.000 5.519 22.338
Sweep Kv_Rr	-14.000	-12.038	2.666	40.371 5.341 -11.989	5.341 47.222 4.505	-11.989 4.505 43.760
Sweep Kv_Rl	-18.060	4.730	9.879	52.135 -6.845 -15.234	-6.845 79.639 9.141	-15.234 9.141 49.468

B.2 Linearkombinationen der Dichtefunktionen

In diesem Abschnitt werden die Linearkombinationen für die Mischverteilungsdichten der einzelnen HMM-Zustände dargestellt, indem die Gewichte für die im vorigen Abschnitt definierten Dichtefunktionen angegeben werden. Die Abkürzung *UF* steht dabei für *Unsicherheitsfächeln* und die Abkürzung *XP* für *Annäherungs (bzw. Experten-)Fächeln*.

Apikal

Zustand	Mischungskomponente															
	4cv5cv	5cv4cv	4cvLax Rl_Khr	4cvLax Rl_kvl	4cvLax Rl_Kvr	4cvLax Rr	4cvLax Still	Sweep Kh_Rr	Sweep Kh_Rl	Sweep Still	Sweep Kv_Rr	Sweep Kv_Rl	XP Kv min	XP Kv leicht	XP Kh min	XP Kh leicht
Still	0	0	0	0	0	0	0	0	0	0.2	0	0	0.0333	0.0333	0.0333	0.0333
4cv5cv	0.65	0	0	0	0.05	0	0	0	0	0	0	0	0	0	0.05	0.05
5cv4cv	0	0.5	0	0.15	0.05	0	0	0	0	0	0	0	0.05	0.05	0	0
4cvLax	0	0.05	0.2	0.4	0.3	0	0.05	0	0	0	0	0	0	0	0	0
Lax4cv	0.1	0	0	0	0	0.4	0.1	0	0	0	0	0	0	0	0	0
XPh	0	0	0	0	0	0	0	0.1	0.1	0	0	0	0.01	0.01	0.3	0.3
XPv	0	0	0	0	0	0	0	0	0	0	0.1	0.1	0.3	0.3	0.01	0.01
XPrl	0	0	0	0	0	0	0	0	0	0	0	0	0.01	0.01	0.01	0.01
XPrr	0	0	0	0	0	0	0	0	0	0	0	0	0.01	0.01	0.01	0.01
XPl	0	0	0	0	0	0	0	0	0	0	0	0	0.01	0.01	0.01	0.01
XPr	0	0	0	0	0	0	0	0	0	0	0	0	0.01	0.01	0.01	0.01
XPs	0	0	0	0	0	0	0	0	0	0	0	0	0.03	0.03	0.03	0.03
Sweep_v	0	0	0	0	0	0	0.05	0.05	0.1	0.4	0.4	0	0	0	0	0
Sweep_h	0	0	0	0	0	0	0	0.4	0.4	0.1	0.05	0.05	0	0	0	0
Sweep_s	0	0	0	0	0	0	0	0.1	0.1	0.6	0.1	0.1	0	0	0	0
UFvlRl	0	0	0	0	0	0	0	0	0	0	0	0	0	0	0	0
UFvlRr	0	0	0	0	0	0	0	0	0	0	0	0	0	0	0	0
UFvrRl	0	0	0	0	0	0	0	0	0	0	0	0	0	0	0	0
UFvrRr	0	0	0	0	0	0	0	0	0	0	0	0	0	0	0	0
UFhlRl	0	0	0	0	0	0	0	0	0	0	0	0	0	0	0	0
UFhlRr	0	0	0	0	0	0	0	0	0	0	0	0	0	0	0	0
UFhrRl	0	0	0	0	0	0	0	0	0	0	0	0	0	0	0	0
UFhrRr	0	0	0	0	0	0	0	0	0	0	0	0	0	0	0	0
NIL	0.0303	0.0303	0.0303	0.0303	0.0303	0.0303	0.0303	0.0303	0.0303	0.0303	0.0303	0.0303	0.0303	0.0303	0.0303	0.0303

Zustand	Mischungskomponente																
	XP Rl min	XP Rl leicht	XP Rr min	XP Rr leicht	XP Al min	XP Al leicht	XP Ar min	XP Ar leicht	XP Still	Fächeln Kvl_Rl	Fächeln Kvl_Rr	Fächeln Kvr_Rl	Fächeln Kvr_Rr	Fächeln Khl_Rl	Fächeln Khl_Rr	Fächeln Khr_Rl	Fächeln Khr_Rr
Still	0.0333	0.0333	0.0333	0.0333	0.0333	0.0333	0.0333	0.0333	0.4	0	0	0	0	0	0	0	0
4cv5cv	0	0	0.05	0.05	0	0	0	0	0	0.05	0.05	0	0	0	0	0.05	0.05
5cv4cv	0.05	0.05	0	0	0	0	0	0	0	0	0	0	0	0	0	0	0
4cvLax	0	0	0.05	0.05	0	0	0	0	0	0	0	0	0	0	0	0	0
Lax4cv	0	0	0	0	0	0	0	0	0	0.075	0	0.075	0	0.075	0	0.075	0
XPh	0.01	0.01	0.01	0.01	0.01	0.01	0.01	0.01	0.1	0	0	0	0	0	0	0	0
XPv	0.01	0.01	0.01	0.01	0.01	0.01	0.01	0.01	0.1	0	0	0	0	0	0	0	0
XPrl	0.3	0.5	0.01	0.01	0.01	0.01	0.01	0.01	0.1	0	0	0	0	0	0	0	0
XPrr	0.01	0.01	0.3	0.5	0.01	0.01	0.01	0.01	0.1	0	0	0	0	0	0	0	0
XPl	0.01	0.01	0.01	0.01	0.3	0.5	0.01	0.01	0.1	0	0	0	0	0	0	0	0
XPr	0.01	0.01	0.01	0.01	0.01	0.01	0.3	0.5	0.1	0	0	0	0	0	0	0	0
XPs	0.03	0.03	0.03	0.03	0.03	0.03	0.03	0.03	0.64	0	0	0	0	0	0	0	0
Sweep_v	0	0	0	0	0	0	0	0	0	0	0	0	0	0	0	0	0
Sweep_h	0	0	0	0	0	0	0	0	0	0	0	0	0	0	0	0	0
Sweep_s	0	0	0	0	0	0	0	0	0	0	0	0	0	0	0	0	0
UFvlRl	0	0	0	0	0	0	0	0	0.1	0.725	0.025	0.025	0.025	0.025	0.025	0.025	0.025
UFvlRr	0	0	0	0	0	0	0	0	0.1	0.025	0.725	0.025	0.025	0.025	0.025	0.025	0.025
UFvrRl	0	0	0	0	0	0	0	0	0.1	0.025	0.025	0.725	0.025	0.025	0.025	0.025	0.025
UFvrRr	0	0	0	0	0	0	0	0	0.1	0.025	0.025	0.025	0.725	0.025	0.025	0.025	0.025
UFhlRl	0	0	0	0	0	0	0	0	0.1	0.025	0.025	0.025	0.025	0.725	0.025	0.025	0.025
UFhlRr	0	0	0	0	0	0	0	0	0.1	0.025	0.025	0.025	0.025	0.025	0.725	0.025	0.025
UFhrRl	0	0	0	0	0	0	0	0	0.1	0.025	0.025	0.025	0.025	0.025	0.025	0.725	0.025
UFhrRr	0	0	0	0	0	0	0	0	0.1	0.025	0.025	0.025	0.025	0.025	0.025	0.025	0.725
NIL	0.0303	0.0303	0.0303	0.0303	0.0303	0.0303	0.0303	0.0303	0.0303	0.0303	0.0303	0.0303	0.0303	0.0303	0.0303	0.0303	0.0303

Tabelle B.1: Linearkombinationen für die apikalen Mischverteilungsdichten

Parasternal

	ParaLS Rr_Kh	ParaLS Rr_Kv	ParaSL Rl_Kh	ParaSL Rl_Kv	ParaS Kv_Rl	ParaS Kv_Rr	ParaS Kh_Rl	ParaS Kh_Rr	ParaS S	Sweep Kh_Rr	Sweep Kh_Rl	Sweep Stillstand	Sweep Kv_Rr	Sweep Kv_Rl	XP Kv min	XP Kv leicht	XP Kh min	XP Kh leicht
Stillstand	0	0	0	0	0	0	0	0	0.19	0	0	0.19	0	0	0.035	0.035	0.035	0.035
ParaLS	0.4	0.4	0	0	0	0	0	0	0	0	0	0	0	0	0	0	0	0
ParaSL	0	0	0.4	0.4	0	0	0	0	0	0	0	0	0	0	0	0	0	0
ParaSv	0	0	0	0	0.35	0.35	0	0	0.1	0	0	0.05	0.025	0.025	0.025	0.025	0	0
ParaSh	0	0	0	0	0	0	0.35	0.35	0.1	0.025	0.025	0.05	0	0	0	0	0.025	0.025
XPh	0	0	0	0	0	0	0	0	0	0.1	0.1	0	0	0	0.01	0.01	0.3	0.3
XPv	0	0	0	0	0	0	0	0	0	0	0	0	0.1	0.1	0.3	0.3	0.01	0.01
XPrl	0	0	0	0	0	0	0	0	0	0	0	0	0	0	0.01	0.01	0.01	0.01
XPrr	0	0	0	0	0	0	0	0	0	0	0	0	0	0	0.01	0.01	0.01	0.01
XPl	0	0	0	0	0	0	0	0	0	0	0	0	0	0	0.01	0.01	0.01	0.01
XPr	0	0	0	0	0	0	0	0	0	0	0	0	0	0	0.01	0.01	0.01	0.01
XPs	0	0	0	0	0	0	0	0	0	0	0	0	0	0	0.03	0.03	0.03	0.03
Sweep_v	0	0	0	0	0	0	0	0	0	0.05	0.05	0	0.4	0.4	0	0	0	0
Sweep_h	0	0	0	0	0	0	0	0	0	0.4	0.4	0	0.1	0.05	0.05	0	0	0
Sweep_s	0	0	0	0	0	0	0	0	0	0.1	0.1	0.6	0.1	0.1	0	0	0	0
UFvRl	0	0	0	0	0	0	0	0	0	0	0	0	0	0	0	0	0	0
UFvRr	0	0	0	0	0	0	0	0	0	0	0	0	0	0	0	0	0	0
UFvrRl	0	0	0	0	0	0	0	0	0	0	0	0	0	0	0	0	0	0
UFvrRr	0	0	0	0	0	0	0	0	0	0	0	0	0	0	0	0	0	0
UFhRl	0	0	0	0	0	0	0	0	0	0	0	0	0	0	0	0	0	0
UFhRr	0	0	0	0	0	0	0	0	0	0	0	0	0	0	0	0	0	0
UFhrRl	0	0	0	0	0	0	0	0	0	0	0	0	0	0	0	0	0	0
UFhrRr	0	0	0	0	0	0	0	0	0	0	0	0	0	0	0	0	0	0
NIL	0.02857	0.02857	0.02857	0.02857	0.02857	0.02857	0.02857	0.02857	0.02857	0.02857	0.02857	0.02857	0.02857	0.02857	0.02857	0.02857	0.02857	0.02857

	XP Rl min	XP Rl leicht	XP Rr min	XP Rr leicht	XP Al min	XP Al leicht	XP Ar min	XP Ar leicht	XP S	Fächeln Kvl_Rl	UF Kvl_Rr	UF Kvr_Rl	UF Kvr_Rr	UF Khl_Rl	UF Khl_Rr	UF Khr_Rl	UF Khr_Rr
Stillstand	0.035	0.035	0.035	0.035	0.035	0.035	0.035	0.035	0.2	0	0	0	0	0	0	0	0
ParaLS	0	0	0.05	0.05	0	0	0	0	0	0.025	0	0.025	0	0.025	0	0.025	0
ParaSL	0.05	0.05	0	0	0	0	0	0	0	0.025	0	0.025	0	0.025	0	0.025	0
ParaSv	0	0	0	0	0	0	0	0	0	0.0125	0.0125	0.0125	0.0125	0	0	0	0
ParaSh	0	0	0	0	0	0	0	0	0	0	0	0	0	0.0125	0.0125	0.0125	0.0125
XPh	0.01	0.01	0.01	0.01	0.01	0.01	0.01	0.01	0.1	0	0	0	0	0	0	0	0
XPv	0.01	0.01	0.01	0.01	0.01	0.01	0.01	0.01	0.1	0	0	0	0	0	0	0	0
XPrl	0.3	0.5	0.01	0.01	0.3	0.01	0.01	0.01	0.1	0	0	0	0	0	0	0	0
XPrr	0.01	0.01	0.3	0.5	0.01	0.01	0.01	0.01	0.1	0	0	0	0	0	0	0	0
XPl	0.01	0.01	0.01	0.01	0.01	0.3	0.5	0.01	0.1	0	0	0	0	0	0	0	0
XPr	0.01	0.01	0.01	0.01	0.01	0.01	0.3	0.5	0.1	0	0	0	0	0	0	0	0
XPs	0.03	0.03	0.03	0.03	0.03	0.03	0.03	0.03	0.64	0	0	0	0	0	0	0	0
Sweep_v	0	0	0	0	0	0	0	0	0	0	0	0	0	0	0	0	0
Sweep_h	0	0	0	0	0	0	0	0	0	0	0	0	0	0	0	0	0
Sweep_s	0	0	0	0	0	0	0	0	0	0	0	0	0	0	0	0	0
UFvRl	0	0	0	0	0	0	0	0	0.1	0.725	0.025	0.025	0.025	0.025	0.025	0.025	0.025
UFvRr	0	0	0	0	0	0	0	0	0.1	0.025	0.725	0.025	0.025	0.025	0.025	0.025	0.025
UFvrRl	0	0	0	0	0	0	0	0	0.1	0.025	0.025	0.725	0.025	0.025	0.025	0.025	0.025
UFvrRr	0	0	0	0	0	0	0	0	0.1	0.025	0.025	0.025	0.725	0.025	0.025	0.025	0.025
UFhRl	0	0	0	0	0	0	0	0	0.1	0.025	0.025	0.025	0.025	0.725	0.025	0.025	0.025
UFhRr	0	0	0	0	0	0	0	0	0.1	0.025	0.025	0.025	0.025	0.025	0.725	0.025	0.025
UFhrRl	0	0	0	0	0	0	0	0	0.1	0.025	0.025	0.025	0.025	0.025	0.025	0.725	0.025
UFhrRr	0	0	0	0	0	0	0	0	0.1	0.025	0.025	0.025	0.025	0.025	0.025	0.025	0.725
NIL	0.02857	0.02857	0.02857	0.02857	0.02857	0.02857	0.02857	0.02857	0.02857	0.02857	0.02857	0.02857	0.02857	0.02857	0.02857	0.02857	0.02857

Tabelle B.2: Linearkombinationen für die parasternalen Mischverteilungsdichten

Glossar Echokardiographie

Aliasing, 41
Hier: Darstellungsartefakt bei der Doppler-Echokardiographie durch Überschreiten der Grenzfrequenz.

Apex, 44
Herzspitze

apikal, 44
an der Spitze eines Organs. Hier: Bezeichnung für das Schallfenster an der Herzspitze.

apikaler Vierkammerblick, 66
Standardebene des apikalen Schallfensters, die alle vier Herzkammern darstellt.

Auge-Hand-Steuerung, 8
Koordination der Schallkopfsteuerung unter visueller Kontrolle des Ultraschallbildes.

B-Mode, 39, 40
(B für *brightness*) Bezeichnung für den zweidimensionalen Ultraschallmodus, der die Strukturen in Abhängigkeit ihrer Entfernung zum Schallkopf darstellt. Die Helligkeit der Darstellung wird durch die Intensität der reflektierten Schallwellen bestimmt.

Bernoulli-Formel, 54
Formel zur Bestimmung des Druckgradienten einer *Stenose*. Da nach Bernoulli in einem Röhrensystem mit Engstelle die Summe aus potentieller Energie (Druck P des Volumenelements) und kinetischer Energie (Beschleunigung des Volumenelements, $1/2\rho - v^2$) konstant bleibt, nimmt die potentielle Energie in der Engstelle zugunsten der kinetischen Energie ab. Der Druck sinkt, während die Geschwindigkeit steigt. Es gilt

$$p_1 + 1/2\rho v_1^2 = p_2 + 1/2\rho v_2^2,$$

wobei ρ die Massendichte ist. v_1 und p_1 sind Geschwindigkeit bzw. Druck vor der Stenose, und v_2 bzw. p_2 in der Stenose.

CW-Doppler, 41
(*continuous wave*). Geschwindigkeitsmessung der Blutströmung durch Messung des Frequenzshiftes zwischen den ausgesandten und an Blutkörperchen reflektierten Ultraschallwellen nach dem *Doppler-Prinzip*.

Diagnoseschema, 47
Meßfolge, bestehend aus zu erhebenden Teilbefunden, um ein angenommenes Erklärungsmodell (Verdachtsdiagnose) zu validieren, zu erweitern oder zu revidieren. Sie besteht aus Folgen von Untersuchungsschritten, die sich wiederum aus elementaren Untersuchungsschritten zusammensetzen können.

Diastole, 41
Phase des Herzzyklus, bei dem sich die Herzkammern durch Muskelerschlaffung und Kontraktion der Vorhöfe füllen.

Doppler-Prinzip, 40
Das Doppler-Prinzip beschreibt die Änderung von Schallfrequenzen bei Bewegung der Schallquelle oder des Reflexionsortes einer Schallwelle.

Doppler-Shift, 40
Frequenzänderung einer Schallwelle durch Bewegung der Schallquelle oder des Reflexionsortes.

Druckgradient, 42
Druckänderung zwischen definierten Punkten. Hier: Druckänderung bedingt durch krankhaft verengte Herzklappen *(Stenose)*. Der Druckgradient wird durch die *Bernoulli-Formel* bestimmt.

Echokardiographie, 1, 39
Ultraschalldiagnostik des Herzens.

Elektrokardiogramm, 40
(EKG). Herzstromkurve: das aufgezeichnete Kurvenbild (zeitlicher Verlauf) der bioelektrischen Potentiale bzw. Potentialdifferenzen, die bei der Erregungsausbreitung und -rückbildung im Herzen entstehen.

Fächeln, 48
Hier: Bezeichnung für 1. unkontrollierte Bewegung des Schallkopfes durch einen lernenden Arzt aufgrund eines Orientierungsverlustes, 2. leichte Bewegungsänderungen des Schallkopfes durch den erfahrenen Arzt, der sich einer bestimmten Position annähert oder ein bestimmtes Gebiet untersucht.

Farbdoppler, 40
Der Blutfluß kann durch den Farbdoppler *(colour coded flow imaging)* visualisiert werden, der simultan zum zweidimensionalen B-mode Bild dargestellt wird. Nach dem *Doppler-Prinzip* verändern die sich bewegenden Blutkörperchen, an denen ein Ultraschallstrahl reflektiert wird, die Frequenz der zurückkommenden Schallwelle. Der *Doppler-Shift* wird an gleichmäßig verteilten Meßpunkten innerhalb des Schallsektors gemessen und die Geschwindigkeit als Farbe kodiert. Blutkörperchen, die sich auf den Schallkopf zu bewegen, werden meistens rot kodiert, während die sich vom Schallkopf wegbewegenden Teilchen blau dargestellt werden, d.h. die Farbkodierung hängt von der Orientierung des Schallkopfes ab. Die Helligkeit der Farbe ist proportional zur Geschwindigkeit.

Geschwindigkeitszeitintegral, 54
Integral des (CW-)Dopplerspektrums (Frequenz-Zeit-Integral) zur Bestimmung der Blutströmung.

Hämodynamik, 40, 47
Flußverhalten des Blutes.

Herzspitzenstoß, 67
Das in der *Systole* der Herzaktion links im 4. bis 5. Zwischenrippenraum fühl- und evtl. auch sichtbare Anstoßen des Herzens an die Brustkorbwand.

Herzzyklus, 40
Herzaktion: die sich rhythmisch wiederholende, in beiden Herzhälften annähernd zeitgleich ablaufende Tätigkeit des Herzens vom Beginn der Muskelzusammenziehung *(Systole)* bis zum Ende der Muskelerschlaffung *(Diastole)*, in deren Verlauf unkontinuierlich Blut in die großen Herzschlagadern gepumpt wird.

HPRF-Doppler, 43
High-Pulse-Frequency-Doppler: Dopplermethode, bei der die Abtastfrequenz und damit die meßbare Geschwindigkeit durch Einführen zusätzlicher Meßtore erhöht wird.

IAS, 67
Abkürzung für *interatriales Septum*, siehe *Vorhofseptum*.

Intercostalraum, 44
Zwischenrippenraum.

IVS, 67
Abkürzung für *interventrikuläres Septum*, siehe *Ventrikelseptum*

Kardiologe, 2
Herzspezialist.

Kardiologie, 2
Lehre vom Herzen.

Klappeninsuffizienz, 54
Unzureichendes Schließvermögen einer (Herz-)Klappe.

Kontraktionsverhalten, 47
Verhalten des Herzmuskels während der Muskelzusammenziehung *(Systole)*

LA, 66
(left atrium). Abkürzung für den *linken Vorhof*

Landmarks, 68
eindeutig identifizierbare Orientierungspunkte (im Herzen)

Leitstrukturen, 44, 66
die in einer *Standardebene* zu beurteilenden Herzstrukturen, an denen sich der Arzt bei der Einstellung der Schallebene im Ultraschallbild orientiert. Die Leitstrukturen definieren die *Standardebene*.

linker Ventrikel, 66
Bezeichnung für die linke Herzkammer, die das arterielle Blut in die Aorta pumpt.

linker Vorhof, 66
Herzkammer, in die das mit Sauerstoff angereicherte Blut aus der Lunge fließt und die es in den *linken Ventrikel* weiterleitet.

linkes Herz, 44
Die für den arteriellen Kreislauf zuständige Herzhälfte, bestehend aus *linkem Vorhof* und *linkem Ventrikel*

LV, 66
Abkürzung für den *linken Ventrikel*

M-Mode, 40, 71
Ein *M-mode (motion)* Bild entspricht im wesentlichen einem einzelnen Strahl des *B-Mode* Bildes, das über die Zeit aufgetragen wird (siehe Abb. 3.2). Die x-Achse entspricht der Zeit in Relation zum *Elektrokardiogramm*, und die y-Achse zeigt die Herzstrukturen zu einem bestimmten Zeitpunkt.

Meßtor, 43
Bereich entlang eines Ultraschallstrahles, an dem die Geschwindigkeit mit Hilfe des *Spektraldopplers* gemessen wird.

Mitralklappe, 2, 66
Herzklappe mit zwei Segeln, die den *linken Vorhof* mit dem *linken Ventrikel* verbindet. Die Segel sind durch die sogenannten *Sehnenfäden* mit den *Papillarmuskeln* am *Apex* des linken Ventrikels verbunden, die sie daran hindern, in die Vorhöfe zurückzuschlagen.

Morphologie, 40
Lehre von Bau und Gestalt der Lebewesen und ihrer Organe

MV, 66
Abkürzung für die *Mitralklappe*.

Nyquist-Frequenz, 41, 43
Grenzfrequenz für den Spektraldoppler, die durch die Pulsrate des Systems bestimmt wird. Bei Überschreiten der Nyquist-Frequenz kommt es zum *Aliasing*.

Papillarmuskeln, 79
Kegelförmige von der Herzspitze aus in die Herzkammern ragende Muskeln, die mit den *Sehnenfäden* in die Segel der *Mitral-* und *Trikuspidalklappe* enden. Sie verhindern das Zurückschlagen der Klappensegel in die Vorhöfe.

parasternal lange Achse, 44
Standardebene des parasternalen Schallfensters, die das linke Herz in der Längsachse darstellt. Leitstrukturen sind die *Aortenklappe*, die *Mitralklappe*, der *linke Vorhof* und der *linke Ventrikel*.

parasternal, 44
Schallfenster, seitlich des *Sternums*, im 3.,4. oder 5. Zwischenrippenraum.

Pathologie, 47
eigentlich: Lehre von den abnormen und krankhaften Vorgängen und Zuständen im Körper.

pathologisch, 47
krankhaft.

Perikard , 53
Herzbeutel.

physiologisch, 53
nicht pathologisch; natürlich.

PW-Doppler, 43
(pulsed-waved). Der PW-Doppler verwendet im Gegensatz zum *CW-Doppler* gepulste Ultraschallstrahlen,

Glossar Echokardiographie

wobei die Pausen zwischen aufeinanderfolgenen Emissionen bestimmen, in welcher Tiefe des Schallstrahles die Geschwindigkeiten der Blutkörperchen gemessen werden.

RA, 66
(right atrium). Abkürzung für den *rechten Vorhof.*

rechter Ventrikel, 66
Bezeichnung für die rechte Herzkammer, die das venöse Blut in die Lungenschlagader pumpt.

rechter Vorhof, 66
Herzkammer, in die das venöse Blut aus dem Körperkreislauf fließt und die es in den *rechten Ventrikel* weiterleitet.

Regurgitation, 54
Rückströmen des Inhaltes eines Hohlorgans. Hier: Rückströmen aus den Herzkammern in die Vorhöfe bei Klappeninsuffizienz.

RV, 66
(right ventricle). Abkürzung für den *rechten Ventrikel.*

Schallfenster, 44
Bezeichnung für mögliche Aufsetzpunkte des Schallkopfes auf dem Brustkorb. Da Ultraschallwellen nicht in der Lage sind, Knochen oder Luft zu durchdringen, kann der Schallkopf nur neben Rippen und Lunge aufgesetzt werden.

Schlagvolumen, 42
Das *Herzschlagvolumen* bezeichnet die während eines Herzzyklus ausgeworfene Blutmenge der linken oder rechten Herzkammer. Sie wird bestimmt als Produkt der Klappenöffnungsfläche (Aortenklappe) und der systolischen Blutströmung. Die Blutströmung wird durch das Integral des Dopplerspektrums *(Geschwindigkeitszeitintegral)* bestimmt.

Shunt, 54
Ein *Shunt* bezeichnet einen Herzfehler mit einem Kreislaufkurzschluß, bei dem Blut direkt vom arteriellen in den venösen Kreislauf (Links-Rechts-Shunt) oder umgekehrt gelangt.

Spektraldoppler, 41
Messung der Blutflußgeschwindigkeiten nach dem *Doppler-Prinzip.* Man unterscheidet den *CW-, PW-* und *HPRF-Doppler.*

Standardebene, 44
Bei der Durchführung einer kardiologischen Ultraschalluntersuchung muß beachtet werden, daß die Ergebnisse reproduzierbar sind. Deshalb basiert die Echokardiographie auf fest definierten *Standardebenen.* Diese echokardiographischen Ebenen garantieren, daß alle relevanten Strukturen erfaßt werden und Messungen mit späteren Untersuchungen vergleichbar sind. Sie werden durch die Strukturen wie z.B. die Herzklappen definiert, die sie in einer bestimmten Position schneiden müssen.

Standarduntersuchungsgang, 47
Der Standarduntersuchungsgang soll einen Gesamteindruck über den morphologischen Aufbau, die Bewegungsmuster der Herzklappen, das

Kontraktionsverhalten, sowie die *Hämodynamik* liefern. Hierzu werden aus unterschiedlichen Blickwinkeln qualitative und quantitative Befunde erhoben, um in einer möglichst umfassenden Untersuchung mögliche Auffälligkeiten registrieren zu können.

Stenose, 41
hier: Einengung der Klappenöffnung.

Sternum, 44
Brustbein.

subcostal, 44
Schallfenster unterhalb der Rippen.

suprasternal, 44 Schallfenster oberhalb des Brustbeins.

Systole, 41
Phase des Herzzyklus, bei dem sich die Herzkammern durch Muskelkontraktion entleeren.

Trikuspidalklappe, 67
Herzklappe aus drei Segeln, die den *rechten Vorhof* und den *rechten Ventrikel* verbindet. Die Segel sind durch die sogenannten Sehnenfäden mit drei *Papillarmuskeln* verbunden, die sie daran hindern, in die Vorhöfe zurückzuschlagen.

TV, 67
(tricuspid valve). Abkürzung für die *Trikuspidalklappe.*

Ventrikel, 44
"Herzkammer".

Ventrikelseptum, 67
Trennwand zwischen dem linken und rechten Ventrikel.

Vorhofseptum, 67 Trennwand zwischen dem linken und rechten Vorhof.

Glossar Lerntheorie

Auge-Hand-Steuerung, 8
Steuerung des Ultraschallkopfes unter Sichtkontrolle.

Augmented-Reality, 4
Augmented Reality (Erweiterte Realität) reichert reale Bilddaten mit Virtual-Reality-Modelln an, die aus realen Daten abgeleitet sind [12]. Auch die Integration von Instrumenten, wie z.b. einer Biopsienadel oder einem Ultraschallkopf als Eingabeinstrumente für virtuelle Umgebungen läßt sich als Augmented Reality bezeichnen.

Cognitive-Apprenticeship-Ansatz, 2, 59
Beim *Cognitive-Apprenticeship-Ansatz* [34] des Lernens *(Meister-Schüler-Beziehung)* lösen Tutor und Schüler Probleme gemeinsam, wobei der Schüler die Führung übernimmt und der Lehrer zu jedem Schritt seine Zustimmung zeigt. Bei besonders schwierigen Teilen der Lösung leitet der Tutor den Schüler schrittweise an.

Ecological Interface Design, 4
Hierbei wird zwischen *wissensbasiertem Verhalten (Knowledge-Based Behavior KBB), regelbasiertem Verhalten (Rule-Based Behavior RBB)* und *(sensomotorischem, Skill-basiertem Verhalten (Skill-Based-Behavior SBB)* unterschieden. Ziel ist die Unterstützung aller drei Stufen der kognitiven Kontrolle, wobei aber durch das Interface niemals eine kognitive Kontrolle auf einer höheren Stufe erzwungen werden soll, als es die Aufgabe erfordert.

elizitieren, 60
Das Hervorlocken der richtigen Lösung aus einem Schüler durch indirekte Hinweise des Lehrers.

Mentales Modell, 1, 46
Ein mentales Modell kann als interne Repräsentation eines physikalischen Systems verstanden werden, das von einer Person oder einem Programm verwendet wird, um über Prozesse dieses Systems nachzudenken. Es kann als eine Art Teilsimulation ablaufen, um Reaktionen vorherzusagen. Stevens und Collins gehen davon aus, daß diese Modelle hierarchisch aus mehreren Komponenten zusammengesetzt sind und definieren *Lernen* als *"im wesentlichen ein Prozeß des sukzessiven Verfeinerns von (mentalen) Modellen, so daß diese besser mit der realen Welt übereinstimmen."* [120].

reflective practitioner, 2, 61
Mentale Modelle werden durch Interaktion gebildet: wir haben eine gewisse Vorstellung, nach der wir handeln *(Aktion)*, und können anhand des Ergebnisses *(Reaktion)* die Adäquatheit dieser Vorstellung überprüfen und diese gegebenenfalls verwerfen oder korrigieren *(reflective practitioner [109, 110])*

Situiertes Lernen, 1, 59
Nach der Theorie des situierten Lernens entsteht Wissen immer durch einen aktiven Konstruktionsprozeß des Lernenden, wobei die Situation, in der Lernprozeß stattfindet, eine zentrale Rolle spielt. Hierbei stehen personeninterne Faktoren mit personenexternen, situativen Komponenten in Wechselbeziehung. Da Wissen als stark kontextgebunden angesehen wird, müssen Lern- und Anwendungssituation möglichst ähnlich sein, um einen Wissenstransfer zu erreichen [78].

sprechende Situationen, 6
Sprechende Situationen bezeichnen die Anreicherung der dargestellten Situation eines Simulationssystems durch adaptive Hilfen, die durch die Wahl geeigneter medialer Mittel die in der Situation beteiligten kognitiven Modi ansprechen. Dadurch wird der Schüler durch seine Perzeption in der Ausbildung mentaler Modelle unterstützt.